20世纪中国教育家画传

主编：储朝晖

YE QISUN HUAZHUAN

叶企孙画传

储朝晖 著

四川教育出版社

图书在版编目（CIP）数据

叶企孙画传 / 储朝晖著. —成都：四川教育出版社，
2016.11
（20世纪中国教育家画传）
ISBN 978-7-5408-6689-1

Ⅰ.① 叶… Ⅱ.① 储… Ⅲ.① 叶企孙（1898~1977）—
传记—画册 Ⅳ.① K826.11-64

中国版本图书馆CIP数据核字（2016）第255038号

责任编辑	央 金
封面设计	何一兵
版式设计	武 韵
责任印制	田东洋
出版发行	四川教育出版社
地 址	四川省成都市锦江区三色路266号
邮政编码	610023
网 址	www.chuanjiaoshe.com
印 刷	北京市兆成印刷有限责任公司
制 作	四川胜翔数码印务设计有限公司
版 次	2016年11月第1版
印 次	2022年4月第3次印刷
成品规格	170mm×230mm
印 张	17.75
书 号	ISBN 978-7-5408-6689-1
定 价	52.00元

如发现印装质量问题，请与本社调换。电话：（028）86259359
营销电话：15208205647 邮购电话：（028）86259605
编辑部电话：15884467278

《20世纪中国教育家画传（续编）》
编写说明

　　《20世纪中国教育家画传》十卷本获得2012年度国家出版基金资助，由四川教育出版社出版后，社会反响很好。同时也存在缺憾：原来考虑到取整数，选了十位教育家，而依据史实，当时属于同一层面的教育家客观上并不止十位。在十卷本的编写过程中，通过各卷作者们的相互讨论，我们意识到确实还有几位教育家应该列入20世纪中国教育家的范畴。为了弥补这一缺憾，我作为丛书主编，又征集大陆和台湾、香港等地教育史专业工作者意见，经过慎重考虑，选定叶企孙、陈寅恪、梁漱溟、蒋梦麟四人为续编传主，并得到四川教育出版社支持。

　　《20世纪中国教育家画传（续编）》仍然坚持主题与作者"双优选"的原则：《蒋梦麟画传》作者仲玉英教授长期从事教育史专业研究，又得身在蒋梦麟家乡的资料和文化理解便利；《陈寅恪画传》作者徐卫红在中国教育科学研究院从事教育史研究十余年，任《教育史研究》常务副主编；《梁漱溟画传》作者吴洪成在教育史研究领域长期耕耘，对梁漱溟研究经年；《叶企孙画传》则由我来撰写。

　　续编的创新点在于：

（1）对习近平主席就中华优秀传统文化的传承与弘扬多次作出的重要指示进行了深入学习领会，尽可能服务于中共十八届三中全会《决定》关于深化教育领域综合改革的需要，服务于"完善中华优秀传统文化教育"的需要，贯彻十八大以来的中央文化教育方针政策。

（2）续编所选叶企孙、陈寅恪、梁漱溟、蒋梦麟四位传主，由于各种原因，此前教育工作者对他们的教育贡献知之甚少，但他们确实对中国近百年的教育发展发挥了举足轻重的作用，在专业精神、教育业绩等方面与前十位传主难分高低，续编的编写，将使这一教育家群体更为完整。从对历史人物的评价角度来看，完成续编更能体现客观、公正、无偏见。从对现实教育的影响而言，像叶企孙的列入，填补了中国百年来大学理科教育历史表述的空白，弥补了教育史专业对理科教学研究不深入的短板；陈寅恪在中国传统文化研究以及中西文化融合上的典范作用，已是学界共识；梁漱溟在乡村建设和办学，以及教育哲学领域的成就铸就其教育家地位；蒋梦麟在北大的管理和中西融合上贡献杰出。

我们寄希望于续编的出版，能够比较完整地向读者介绍四位传主的教育思想、办学理念、办学实践，能够向读者彰显他们的教育家精神。但限于多种条件，书中难免存在不尽如人意甚至错讹之处，敬希读者谅解并给我们提出批评改进意见，以便再版时修订完善。

储朝晖

2015年12月

总　序

郑晓边

　　2007年3月5日，温家宝总理在第十届
全国人大第五次会议的《政府工作报告》中
郑重宣布：要提倡教育家办学。这个问题的
提出显示出中国急需教育家却又缺少教育
家。《国家中长期教育改革和发展规划纲要
（2010～2020年）》更明确提出："造就一批
教育家，倡导教育家办学。"

　　然而，现今即使是专门从事教育工作的
人，对怎样才是真正的教育家却也没有清晰
的认识。为解决这一问题，中央教育科学研
究所研究员储朝晖与时任四川教育出版社社
长安庆国在编写一套《20世纪中国教育家画
传》丛书的想法上不谋而合，这对传承、传播
中国20世纪教育家的办学理念，弘扬其教育
精神和优秀思想，促进教育家办学的早日全
面实现十分有益，也十分必要。

　　这套丛书所选择的十位传主是经过教育
史专业的学者海选而产生的，他们是王国维、
蔡元培、陶行知、张伯苓、胡适、梅贻琦、黄

炎培、徐特立、陈鹤琴、晏阳初，我认为他们确实代表了20世纪对中国教育有巨大影响的教育家群体。

这套丛书突出传主的教育思想、办学理念、办学实践，尤其凸显传主的教育家精神；注重以史料为依据，对传主的教育贡献作客观评价，实事求是，还原历史，避免主观，不做有意拔高；全书插入大量珍贵历史图片，以图文并茂的方式呈现历史画卷，使得丛书具有了较高的学术价值、收藏价值以及观赏性和可读性。同时，丛书主编精心挑选各位传主研究方面的专家担任各分册作者，较好地保证了整套丛书的编写深度和质量。其中黄延复研究梅贻琦、宋恩荣研究晏阳初、梁吉生研究张伯苓、戴永增研究徐特立、金林祥研究黄炎培、储朝晖研究陶行知都有二十多年了。我与储朝晖第一次见面是在1988年，他拿着一封方明的信来找我，正是为了查阅北京师范大学图书馆特藏部的陶行知研究资料。北京大学图书馆研究馆员邹新明研究胡适，西南大学教授谢长法研究黄炎培，陈鹤琴外孙柯小卫研究陈鹤琴，青年传记文学作家窦忠如研究王国维，他们也都是长期从事相关研究的专家学者，堪称黄金组合。这套丛书将有助于读者更好地领会各位教育家的精神真谛。

希望这样一套难得的好书，能激励有志教育的人成为教育家，切实有效地推动中国的教育家办学进程。

几点意见

叶企孙

一、对历史上著名的科学家必须具体地分析，给予正确的评价。我有几点不成熟的意见，提出来供大家讨论。

（一）最近朱洪元同志说，普朗克在1900年提出量子假设后，用了15年时间企图消除量子假设同经典理论间的矛盾，阻碍了科学的进展。[1] 这个说法可能有问题。普朗克当时采取的一些做法，是为了尽量考验经典理论可能做到什么地步，这是有必要的。而且他在这16年中的成就

---

[1] 这是朱洪元同志于7月3日在北京科学会堂的报告会上说的。本刊1965年第2期和《红旗》1965年第9期朱洪元同志的文章中都论述到了这一点。——编者

为经典统计理论过渡到量子统计理论准备了条件，在物理学上也是有贡献的。

（二）朱洪元同志还说，由于形而上学的束缚，从爱因斯坦提出光量子说到德布罗意的物质波理论，时间长达19年之久。这不能单纯归结为受到形而上学的影响以致发展迟了。例如实验条件也需要发展的过程。如果电子衍射的实验能早些做出来，粒子的波动性也可能早些被发现。科学史上有不少这类的例子。如阴极射线的最后发现，引导到这发现的开端工作可从法拉第说起，而从法拉第到汤姆逊，中间经过了约50年。在这50年中，物理学工作者在努力于提高真空度。只有真空度提高了，阴极射线的效应才能被观察到，阴极射线才能为人们所发现。把实验条件尚未具备而未能更早发现的东西都称为是形而上学影响的结果，这未免有些简单化了。

（三）朱洪元同志提到瑞利－金斯企图"掩盖"矛盾，这种说法恐怕有问题。瑞利－金斯，同普朗克一样，也是在企图探索经典理论究竟能说明现象到那种地步。他们所导出的公式直到今天还有其适用的地方，而且它的提出，在考验经典理论的适用性上还是有好处的，便于暴露经典理论同新的实验事实之间的矛盾。

（四）对于爱丁顿的估价问题。爱丁顿一生在天文学方面做出了划时代的贡献，如关于恒星演化的学说，关于光的压力（扩散）与星质的重力（聚缩）之间在恒星演化时所起的矛盾作用的学说。但他确是发表了许多错误的哲学见解，这些见解使他在若干种物理学著作中走了错误的路。例如关于光谱的精细结构的常数，他用错误的理论导出它应该是 $\frac{1}{137}$（分母是一整数）。他的理论虽然是错误的，但也推动了物理学工作者去重新准确测定这个常数和与它有关的几个基本常数。精细结构常数的实验值现在大家公认为是1/137·1…，否定了爱丁顿的理论。

二、科学史上确是有些例子，表明一个有唯心观点的或有形而上学观点的科学家也能做出些重要的科学贡献。为什么是这样？这是一个值得大家讨论的问题。

目录 Contents

目录 Contents

一　破中西文化之茧而出

叶企孙之父叶景沄。

1911年，叶企孙13岁，上海。

在人类文明的历史上，一代代智慧超群的人对科学真理不断探索、执著追求，将所付出的艰辛和取得的成就结成一个个智慧"茧"留传给后人。遇到成熟的时机，新的生灵又会破"茧"而出，在经过一个生命周期对前人智慧的汲取和提炼之后，再结成一个个智慧的"茧"……直到蝶化为更加智慧的生命。

叶企孙便是在中西文化智慧"茧"堆里蝶化出的一个杰出的生命个体。

叶氏出鸿眷

叶企孙，原名叶鸿眷，号企孙，1898年7月16日生于上海。叶家是书香门第，又是官宦之家，鸿眷的祖父叶佳镇（1828～1897）曾加国子监典薄衔，官至五品，为清政府办理过海运，因而家中比较富有。鸿眷出生时，叶家仍不失为殷实人家，境况远较一般家庭优越。

鸿眷的父亲叶景沄（1856～1935，字醴文，号云水，又号辰岩），松江府学廪膳生员，早年就读于敬业书院，光绪甲午年江南乡试取中第十五名举人，为当时上海县邑儒学闻人。他满腹经纶，且对西洋科技多有涉猎，曾著文宣扬宋代沈括所提倡的"十二气历"，即类似现代的阳历；任敬业学堂董事后，与黄炎培等人奉派赴日本考察教育，回国后致力于创建新式学校的改制。1905年，敬业学堂改校名为"上海县官立敬业高等小学堂"，采用校长制，叶景沄任首任校长。1913年，因鸿眷以"企孙"之名再次考入清华学堂，叶景沄遂辞去校长职随子北上照护幼子生活，1914年至1920年被聘为清华学校国文教员。

鸿眷的国学、西学，自小就获其父的知识养润。3岁起背诵《三字经》《百家姓》《千家诗》《千字文》，6岁开始在父亲指导下念《论语》《孟子》《大学》《中庸》四书，父亲为他圈出的功课，他都能背诵、抄写。7岁时，母亲顾氏（1856～1905）病逝。丧妻之痛使醴文公身染重病，病中的他立下遗嘱，以作后代的修身指南。遗嘱要求子孙：慎择友，静学广才，行己俭、待人恕，勿吸鸦片、勿奸淫、勿赌博、勿嗜酒、勿贪财。这份立得有点早的遗嘱（叶景沄1935年5月1日才去世）被鸿眷视为父亲留给他的最宝贵的遗产，一直精心珍藏、遵嘱而行，一丝不苟地塑造自己的品格和情操。

敬业续新缘

1907年秋，9岁的鸿眷入乃父主持之上海敬业高等小学堂读书。这不仅使父辈的敬业缘分在子辈身上得到赓续，而且使鸿眷有机会感受到先贤积淀下来的敬业文化，从此乘上驶入中西文化汇聚之海深处的航船。

敬业高等小学堂的前身是清乾隆十三年（1748）建立的申江书院，创建人是当时的江苏按察使翁藻。乾隆三十五年（1770），经扩建后，取《礼记》中"一年视离经辨志，三年视敬业乐群"之义改名为"敬业书院"，当时是以经书举业为主旨的著名书院之一，在研究举业的同时也涉猎实用学术。道光年间，两江总督陶澍题赠"果行育德"匾。江苏巡抚林则徐则常以书院为家，并亲笔题额赞喻书院为"海滨邹鲁"，誉称其为东海之滨文教赖以兴盛之地；其大弟子、主张"采西学""制洋器"的维新思想家冯桂芬曾任书院山长，开习近代科学技术风气之先，使敬业书院"声名卓著，遍及各地"，不但"在沪诸生，多求肄业"，而且"他邑亦有负笈而来者"，使"海上文风骚骏乎日上矣"。清末，朝廷逐步分段宣布教育制度改革，1902年敬业书院改组为敬业学堂。

鸿眷进入该校时，叶景沄已在该校课程中设有西算、理化、博物等学科，旨在推崇现代科学，这引起鸿眷极大的兴趣。鸿眷在敬业学习三年，受到比较正规的教育，并开始接触西方近代科学知识。在学堂里，除国文、经史之外，他

1911年3月，叶企孙（后排右1）与考试游美学生团合影。

对舆地、博物、算术、外语亦兴趣浓厚。咏诗填词、朗读外文游记故事、解答算题都是他的拿手好戏。他自幼性格恬静、沉毅，不尚喧哗。在父母眼里，他是兄弟姊妹中最聪慧的，只是过于好静、不爱运动，体质显得瘦弱。

清华纳俊秀

　　1909年7月，清政府以美国退返庚款成立游美学务处；9月成立游美肄业馆。次年底，肄业馆更名为"清华帝国学堂"，分别设立四年制的中等科和高等科。1911年2月，该学堂首次招生考试，当时未及13岁、敬业学堂尚未毕业的鸿眷，便在父亲的鼓励下，毅然报名投考，并一举考上中等科，成为清华帝国学堂的第一批学生。同年10月，辛亥革命爆发，清华帝国学堂停课。父亲叶景沄唯恐耽误儿子学业，旋即将鸿眷转入上海兵工学校。该校偏重于自然科学教育，著名实业家吴蕴初当时就任教于此。课余之时，父亲给他讲授文史知识，教他习天算历律，叔祖父也常为他讲解大自然的奥妙异趣。鸿眷自己也常常贪婪地阅读古今中外各种书籍，无论是家藏祖上珍本，还是豫园书摊的中外名作，他都要仔细翻阅；凡书上的计算数据，他也要重新验算。此时养成的习惯一直保留到晚年。

　　因辛亥革命而停课的清华帝国学堂，于1912年5月重新开学，9月更名为清华学校。1913年夏，鸿眷重新报考清华。这次报考不太顺利。身体检查时，大夫说他心律不齐，不能报考。但细心的鸿眷抓住体检表上不贴照片的漏洞，以号企孙为名重新报考，并请同学帮忙代验身体，顺利过关获准参加考试，又一次考取了清华，不过叶鸿眷从此便成为叶企孙了。一向以诚待人的叶企孙，对于这次蒙骗过关，心中总觉不安，这可说是他一生中唯一的一次弄虚作假。直到

1912年，上海兵工学校同学留影。前排左2为叶企孙。

晚年，每忆至此，仍深深自责。

　　1913年5月，叶企孙北上清华之前，约上海同学游玩，并在照相馆中照了张全身照。或许他看到冲印出的照片感到不满意，便用毛笔在照片的背面工整地写了四行评论："（一）戴平顶草帽拍照形式不佳；（二）右手置花架上置法尚未得宜；（三）二足如此摆列不雅观；（四）长衫多皱处。以上四端第一端尚可不论。"显示叶企孙已有了较强的自我意识，开始检点和内省自己，对自己的言行、举止、态度等认真而有所约束，并力求完美。

　　在叶企孙再入清华的第二年，著名学者梁启超来校以"君子"为题作演讲。听了梁的演讲后，叶企孙的自省更深刻，"君子"这个词就常出现在他的言论中。

1913年叶企孙在
上海城隍庙留影。

1914年，16岁的叶企孙遇到人生中第一次真正的挫折，所修各门功课优秀的他却因体育不及格留级一年。清华与敬业学堂的较大不同在于它十分重视体育，早在游美肄业馆时期，所拟章程就规定招收的学生都必须具备"身体强壮、性情纯正、相貌完全、身家清白"等条件。时任校长周诒春因学生杨石先生病而对学生体质虚弱的问题更加关注，故实施强迫体育，约法三章：学生必须每天晨起出操；下午4时锁闭教室、图书馆和宿舍，迫使所有学生都参加体育运动；晚上9时一律熄灯就寝。并制定一项很少见的校规：不论各科学业成绩如何优秀，凡体育不及格就必须留级。这项规定就筛出并拦下了叶企孙。

周诒春校长在一次巡查时发现杨石先在学校规定的体育活动时间躲进荷塘边僻静处看书，便质问他："病弱之躯，何以报国？"因为留级，叶企孙与杨石先成了同班同学。杨石先被逮住质问、叶企孙被留级，这对年少气高的两个人影响巨大。叶企孙从此以后积极参加体育活动，并养成了重视身体锻炼的好习惯。

其后，叶企孙又得悉同乡并在敬业和清华同学的范瀚增"以幼年好学，派往美国"，"孰知渡美未及半年，而卒以好学之故，遽殒其身也"。这个现实更令叶企孙震惊，他在日记中写道："君子不幸，亦国家之不幸也。虽然吾有所感矣。少年好速成、当笃志求学之时，不顾身体之强弱，其勇往固可贵，然试思，一旦回也短命，学业未成，而身先夭折，则与缓进而晚成者不可同日而语矣。死而有灵，回溯当日之情景，能不废然而返、自伤其初乎。故智者则不然。求速进而夭折者不如缓进而卒晚成。但尼孙者，英之诗人也，年逾八十；帕爱者美之诗人也，年只而立。试比较其文集，则帕爱不能盈册，而但尼孙盈筒而有余。是知寿长者较寿短者，终多做些事。我辈同学，其先求强固之身体乎。"[1] 自此，强身健体便成为叶企孙的自觉行为。

孔子曾说自己"十有五志于学"。在清华期间的叶企孙正值这个阶段，他在1915年1月14日的日记中写道：

读至鲁滨孙造船一节。鲁滨孙造船时，未预计造成后能否下水。故后虽造成，卒无下水之法，不免徒劳无功矣。孔子曰：凡事预则立。吾观于此事，信然。

徐志诚先生云，吾国青年之留学美国者，其不似鲁滨孙之造船者几希。当其在清华中等科时，毫不计及文实二科，于己何者为宜。一旦升入高等，则随声附和，任入一科。甚至当入于文者反入于实，当入于实者反入于文，既至高等亦然。毫不计及他日留美，何种学问于己最宜。光阴如矢，转瞬四年，高等又毕业矣。时送往美国矣，乃始于一月之中决定终身之大事，欲其无误，得耶。况至美国后，投

---

[1]《叶企孙文存·日记》，首都师范大学出版社2013年版，第321～322页。

考学校，一科不驭，即改他科。其宗旨之无定，更有甚于以上所云者耶。夫一人有一人最长之能力。惟此种能力，不易发见。欲他人发见之尚易，欲自己发见之更难。古人云，知己较知人更难，即此意也。故欲决定自己何种学问专长，以为将来专究之目的，极不容易。古来大学问家有废十余年以决终身之行止者矣。而今于极短之时间中，遽定终身之大事，无论其贻误终身，则幸而获中，亦非坚定之宗旨。欲其专心于学问，得乎？呜乎，留学生之费，美国退返之庚款也。既退还矣，谓之我国之财亦无不可。祖国以巨万金钱供给留学生，当知何艰难困苦，谋祖国之福，而乃敷衍从事，不亦悲乎。

己之体气，最合宜于何种科学？

己之志意，最倾向于何种科学？

己之能力，最优长于何种科学？[1]

以此不难看出叶企孙此时已经在深入思考自己的未来，也不难理解他为何能在后来的教育生涯中十分成功、有效地为那么多弟子指点人生职业规划，并帮他们踏上成才之路。

虽然日后叶企孙在他拟定的清华科学社章程中明确"不谈政治"，然而当他读到《甲寅杂志》中《爱国自觉心》《铁血之文明》《啁啾杂俎》《柏林之围》等文后，还是深感文辞典雅，深得诸子之精英，"感慨激昂，发人爱国心不少"。[2]

1915年9月12日，袁世凯在颁布《中华民国约法》一年后又发起关于国体问题的讨论，试图复辟帝制。叶企孙在致其同学苏民的信中写道：

---

[1]《叶企孙文存·日记》，首都师范大学出版社2013年版，第316~317页。
[2]《叶企孙文存·日记》，首都师范大学出版社2013年版，第325页。

　　国体问题，不幸发生于今日。虽提倡者只曰研究学理，然观各省之电报，颇含势力、兵力两主义。世事波澜不外理势二字。治世，理为主，势为客，故势在理中；乱世，势为主，理为客，故理在势之下。呜乎！今日吾不知为何世也？更有进者，鲁论称乱臣十人。注，乱即治也。然则，治乱固无殊，而理、势亦二者一者欤？吾书至此，吾茫然不得其解。[1]

　　一个"呜乎"，道出了叶企孙内心对国体时局的忧愁与悲愤，理势二分显出他对时势背后因果关系的不俗判断，对治乱之别的茫然或许导致他此后有意避开这一领域而专事科学。于是科学救国的理念开始生成。祖国的盛与衰、兴与乱，转化为叶企孙沉浸在科学海洋中不断向前探索和超越的动力。

　　当时，清华学校规定的二十多门课程已经不能满足叶企孙强烈的求知欲，他就把不少时间和精力放在参加学生社团及其他活动上，他与各种学术报刊也走得很近。1914年创办的《清华周刊》辟有《学术》《译丛》等栏目，经常刊登一些译作或研究心得。1915年秋，《清华学报》创刊，初创时是用英文和中文交替出版，由于"此报既以'学'取名，所以选材极为严厉……每次出版，内容都很可观，大受外界欢迎，传扬近远，销路日广"，创刊半年后，即与25种国内报刊和63种美国报刊建立了交换关系，当时要人如黎元洪、徐世昌、梁启超等都曾为它题写刊名。叶企孙早期的一些较有分量的作品如《考正商功》《天学述略》《中国算学史略》《革卦解》等都在《清华周刊》和《清华学报》上首次发表。

　　当时清华外籍教师（主要是美籍）几乎占教师总数的一半，他们在校务管理和教学方面都占有特殊地位，或多或少存在着某种优越感，因而有时跟中国师生发生这样那样的矛盾或冲突。但从叶企孙早年的日记中看，他们大都曾受

---

[1]《叶企孙文存·日记》，首都师范大学出版社2013年版，第372页。

过现代科学的教育和现代文明的熏陶，多数人是诚心诚意地帮助中国办学，通过科学知识的传授和精神文明的传播促进清华"东西文化荟萃一堂"。这种环境为叶企孙提供了充分发展个性、探求学识的机会，与他超人的天分和勤奋精神结合，为他后来成为杰出的科学家、教育家、爱国志士奠定了坚实的基础。

清华期间的叶企孙收获最大的不只是学业，而是爱心，爱人、爱家、爱国从此成为叶企孙一生的行为准则。他不仅爱自己的父兄、姐妹和诸孙侄，而且对那些受挫、遇难或病卒的同学有发自内心的同情。1915年9月12日，他给心吉的信中道："李君寿耆事，足下曾否往劝。友朋规过为至难为之事，亦为至当为之事。望足下勉为之。非独足下一人之德，亦李君无穷之幸也。足下等在龙门相聚一堂，评文论时，乐何如之。若弟者咿唔雉舌之不暇，何暇及于国学乎。即有之，不过习其粗者而遗其精微者，等于不习也。天下事不进则日退。弟之国学，此是将日退乎。弟惧其日退也，窃思友朋之能盖我者，莫足下者，足下于韩文，深有心得。若能告弟一二，并寄下大作数篇，以供观摩，则感甚矣。"[1]字里行间热忱助人及谦恭儒雅的品质跃然纸上。

1915年10月，叶企孙还在多日的日记上写下"惜光阴，习勤劳，节嗜欲，慎交游，戒饮酒"[2]以自勉。并将"至诚动金石"[3]作为交友的要义。

学生时代的叶企孙就显现出作为杰出科学家所必须具备的灵性、远见卓识以及踏实作风，同时也显现出"学者型"的特质，不但用功读书、成绩好，并且能求真正的学问，在书本或者实验室寻找自己的快乐；认定学问为终身的事业，以"学者"的态度看待和讨论问题、找到证据再下断语，以多读些课外书籍、多得了些学问知识为心满意足。

1918年6月，叶企孙从清华学校高等科毕业。

---

[1]《叶企孙文存·日记》，首都师范大学出版社2013年版，第372页。
[2]《叶企孙文存·日记》，首都师范大学出版社2013年版，第387～388页。
[3]《叶企孙文存·日记》，首都师范大学出版社2013年版，第419页。

日记启洞天

从1915年起，叶企孙开始写日记。日记成为促进他成长的线索和媒介，也是对当时成长历程的记录，从中可以看出他对外界的认识，也可以看出他内心世界的发展，为后人了解叶企孙当时的人生际遇提供了线索。

现保存有叶企孙日记三本，其时间为1915年、1916年、1949至1951年。三本日记的内容包括学业，学生活动，个人习作，社团组成，个人经历，社会事件，教育状况，国家大事，乃至学校水电费、开支账目、物价波动、钞票面值、储蓄牌价、美钞汇率等等。这三本日记，虽然时间极短，但它们正好是社会转型时期教育、文化、经济活动的历史记录。对于研究民国时期及建国初期的相关领域具有重要参考价值。

从1915年1月1日起，第一年内每日必记，其后出现少数几天的漏记；从1916年9月起改变了日记形式，不再遵从日记本格式每日记事，而是分类每月记事，其类别包括：学堂大事记、读日志、起居健身志、气象日志、往来信函录、日常开支录，起居健身志包括早晚作息时间、沐浴更衣、体育锻炼、事亲等细目。

在此不妨摘录一些日记内容看看。

（1915年）1月1日，星期五（甲寅年）

上午与幼华乘火车入城至大哥处，午餐后往前门购物（鞋一双，观象历书一册）。日暮而返。

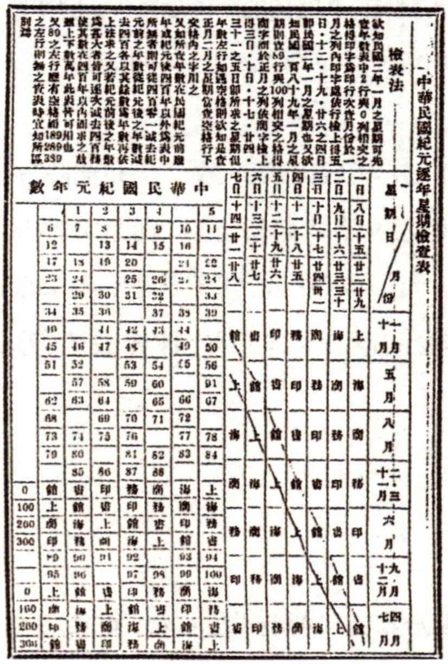

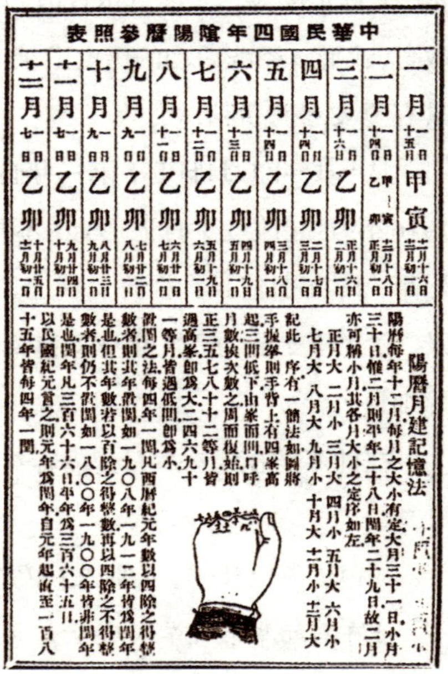

中華民國四年

學校日記

上海商務印書館印行

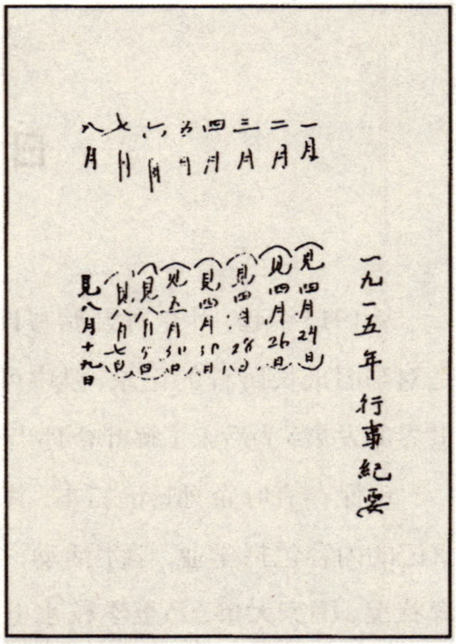

一九一五年行事紀要

八月　七月　六月　五月　四月　三月　二月　一月

中華民國四年陰陽曆參照表

1915年日记本扉页及底页。

1915年1月2日、1月3日日记。

观象台本名钦天监,民国初始改今名。清制:钦天监颁行两种时宪书:一为通行本,除节气交食外,兼载吉凶宜忌等事。二曰七政经纬时宪书,专载行度及交食,逐日测算,列成一表,以便测天航海专家之用。至普通人民,固无需乎此也。清政不纲,司天者怠于其事。故七政经纬时宪书,世不多见。所持为航海之用者,只有江南制造局刊行之航海通书。此清代授时之大略也。改政以来,纯用西法。然历书仍分两种:一为通行本,一为观象历书。观象历书者,犹七政经纬时宪书也。[1]

---

[1]《叶企孙文存·日记》,首都师范大学出版社2013年版,第313页。

这篇日记反映出叶企孙当时的语言水平、知识视野、分析能力、文化定位。

在其后的日记中，显示出叶企孙阅读过大量中外经典，其中传记、小说、算学、天文、科学等著作无所不包。1915年12月21日的日记中写道：予素好阅书，此一年内涉猎颇多，然难记忆。作一表，以当温习。表如下：

1. *A Psalm of Life*；by H. W. Longfellow

2. *Adventure of Ulysses*；by Charles Lamb

3. *Leoni*：*A legend of Italy*；by John Ruskin

4. *The king of a Golden River*；by John Ruskin

5. *The Heroes*；by Kingsley

6. *Robinson Crusoe*；by De Foe

7. *Twice Told Tales*；by Hawthorne

8. *The Vicar of Wakefield*；by Olive Goldsmith

9. *An Inland Voyage*；by Stevenson

10. 《铁窗红泪记》

11. *David Copperfield*；by Charles Dickens

12. *The Forms of Water*；by John Tyndall

13. *Life of Schiller*；by Thomas Carlyle

14. *Franklin's Autobiography*

15. 《左传》

16. 秦九韶《数书九章》[1]

---

[1]《叶企孙文存·日记》，首都师范大学出版社2013年版，第412～413页。

　　日记中显示他看过的书还有：《通鉴纪事本末》《史记》《诗经》《前汉书》《国语》《梦溪笔谈》《管子政略》《兵法史略学》，日人著作《清朝全史》，法国大算学家Laplace, Lagrange, Legendre三先生行述，欧几里得的《几何原本》，以及《霍爽全传》（Nathaniel Hawthorne，今译霍桑，美国作家）、《辟塔哥拉氏传》（今译毕达哥拉斯）、培根（F. Bacon）《论说文集》、丁铎尔在英国皇家学会所作的科普演讲集、《立方奇法》《求一捷术》《嵩庵集》《积学斋丛书》《生物学论》《数之史》《粉笔之历史》《最小二乘法要义》《富兰克林格言汇录》《发酵论》《动植物异同论》《动物学大义》《原生论》《五曹算经》《夏侯阳算经》《平弧异同论》《畴人传》《五经算书》《益古演段》《弗利特立黑传》《西学东渐记》《上海实业丛抄》《算学史略》《代数学之基本理论》《斯氏几何》等古今中外各科典籍。他常读的杂志有科学杂志、甲寅杂志、学生杂志、数学杂志（美）、地学杂志等。两年内数量如此庞大、内容如此丰富、难度如此高深的阅读，展示出叶企孙当时的学术水平和学习能力。

　　1915年6月底，学校放假，叶企孙与父亲一道回家。日记中记录，7月时，先将家中的书分为经史子集各部逐日晒一遍，再安放编号收放；8月又开始清理家中的书画、藏帖，并对家中的对联做了录要。这些活动使叶企孙既对家里所藏书画心中有数，又掌握了分类编码的基本技能，加深了对学术和艺术的了解以及做系统学问的基本方法。

　　日记中记有大量古代数学解题，且解题算式是沿用清末数学家李善兰的方法，又有大量国外专业著作的笔录，还有自己的观察记录。

　　日记中还记录了一些人的诞辰和逝世纪念日，如1915年1月8日记"加里倭（伽利略）卒"，1月10日"法国十八世纪大算家Legendre氏卒（勒让德逝世日实为1833年1月9日）"，1月20日"英大文学家兼美术评论家约翰·勒斯京（John. Ruskin，今译罗斯金，1819～1900）卒"，记录的其他人还有屈原、美国诗家亨利长卿（H. W. Longfellow）、法国大数学家拉普拉斯（Laplace）、德国大文学

绘凤仙草图　　　　　绘凤仙花图

1916年日记之两页。

家歌德、美国文学始祖华盛顿·欧文（Washington. Irving, 1783～1859）、对数始祖纳白耳、美国教育小说家纳撒尼尔·霍桑（Nathaniel. Hawthorne）、经济学始祖亚当·斯密斯（Adam. Smith）、法国物理学家布莱士·帕斯卡（Blaise. Pascal）、德国教育家弗罗贝尔（Friedrich. Froebel）、美国总统约翰·亚当（John . Adam）及汤姆·杰斐逊（Thomas. Jefferson）、法国天文学家兼数学家亨利·庞加莱（Henri. Poincare）等，显示叶企孙对世事关注度宽广，透过记录的对象上又可以看出叶企孙的向往和志向。除了历史名人，还记有自己身边的人，如1915年1月22日记有"曹太姑母寿终，年八十岁"，并道"闻之不胜惊异。唯我侪辈不能到沪侍疾，中心耿耿，何日忘之"。[1] 1月27日又记下"今日闻王君荣吉之父已于16日病故，呜乎。王君闻病遄归，而卒不获见面，何蹇运之至此也。王君为长子，环顾诸弟，尚未能十岁，且只有一母，而妇人尤难理家事。同学中谓王君恐从此将不返校，盖因家事累身，已不获专身向学矣。呜乎王君，以英爽之姿，而不克终其学，其不幸也甚矣。离吾良友，亦吾之不幸也。爱记之如此"。[2]显示叶企孙对他人及生命的关爱与敬重。

1915、1916年这两本日记中，叶企孙述及的小学、兵工学校、清华学校的同学、校友、老师以及家属亲友、时政人物等有两百余人，同学中开展的茶会、级会、庆祝会、纪念会、演讲会、辩论会、英文朗诵会等，叶企孙都积极参与，需要出钱时也凑上一份。这些积累说明叶企孙在校期间交友甚广，人缘极佳，显示出叶企孙好与人交的开放性格，也助他成年后成为教育界与科学界的中枢人物。

1915年，17岁的叶企孙已俨然一位成熟的学者与校内外、国内外的出版部门或编纂机构打着交道，在校内刊物上发表了很多有分量的学术论文，与美国科学杂志等建立起经常性的学术联系。就其日记所记，从1915年1月3日到11月14日，他和商务印书馆、中华书局、美国数学杂志等国内外出版单位联系达12次之多，大都是寄稿联系出版者。

1916年的日记较1915年精简，但用英文记录的部分增多。日记透露出叶企孙的志向生成轨迹。从叶企孙这两年的日记里，不难看出一位在中西文化和科学海洋中迫切探寻的航行者，在竭尽所能浏览人类积累的科学文化，既寻古探幽搜寻它的根，又把眼光扫射着它最新发展的前沿。

---

[1]《叶企孙文存·日记》，首都师范大学出版社2013年版，第320页。
[2]《叶企孙文存·日记》，首都师范大学出版社2013年版，第321页。

结社探科学

清华建校初期即有众多学生业余社团,由学生个人依兴趣组建或加入。其中,清华科学社初期是一个秘密而更多能够反映学生志趣的社团,成立于1913年,是清华最早研究科学的团体,英文名Philosophical Junto。后来到1915年才按校中管理学会新章将名称宣布出来,当时仅为1918级独有的组织,社员只有10人。直至1918年社员也才增至15人[1]。在叶企孙的日记中记录了清华科学社大事记,内容如下:

1915年

9月18日

下午一时,通过草章,呈请校长批准,并拈阄定演说调查次序,到会十人。社长刘树镛,书记沈诰。

9月21日

临时会。报告批准情形。校长云:宜请梅贻琦先生襄助。到者十人,以多数通过。

10月3日(社员报告)

几何学之根本,叶企孙;天演说之证据,刘树镛;苹果之选种,余泽兰。介绍新社员刘君崇铉,曹君栋,杨君克念。过半数通过。到会十一人。

---

[1] 清华大学校史研究室:《清华大学史料选编》(第1卷),清华大学出版社1991年版,第158页。

10月17日

讨论捕蝗之法，介绍新社员王荣吉。

10月31日（社员报告）

煤，张广舆；北京交通传习所无线电报班之设备，吴士菜。通过临时会费每人十枚。到十二人。

11月14日（社员报告）

水准图纸测绘法，唐仰虞；何谓力，曹明銮；关于杂志之调查，李济。到会十四人。

11月28日（社员报告）

中乐（中国之音乐），李济；运动之功用，郑步青；废物利用，沈诰。到会员十三人，旁听二人。

12月12日（社员报告）

生物与其境遇之关系，王荣吉；菌，余泽兰；通空气之善法，唐仰虞。到十二人。

12月26日（社员报告）

江西之磁业，曹栋；关于杂志之调查，曹明銮。到会十三人，又旁听二人。

1916年

1月9日（社员报告）

湖南水口山之锌铝矿，杨克念；珠算之原理，吴士菜；森林之重要，郑步青。到会十人。

1月15日

选举。会长叶企孙，书记刘崇铉。到会十三人。通过：（一）下学期办法，改为译书、研究、讨论三种，不得任社友自由选择，译法续论；（二）员额不扩充，新友人会，需经旧友一人介绍，过半数承认；（三）社友每学期五次不出席者出社；（四）常费每学期每人十枚。如有茶会，不得过四元。

2月13日

叶会长第一次主席。社员报告：中国造纸法及历史，沈诰；泰西造纸法及历史，刘崇铉。议决，分翻译、研究二种，均自明日始。到会十三人，又来宾二人。介绍新会员杨君绍曾（全体通过）。

3月12日

虞谨庸先生演说学农者之责任。

3月22日，星期三

晚请虞先生茶会，共十六人。

3月26日，星期日

昨科学会开会。余君泽兰演讲，题为森林。

3月27日，星期一

读*School Sci. And Math.*

科学社草章（新章，拟替代已有的章程）

（1）定名：本社定名科学社（The Science Club of 1918）

（2）宗旨：本社宗旨在集合少数同志藉课余之暇研究实用科学。

（3）社友：定额十五人。凡同级者经社友一人之介绍，皆得入社。

（4）办法：进行办法分演说、调查两种。

（5）会期：两星期开会一次，定星期日晚八时。

（6）职员：社长一人，书记一人。投票公选，期限半年。

（7）修正：得以过半数之同意修正之。[1]

以上记录的仅是科学社活动的片段，而在此前此后，叶企孙都为科学社倾注了大量心血。早在1915年6月，叶企孙和同学刘树镛就创建清华学生科学社

---

[1]《叶企孙文存·日记》，首都师范大学出版社2013年版，第423～425页。

的事做过商谈。7月29日，在上海家中休暑假的叶企孙接刘树镛来信"论科学会事"。7月31日，叶复信刘树镛，备述他对科学与社会、人生之观点。并拟出科学会之章程。叶企孙的信如下：

树镛兄大览：

　　前接手书，如亲肺腑。足下忠恳之诚，不觉形于简牍。当此溽暑，可作寒瓜冰李观也。沪上酷热之后，继以风灾，房屋船货损伤甚钜。环观邻省，如两广、如湘赣，屡有水患，岂天祸华夏、而使民生日困；抑国政不纲、而致阴阳乖谬。实则二说皆非也。水患频仍，由于森林不讲，疏通乏术。森林不讲，则河岸不固，而水道易迁；疏通乏术，则治水适以增水势。然欲讲森林、疏通二端，非资科学不为功。科学之源委，荒远难求。哲士日求其所以然，而理卒难穷；国工日求其所以用，而用卒无尽。然而世人犹不倦，孜孜于科学，何哉？至境之不可臻，画人知之。然景仰而向往之，日将月诸，功夫累积终能使吾身与至境距离愈近。譬彼蓬莱不可即也，然能极目遥望亦足以自豪；譬彼苦海不可渡也，然能淡薄世事亦足以长生。科学亦然。吾人之设科学会，非欲穷源委，亦使距离愈近耳。奈端（牛顿——编注）曾有言曰："吾之求学如小儿时在海滨拾石子。"成大功者未必有大志，请以勖焉。

　　附呈鄙见若干条，以备采择并望商诸理卿（曹明銮——编注）。因渠无信来，弟亦不另矣。专此顺颂

　　大安

　　　　　　　　　　　　　　　　　　　　　　　　　　弟企上，七月抄[1]

　　该信所附叶企孙拟定的科学会章程如下：

---

[1]《叶企孙文存·日记》，首都师范大学出版社2013年版，第358页。

（一）本会定名为〇〇科学会；

（二）宗旨：研究科学；

（三）凡本校同学赞成本会宗旨者皆得入会，暂时不收会费；

（四）科学种类甚多，兹制定以下八种为本会研究之范围：1. 算学；2. 物理；3. 化学；4. 生理；5. 生物学；6. 地文；7. 应用工业；8. 科学史。

前六科本校所有。余如天文、地质、重力等本校所无，不便列入。盖本会用意于已有科学加以课外之参考，非欲躐等、以求高深也。应用工业注意于实用。科学史足以奖进后学，皆别有用意者；

（五）设理事长一人，理事二人。理事长总理会务，理事分任书记、庶务等职。理事长由会员公举，理事由理事长保荐、会员认可；

（六）每星期六开会一次。会员轮流演讲，但每次演讲至多以二人为限，每人至多以一小时为限。演讲题目需在范围之内。演讲者需于一星期前将题目及大纲报告理事长，由理事长认可。并将大纲印行分发听讲者，使易领悟；

（七）于教员中聘评判一二人，至多三人。若不能到会，由会员中公推临时评判一二人，至多三人；

（八）本会会员当遵守以上规则及以下训言：1. 不谈宗教；2. 不谈政治；3. 宗旨忌远；4. 议论忌高；5. 切实术学；6. 切实做事。

以上八条鄙见所及杂陈左右，以备采择。尚希教正。[1]

章程充满朝气，又不乏对科学原理的洞悉以及可以形成方圆的规则。假期结束开学后，9月18日"下午一时，与郑步青、张广舆、曹明銮、余泽兰、吴士荣、沈诰、刘树镛、李济、唐仰虞九君商议科学社事，决定为秘密研究团体，举定

---

[1]《叶企孙文存·日记》，首都师范大学出版社2013年版，第359～360页。

叶企孙（右2）与清华学校同班同学在大教室楼门前合影。

刘君为会长，沈君为书记"[1]，由此与叶企孙后来补记大事记衔接上。叶企孙9月20日记云："科学社长刘君以章程禀校长立案，校长云：需有某教习为评判员，始能立案。晚同人等议请梅先生（梅贻琦——编注）为评判员。"[2]梅贻琦正是1915年9月受聘为清华物理教师，新任教师与激情学生间的心灵触碰使梅贻琦与叶企孙结下终身友谊，在此后清华发展中发挥了重要的作用。

　　9月21日召集社员临时会宣布报告批准情形，直到此时社员们还想办成个秘密的科学社团。但在9月25日，"级会开第一次常会。会长程君其保报告本学期政纲，并宣布本级科学会事。按科学会本守秘密，此次宣告，非同人之本意

[1]《叶企孙文存·日记》，首都师范大学出版社2013年版，第377页。
[2]《叶企孙文存·日记》，首都师范大学出版社2013年版，第378页。

也"。[1]显示出该社同人对未来发展信心尚不充足。而后来的事实是直到次年3月底，科学社每两周一次的社员科学报告会都一直坚持下来了的。作报告之前的准备就是个调查、研究、锻炼的过程。有些报告则是大家共同准备的，如10月17日晚题为"蝗虫之研究"的报告即"调查员七人：王荣吉、刘崇铉、李济、余泽兰、郑步青、杨克念及予。予因京话不好，以材料请杨君代讲。毕后，举李济、余泽兰二君总辑诸人之材料"[2]。

在前述大事记中未提到或有出入的有关科学社的记述尚有：10月31日报告会梅贻奇作为顾问到会鼓励[3]。11月14日报告会"李君济之报告，关于森林、卫生者有多种。毕后予发表对于力之意见"[4]。11月28日，"会序毕后，由会长请梅先生拟调查题三种。梅师拟：（一）造纸；（二）中国之矿产；（三）中国之森林。当于下次会时议决"[5]。12月12日报告会"王君荣吉演说，因病不到。郑君步青读演稿。余君泽兰演说，以兰为题，收罗宏富，即小见大，不愧生物学专家。末唐君仰虞报告，十时余散会"[6]。此时的记述已加进了叶企孙个人的点评意见。

叶企孙天性好交往，瞄准哪位与科学社志趣相投，就劝其加入。如杨克念就是在1915年9月30日与叶企孙交谈时，叶"敦劝其进科学会"，杨便于10月3日参加报告会成为新社员。这一做法和能力待后来叶企孙做教师的时候就迁移到选拔和培育杰出人才上了。

1916年1月15日，叶企孙当选为科学会会长。1月25日，"昨科学会开茶会。除

[1]《叶企孙文存·日记》，首都师范大学出版社2013年版，第378页。
[2]《叶企孙文存·日记》，首都师范大学出版社2013年版，第388页。
[3]《叶企孙文存·日记》，首都师范大学出版社2013年版，第392页。
[4]《叶企孙文存·日记》，首都师范大学出版社2013年版，第397页。
[5]《叶企孙文存·日记》，首都师范大学出版社2013年版，第400页。
[6]《叶企孙文存·日记》，首都师范大学出版社2013年版，第410页。

会员外，有来宾二人，梅师月涵及程君雅秋"[1]。2月13日，叶企孙第一次以主席身份主持科学会本届第一次常会。15日"晚七至八时，同程君其保、李君权时、刘君崇铉讨论并科学会事"；16日"晚七至八时，集科学会特别会议，讨论归并事，多数赞成"[2]。这里似乎涉及到科学社组织的变更，语焉不详，事后又未见与此相关的实际行动。25日"下午五时梅师率科学会员七人观电灯厂"[3]。

1916年3月底，科学社遭遇到挫折。3月31日叶的日记道："晚同沈君诰，杨君克念商会序。极不惬心。子曰：凡事预则立。会序之不佳，予之过也。"4月2日"晚级会开会，由科学会担任会序。予处事失方，以后当自谨慎。十五人之小会办不好，何以事大？"[4]此后每两周一次的演讲就未见举办。

1916年5月19日"晚科学会开会，到十一人，过四分之三。选举下学期会长。余君泽兰以过半数之票当选。又选下学期书记，杨君绍曾以过半数之票当选。选毕后王君荣吉演讲灌溉法。最后讨论会务"[5]。

此后，叶企孙虽然不再担任科学会会长，但其对会务发展的热忱与责任心并未削减，日记上仍不断有关于科学会活动的记载：6月3日"下午一时科学会通过新章。会员全到，精神甚好"[6]。新修订的章程即前文所列。

之后，叶企孙日记中有关科学社的记录尚有：1916年6月30日"寄科学会会员信共十三封"；9月23日"晚清华科学会开会，到者十一人"；10月7日"科学会常会"；14日"科学社开会，通过新会员八人。予被选为六校联合辩论理事，科学会记录书记"；21日"白雅礼率科学社员参观呢革厂"；11月5日"科学会请德

[1]《叶企孙文存·日记》，首都师范大学出版社2013年版，第418页。
[2]《叶企孙文存·日记》，首都师范大学出版社2013年版，第420页。
[3]《叶企孙文存·日记》，首都师范大学出版社2013年版，第421页。
[4]《叶企孙文存·日记》，首都师范大学出版社2013年版，第425页。
[5]《叶企孙文存·日记》，首都师范大学出版社2013年版，第429页。
[6]《叶企孙文存·日记》，首都师范大学出版社2013年版，第430页。

柄先生讲自来水问题"；19日"科学社请腾思博士讲字学"[1]。

1916年10月25日，叶企孙与杨绍曾、曹明銮三人共同署名在《清华周刊》第84期发表《重组清华学会建议》，指出清华的各种学会经过数年"风起云涌，分途并进，颇极一时之盛"，后转至"强弩之末"的原因在于"全校无统一会，则同学意志不能齐一。小会分立力薄，则会员之精神不能振作也。故欲一洗今日萎靡涣散之风，而收奋发振作之效，则纠合全校有才有直志之同学，共同擘画，共同经营，重组一精神团结、规模宏大、组织完善之校会，诚当今急务也"。接着阐述了重组清华学会的益处及七条办法[2]。这份建议的因果分析并非十分准确，但却显示出青年叶企孙一心为公、智力超群、深孚众望的品质和能力。

1917年秋，叶企孙进入清华学堂高等科四年级，任天文学会理事，作为学生的他已向科学社捐教学书四十余卷。1917年12月29日，梅贻琦、杨孟贲约清华科学社社员茶叙，并选举下学期职员，叶企孙再次当选为会长。

考证揭误点

叶企孙少年时就阅读了大量古今中外著作，从中获取前人的智慧，但他不只是作简单的知识储存，在算学方面他就常常把各种古题用现代数学方法重新演算，在演算过程中发现了问题或谬误，他就凭自己的判断或演算予以指明，或加按语，或给予纠正。这样的例子在他的日记中不胜枚举，他在分析、思考的基础上做了大量的摘录。现摘1915年1月8日的日记以为一例：

---

[1]《叶企孙文存·日记》，首都师范大学出版社2013年版，第431、446、450、451、456、457页。

[2] 叶企孙、杨绍曾、曹明銮：《重组清华学会建议》，载《清华周刊》1916年第84期，第10～25页。

阅《通鉴纪事本末》汉通西南夷一卷。兹摘要如下：

建议者：唐蒙、司马相如、朱买臣、张骞。反对者：公孙弘、淮南王安。建威者：郭昌、卫广。

西南夷中以夜郎为最大，夜郎之西以滇为最大，滇之北以印都为最大。

又阅《通鉴纪事本末》第十四卷四页（通西域）。摘要：张骞初次循北山而行，为匈奴所得。十余年后，得间逃出，卒至西域。及归，复为匈奴所得。后因内乱亡归。共外出十七年。骞于大夏见蜀布，问其国人。云自身毒购来。身毒去大夏东南数千里，骞由是知身毒与蜀相通，而大夏与身毒相通，故自蜀能至身毒，自身毒能至大夏。此蜀道通西域之程也。后匈奴浑邪王归汉，众东徙。汉因欲迁乌孙于浑邪王故地，以断匈奴右臂，故又遣骞由北道至乌孙。谕乌孙王东迁。王不从，骞乃历至诸国。诸国王及乌孙王均遣其臣下从骞来汉。汉与西域由是通矣。[1]

如此读书笔记是对所阅读内容的分析、理解、归纳，再用自己的语言表达出来，显然加深了对内容的理解，提高了阅读的效力。在阅读基础上的作文、讲演是有效提升能力的途径，叶企孙充分利用这一途径，写了大量文章，如：《弱固不可以敌强论》《楚子观兵于周疆论》《杨子为我墨子兼爱论》《孔子言仁孟子言义说》《读史记张仪列传书后》；以英文书写的《富兰克林之少年》《中国古代之天文》《中国旧历新年之风俗》《慈禧传》；在《清华学报》上正式刊登的有《考正商功》《中国算学史略》等等。

叶企孙最感兴趣的是科学著作和古今中外科学家传记，如《梦溪笔谈》《九章算术》《夏侯阳算经》《数书九章》《同文算指》，乃至《几何原本》、威得氏《微积分纲要》等等。他对秦九韶《数书九章》中的全部数学算题一一作解，并对其中的一些算题，既按古法演算，也用今法演算。在读毕该书"大衍求

---

[1]《叶企孙文存·日记》，首都师范大学出版社2013年版，第314～315页。

一术"后，他写道："出入《九章》，旁通元代，诚算题之至妙者也。"

1915年11月18日，叶企孙在研习几何后道："每以暇研究圆、椭圆及其内容多等边形之关系。此学自高乌斯（高斯——编者注）以来已将百年，未有光明之一日。未卜予之研究有效果否？书以勉之。"[1]叶企孙对高斯（C. F. Gauss, ）《算术研究》中圆或椭圆与其内接多边形的关系的代数学问题研究及其所取学术态度显示出远远超出了这个年龄段的才智。

1916年6月15日发表在《清华学报》上的论文《考正商功》是叶企孙进入学术殿堂的开篇之作，也是中国数学史方面很有价值的一篇文章。该文前言称"系二年前旧作"（1914），写作目的在于"使读者知吾国数学文字，自有佳者。……同学中方习立体几何者，读之可悟中西一贯之理"。该文对《九章算术》中的商功部分"求体积诸题，重行厘定。或证其术，或辨其讹，皆以代数几何通之"。发现其中"以正截头锥体求积术求非正截头锥体之积"之误[2]。

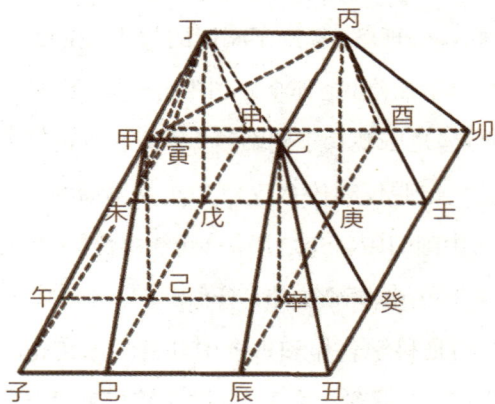

《考正商工》文中一图。

---

[1]《叶企孙文存·日记》，首都师范大学出版社2013年版，第399页。
[2]《叶企孙文存·考正商功》，首都师范大学出版社2013年版，第13～19页。

　　在此不妨看看当时人对此文的评定意见。1915年8月27日，精于算学的前清举人文柟（叶企孙姐夫之父姚子让）写的评语既赞叶文："治中西古今学术于一炉，融会贯通，有条不紊。用笔犹如分水犀，头头是道，真是快事，真是杰作。耄年得此，更未易木欣赏之余，无任健羡。"又直言"九章纯是实用主义，与几何专阐算理者宗旨略殊。……今以几何律九章，有所未慊，辄以古籍如秕谬，鄙人以为过矣。……刍童、冥谷、盘池，为斜截头锥体，今以正截头锥体术驭之为谬，失之少乎？失之多乎？篇中未说明，无以益读者而徒瑕疵古人"。[1]这是一篇既客气又不客气的评语，肯定了叶文是杰作，又指出其局限与稚嫩。

　　另一评语为梅贻琦所写，写的时间不详，梅在进行演算后道："叶君疑问之作，皆由于原书中'刍童、盘池、冥谷皆为长方底之截锥体'一语之误。然叶君能反复推测，揭破其误点，且说理之圆足，布置之精密，俱见深心独具之处，至可喜也。至于刍童、盘池、冥谷仅为平行底之立体，而非斜截头锥体，尚不可不察焉。"[2]

　　由评语足见叶企孙进入学术研究的门槛较高，也能看出他的钻研精神，只是钻研时尚缺乏大局观，前辈的点评或成为他此后胸怀大局的起点。

　　叶企孙这段时间写的较短文稿《革卦解》是由国文教师饶麓樵命题的习作，或许是叶写得不错，发表于《清华周刊》1916年10月21日出版的第82期。"革卦"为《易经》六十四卦之一，这个题写作的伸缩性很大，叶从汤武革命说到刘洪制《乾象历》、郭守敬制《授时历》，论证了天下之变都是"人民之向化，自动之力也"的顺乎天而应乎人的渐变过程。出题教师饶麓樵对叶文的评价为"不袭传注家一语，独虑精谊，戛戛其难。自非学有渊源，曷能臻此"。[3]显出叶企孙古文功底及思想的精深。

　　考证为叶企孙学业精进打开新的通道。由此，他需要广泛涉猎、需要仔细

［1］《叶企孙文存·考正商功》，首都师范大学出版社2013年版，第19页。
［2］《叶企孙文存·考正商功》，首都师范大学出版社2013年版，第20页。
［3］《叶企孙文存·革卦解》，首都师范大学出版社2013年版，第55～56页。

辨别、需要比较分析、需要演算推理、需要精确判断、需要广结学友、需要深入探讨，并养成他入微探新、从事专业工作的基本功，形成他严谨的态度、精细的思维、开阔的视野、深刻的洞见的学者品质。

考证使叶企孙遇事去偏求纯求正的品格在清华求学期间即已养成得十分充分，不断追求，讷于言、敏于行，一生都保持温润如玉的君子之风，成就了他在中国近现代科学、教育事业的创建和发展上不止是先驱，而且是贤哲。其学识之广、造诣之深及为人之正不但在同窗学友中，即便在社会上也少有人比肩，在同时期同类型人物中确实鲜有其匹。

算学转天学

1914年前后，叶企孙的兴趣点集中在算学领域，这年夏先后作算稿四篇：孙子算经择粹演代、刘徽九章择粹演代、九数通考择粹演代、考正商功初稿。

在清华求学的几年间，叶企孙从未间断阅读美国《中学科学和数学》杂志（*School Science and Mathematics*），这是专为中学数理教师创办的月刊。其中的"征答题"和"游戏数学"专栏成了他检验自己智慧的数学练习。他常常废寝忘食地对这些题目作解，并将解法与答案速寄该刊编辑部。该刊设有"值得称赞的答题"（Credit for Solutions）专栏，对那些最先作出正确答案者予以公开表彰。于是，人们在该杂志上常常可看到一个署名"C. S. Yeh"（叶企孙）的巧妙得令人赞叹的算学答题。当然，有些刁钻的算题叶企孙也不能理解。如1915年5月29日，叶企孙读该杂志后在日记中道："作信寄美国数学杂志社。此次予共解三题，自愧能力之绵弱也。"[1]

---

[1]《叶企孙文存·日记》，首都师范大学出版社2013年版，第349页。

美国《中学科学和算学》总第121期封面及刊发的叶企孙的答题。

　　叶企孙这一时段阅读了大量中国古代算学著作，并做了详细的笔记。对算学的专注已实实在在与他的人生志向发生了关联，他在1915年2月27日的日记中道：

　　予今日作数学杂志中四题。除第一题有结果外，余均未解。鸣乎，以如海之数理而竭力以穷之，毋乃不自穷耶。人生自有志愿，从其愿而趋之，则常觉快乐。英儒边沁（Jeremy Bentham，1784～1832）曰：快乐为人生之至境。读此则知吾人作事，当从其志矣。茫茫众生，约分两派。一、不迫于人而能从其志者；二、迫于人而不能从其志者。前者则为本体之奴隶（人之构造各异。因其构造而志也不同。盖志者适于本体之最宜。力大者愿为壮士，懦弱者愿为文豪。是皆天行之事，由肉体之构造而来，非人力所能强也。虽然，吾之所谓志，非羡慕之谓也。世固有不习戎阵而美为大将者矣。皇古以来亦安止老泉一人哉），后者则为他人之奴隶。卢梭曰：世人尽奴隶也。诚不谬哉。惟与其奴隶于他人，毋宁奴隶于本体。犹一国之内，受同族之专制愈于受异族之专制也。而为本体之奴隶者又各不同。世之好甚多矣。然吾安能以此而易彼哉。[1]

这段充满哲理的人生志向和主客体之辨，显示叶企孙此时的人生抉择已不再盲目，而是理性十足。1915年12月18日，叶企孙在自己的年终总结中道：

予年来沉湎于数学。计今一年中，梅程之外，所作之数学杂著，多散见于日记，随作随忘。今特编一目录，附著日期，以便查考，亦畸人之多事也。

（一）证明圆内容五等边形之作法。一月三日。

（二）三角形内自角尖各作线交于一点，求证分线与全线之三比，其和为一。一月四日。

（三）弓形（古名弧矢）求面积法之证明。一月二十日。

（四）一三角形容于圆内，于各角尖作切线，各交对边于一点，求证如是之三交点在一直线上。一月二十六日，三十日。

（五）Tait代得之名题及其证明。

（六）Euler尤拉之名题及其证明。上二例均见一月三十一日。

（七）圆内容四边形之求积。

（八）人目所见之地平之远（Visible horizon）。上二例均见二月一日。

（九）用几何图，以一直线表一圆周（约数）。二月三号。

（十）普通椭圆之量法，一用方形，一用圆形（Oval）。二月三号，四号。

---

[1]《叶企孙文存·日记》，首都师范大学出版社2013年版，第329～330页。

（十一）螺旋之量法（Spiral）。二月四号。

（十二）宇宙间之数。三月四号。

（十三）有ABC三角形，于每边各取一点，连为三角形xyz。若知三点分三边之比例，求小三角与大三角之比例。系五：1. 若三点为分角线之趾；2. 垂线之趾；3. 中线之趾；4. 若有二比相比；5. 若有三比相等。三月九日。

（十四）古百亩当今三十八亩四分。三月十日。

（十五）测望难题。三月二十五日。

（十六）形学谬论：线之一部等于全线。三月二十七日。

（十七）调和分法论（译胡倪二氏几何学）。另录。

（十八）与顶角及自二底角之二中线，求作三角形。五月五日。

（十九）三角形之三中心（centroid, circumcenter, orthocenter）论。五月八日。

（二十）英美之度法（答姚孟笼先生）。五月二十日。

（二十一）有两边及其夹角之分角线，求作三角形。五月二十四日。

（二十二）慔帕司氏（Pappus）之定理。九月一日。

（二十三）秦氏数学大略札记。九月，十月，十一月，十二月。

（二十四）珠盘论（从周辨明先生之请），另录。

（二十五）投稿于美洲学校科学及数学杂志，见杂志。

（二十六）阅龚氏算书提要。另录。[1]

1916年叶企孙又研读过《最小二乘法要义》《五曹算经》《夏侯阳算经》《五经算术》《益古演段》《同文算指》等等，对于一名青年学生而言确是洋洋大观。

叶企孙搜集和演算大量古今中外名题或难题，并把自己的心得、见解和演

---

[1]《叶企孙文存·日记》，首都师范大学出版社2013年版，第411～412页。

算结果在校内外、国内外（主要是美国）的学术刊物上发表，是他步入中西融合的坚实一步，也是他踏上科学成材之路的第一级坚实台阶。

现可查到叶企孙发表的第一篇论文就是算学方面的*The Chinese Abacus*，刊于1916年1月出版的《清华学报》（英文版），全文用英文写作。当时《清华学报》刊载的都是清华师生中有分量的论文，此文得以刊载证明了当时学界对它的评价。文中简述了中国珠算的历史，从《孙子算经》说到刘徽的《九章算术》、从《夏侯阳算经》讲到《张邱建算经》、从秦九韶的《数书九章》讲到李冶的《测圆海镜》、从《续汉书·律历志》讲到王仁俊的《政学问答》、从沈括的《梦溪笔谈》讲到梅文鼎的《算器考》，直至寿孝天的《改良珠盘说》、华蘅芳的《学算笔谈》，《畴人传·方中通传》，提纲挈领，简明扼要，显示出作者见识的历史深度、学识的专业精度。

接着，叶企孙用英文写作的*The History of Mathematics in China*一文，又发表于《清华学报》（英文版）1916年3月版和5月版（连载）。该文篇幅更长，视野更开阔，在结论部分作者表达了对中国古代数学前辈的崇敬、对近代数学落后于西方的惋惜，并提出要抛弃保守观念，以开放的心态向西方学习[1]。

1917年5月1日，《清华学报》（中文版）发表了叶企孙的论文《中国算学史略》。该文自周秦一直叙述到咸丰年间的海宁李善兰，其看点在于结论部分肯定了中国算学先贤"卓绝千古"，分析了"其进步卒远逊欧西"的原因：一为乏系统之研究；二为传习不广；三为囿于旧习；四为自然科学不发达——没有天体力学，牛顿就不会深究微积分，没有电学，虚数就无用，观测不求精，概率学必不发达。并提出"首宜设立学会，集全国之算学者，为系统之研究；次宜广译西

---

[1] 《叶企孙文存·The History of Mathematics in China》，首都师范大学出版社2013年版，第54页。

国新出算书"[1]的改进建议。

或许基于上文所述的自然科学不发达导致中国算学落后的认识，大约在1916年夏叶企孙的兴趣转向天学。1916年4月11日，他在日记中道："作算史，极困难。《畴人传》多空言而无实际，其述行言尤少精神。余有志作算史，然非数十年不成。"[2]从这句话看叶企孙的转向并非是要放弃算学史的研究，而是打算用数十年的时间去进行。

但无论如何，此后一段时间里叶企孙将主要精力转向天文学史。《清华周刊》第84期（1916年10月25日出刊）至第103期（1917年4月5日出刊）连载了他写的《天学述略》长文。《天学述略》与他此前所写文章的显著差别是不再只讨论中国的历史领域，而是把视野拓展到整个人类的天文学发展。中西结合，从圣经故事讲到天文观测、从地方地圆的论证讲到地质与气象，显示出叶企孙此时的学术见识犹如三峡出川，豁然开朗。

1917年上半年，叶企孙又在英文版的《清华学报》第2卷第3、5、7期上发表长文 *The History of Astronomy in China*。该文以现代天文学的视野，概述中国历史上天文学的进展，纲目有序。近百年后再读此文依然感受到叶企孙在天文学、数学、历史、国学多领域的深厚功底，尤其是他在结论中指出天文学是一个国家国民拓展对宇宙的认识、提升智力的普通文化形式，见地极为深刻。

追溯叶企孙的上述转向可看到其路径上若干拐点。1915年3月4日，他在中国第一本严肃的自然科学杂志《科学》的创刊号上读到伽利略传、牛顿轶事三则，这两位物理学家为科学真理献身的精神深入其心。

1915年3月18日下午，叶企孙听了校医布大夫题为"科学对于理想及实用之关系"的报告后，在日记中详细记录：

---

[1]《叶企孙文存·中国算学史略》，首都师范大学出版社2013年版，第106页。
[2]《叶企孙文存·日记》，首都师范大学出版社2013年版，第425～426页。

先论中国人虽于古时能发明指南车、纸、笔、印刷术、火药及种痘等，然普通人民无科学知识。故虽于文学、美术、哲学及宗教上，代有进步，然于科学及制造上，则执迷不悟，故步自封，卒致毫无进步可言。欧人曾论曰：纸之发明，始于中国汉时，后得传入西土。中国今日所用之纸，犹汉时之纸也。而西土今日所用之纸，则远胜矣。此语虽近于谐，然中国人之好守，则可以见矣。

又曰：中国制造既远逊欧洲，洋货一入，国货之销路自瞠乎其后矣。盖好新厌旧，国民之常性也。至洋货广销之结果，则各国皆争利于中国。中国者中国人之地也。中国人之地，而与他人为争利之天演场，而已犹鼾睡、毫无自振之精神，亦可哀也。惟推厥原因，则由于实业之不振。实业之不振，则由于科学之不发达。

又曰：科学种类繁殊。要而言之，约分二类：一为理想的，一为实用的。理想科学及实用科学之分古矣。惟至今日，学者日广见闻，日辟新奇。昔之所谓理想者，今已成实事。学者乃知理想、实用，本无定限，不过因时为变迁耳。二者实二而一。理想为实用之母，实用为理想之子。此理想科学所以与实用科学平行而相成也。惟近日趋势，学者每颂爱狄生（美国制留声机器者）而忘奈端（牛顿）。一辈脑力薄弱而恶理想者，固随声而附和之。于东方亦然。华人视西人学说，似痴人说梦者，亦不少见。此吾（布大夫自称）所以斤斤于此。望诸君毋忽于理想科学也。[1]

　　这位布大夫的话对心怀理想的中国青年人无疑有强大的冲击，叶企孙熟读中西历史，极易对此产生共鸣并付诸实践。1915年下半年叶企孙积极组建科学社或多或少与其相关，且对叶企孙日后选择科学作为人生志向也有重要影响。

　　1916年，叶企孙对生物学又产生了兴趣，他利用暑假详细观察和记录各种植物的特点。从7月4日起，他几乎每天都选择一两种植物进行观察，并在日记上记录。

---

[1]《叶企孙文存·日记》，首都师范大学出版社2013年版，第334页。

豇豆绘图

西瓜绘图

珍珠米绘图

毛豆绘图

贝麻子果实绘图

贝子莲绘图

1916年日记。

旅行多体验

　　学生时期唯一令叶企孙感到为难的课目是体育课，掷球、赛跑等五种运动令他感到"予量力不逮，不敢试也"，"观棒球比赛，同人等学此道。予素未研究，无兴而出"。他的爱好中算得上运动的便是与同学外出散步、游园。他旅行的目的是为了丰富体验、增长见识，附带锻炼了身体。

　　1915年1月10日，叶企孙记有与沈诰、王荣吉踏雪至圆明园。并道：

　　恶习学生每喜于星期日多食杂物。或近午始起，或围炉戏谑。实则此种习惯，均于体育、德育有害。不若结三四友，往野外旅行。一则吸新鲜空气，能使身体强健；二则除去心中积虑，能使胸襟廓然。奢侈最易消人志气。故会食及游戏等事，偶一作之，则无害也；若成习惯，为害非鲜。学生每以饭菜为恶，自行添菜。师长劝之曰，每人当耐苦；恶衣恶食，君子不耻。虽日言百遍，学生终要添菜。所谓饮食之大欲也。故不如禁止厨房售卖，习惯后自能耐苦矣。[1]

　　1915年2月21日是个星期日，叶企孙记道：

　　"上午早餐后散步河滨，观渔人打网，极有趣味。惟吾国人不图远利，盈寸之鱼即取而沽诸市，以供食料。而不知此盈寸之鱼，数年后利将十百倍于此也。观王制所论之政，不禁慨然。十时后作几何细草。下午同沈诰、曹栋、凌其

---

　　[1]《叶企孙文存·日记》，首都师范大学出版社2013年版，第316页。

峻游觉生寺，俗称大钟寺，因有大钟故也。此钟底径约一丈，高约丈有半，居全
世界第二。"[1]

1915年3月3日有日记云：

"下午一至三时地文实习。此次出外沿清河而行，沿途遇有关地文之处，教
师即指出，学生录于簿上。此种教授法最为有益。"[2]

1915年3月21日又是个星期日，叶企孙日记如下：

上午早餐后往校外散步。同人中有发起赴海淀西苑观飞艇者，遂向海淀而
行。至石桥时忽闻声隆隆然自远而至。予等知之，乃立于桥上以待，不一分时，则
庞然铁鸟已高翔于空中矣。予等察其方向，似将返南苑者，遂决意返校，不欲徒
劳往海淀矣。比至校门，见洪君深、杨君克念、朱君世昀及林君志辙出外，询渠何
往，答曰至海淀也。问何故？答曰观飞艇也。予遂告以飞艇已往南苑，彼等亦返步
矣。惟林君不信予言，仍向海淀独行云。两队遂并为一队。洪深创议往清河镇观
剧及旅行，众从之。自清华至清河，步行须一时许。今日天气忽热，地解冻，故甚
泥泞。约二时始至春乐茶园。入观则席棚之内臭味熏人，惟予等甚疲，不得不借
此息足。遂购券入观。至一时出园返校。途中更参观织呢厂及陆军学校等。至校
已三时矣。[3]

---

[1]《叶企孙文存·日记》，首都师范大学出版社2013年版，第328页。
[2]《叶企孙文存·日记》，首都师范大学出版社2013年版，第331页。
[3]《叶企孙文存·日记》，首都师范大学出版社2013年版，第336页。

接下来的星期日里，4月4日"上午作信三封，下午与同学散步郊外，乘便至成府小学堂参观"；4月11日"上午与父亲同游万牲园，并约大哥及周福宝，至下午四时返校"；[1]5月2日"下午与其峻赴万牲园同学会之约，到者共十四人：沈渊儒、葛敬钧、张嘉桦、汪桂馨、项镇藩、刘季人、谢家荣、陈仁忠、余久恒、康在勤、凌其峻、叶企孙……先候于函风堂，待同学齐集后，即至畅观楼旁之来远楼茶叙[2]"。从中可以看出凡星期日有空，叶企孙即外出游览。

1915年6月23日，学校放假。叶企孙与父亲及两位老师一起回沪，他用日记记下沿途行止和见闻。船泊大连上岸购物发现"沿路只见日本商店，自拒绝日货以来贸易大减。晚游大连公园，布置甚好，游者多日人。自交涉以来，华人几绝迹矣"。28日"下午四时抵沪。五时至家。行李均无失。今晚家人皆团聚一堂。近年来久无此气象矣"。[3]

7月4日，叶企孙"同家人看淘沙场房子。曹栋来访，遂午餐于家中。下午同曹、凌观新剧于民鸣社。剧名风筝误。剧中描摸妻妾不安于室，惟妙惟肖。惜做工有过火处耳。末三幕奇事破绽，好在从岳母女婿二人层层迫出来，为全剧之最。五时散戏场后，予等三人同至杏花楼小酌。凌君完钞。出酒楼，至哈同花园，因是夜开慈善会，凌君有券三张，故约同观。不意竟因天凉改期，予等遂扫兴而出。至青年会，听金星人寿公司经理某君讲青年之保险。演讲词平平。不过招揽生意耳"。[4]从这一天中的活动中也能看出叶企孙与社会多方的接触，对世态多面的体察。

叶企孙的这些活动并非无意无心。7月26日上午，他同幼华参观求新机器厂及同昌纱厂，从他所写参观记可以看出是一种积累和学习。

[1]《叶企孙文存·日记》，首都师范大学出版社2013年版，第339~340页。
[2]《叶企孙文存·日记》，首都师范大学出版社2013年版，第345页。
[3]《叶企孙文存·日记》，首都师范大学出版社2013年版，第352~353页。
[4]《叶企孙文存·日记》，首都师范大学出版社2013年版，第354页。

　　我国自与外人交通以来，屡次失败。国人悬焉忧之。群以为能富强中国者，莫如制造。于是求新机器厂发轫于十三载前。厂之创始人为朱君志尧，君名开甲，郡之青浦县人，父业沙船数十年，遂致巨富。君少好机械，居家时常以坏钟为游戏，盖君非欲破坏之，实欲观其内容之构造也。君常患磨墨之劳，制一机械以代之。其精心致用有如此者。君既长，受知于故邮传部尚书盛公。当是时，公为招商局总办，君往见，即大器之，遂委君为大德纱厂经理。君任劳任怨，事必躬亲，无论巨细，必悉心筹划。凡物料之来自外洋者，设法易以国产。行之十余年，无或有渝。后君念纱厂之利，欲自立一厂以厚民生。继又思欲立纱厂，必先备新式机械，而皆购自外洋，利未可必，漏卮已不资矣。故莫如先造机械。因创求新机器厂，资本三十万，由朱君志尧自经理之。洎乎新机造成，乃于求新厂之旁，立一纱厂，名曰同昌。由其弟季霖理之。厂中轧棉者、去核者、纺纱者、合线者、造条子者，条分缕析，丝毫不乱，俨然见泰西分工之制焉。噫，海通以来，吾国人屡受巨创，振兴实业以富之说，固人人能言之，而求其确有事功者不数数觏。如朱氏伯仲者，诚实业界中之鸿毛鳞爪也。惜朱君有志有为而无学识，经济一门，更少研究。故两厂虽历十有余年，而盈余颇少。推源其故，厥有二端：（一）厂基不广而分工太细，故费用多而利息少；（二）各种机械求新厂均能仿而不能专精于一件，故材料人工不免滥用。此二端，虽断断于言利，实与工业之盛衰有深系焉。盖百工所以厚生，而厚生非利不可。苟无余利，国家何必岁费巨金以建工厂哉？予参观毕，心有所感，爰泚笔以记之，俾后人之欲建工厂者，可以览于斯文。[1]

　　时17岁的高中学生叶企孙就如此关注国计民生，并能写出如此深刻而又切合实际的评论，有赖于他有空就对上海进行多方面的考察，参观工厂、比较华人与洋商的差别，其悟性和功底显露得十分清晰。

---

[1]《叶企孙文存·日记》，首都师范大学出版社2013年版，第357页。

1915年暑假后开学，叶氏父子改变往年乘船由水路到天津再到北京的走法，而是乘火车陆路北上，沿途既观赏历史古迹，父亲亦为他介绍历史典故。9月3日晚，叶氏父子及张光明乘沪宁车北上，9月5日晚抵京，叶企孙宿大哥处，作《赴京述历》一篇。

凡欲乘津浦寻常快车由沪赴京者，以先乘沪宁夜班快车赴宁为最便。因晚可宿车上，清晨即可达江边故也。到江边后，即可乘飞江小火轮渡江，到浦口，乘九时余寻常快车赴津，晚宿车中。明日下午三时抵津。即乘四时海京快车，约七时可到京。计自上海车站（第一日晚十一时）到北京车站（第三日晚七时）共四十四小时，可谓神速。惟身体太弱，乘火车每头眩或因失眠致疾者，反不若乘轮船之为较适也。

乘晚车至江边之好处，因可以不住客店，一则省费，二则省劳。惟由沪到江边之晚车，每星期只有一二次。乘车者需询明日期，以免误会。

沿途旅费，可作四项计之：

（一）车票费：买三联票需交十七元，有找。

（二）行李费：照例，三等车每客能带六十斤，逾额每五斤加钱四元半（可先在家中称好，不得逾限）。然物件之小而重者，尽可使脚夫搬至客车上，不必过磅，则可省费。此亦作弊之一端也。

（三）上下力费：沪宁上站、下站，渡江上船、下船，津浦上站、下站，京津上站、下站，共八次。凡次每件行李平均搬力三十文，则八次每件须钱二百四十文。另加运物车费，约共二元。

（四）小账茶点：津浦小账茶钱，定例每位五角，沪宁约二角，京津约二角，共九角。另加沿路点心、饭食费，约共二元。车中有大餐，价贵而物劣，不若车站上之茶蛋、熏鸡为佳也。凡购食物，需在火车站，如济南、沧州、德州、蚌埠、宿州、福履（符离）集等。

以上三费（除行李不能一律外）约共二十一元。

沿途古迹甚多，足资谈助。如滁州为欧文忠谪居之所，醉翁、丰乐二亭，颓然尚存也。亭碑本欧公书，苏文忠见之，以为不善，乃取己书易之（有正书局存二记石印本）。古人之直道而行，于此可见。又闻竹以滁州为界，州以北无竹。滁州为南唐名胜，自来题咏甚多。惟以王渔洋四绝句最有情致，予有诗云：

车出绕滁州，云阴特地愁。

传闻今年熟，家家酿美酒。

放鹤亭在今徐州，为宋云龙山人放鹤处。苏轼有记。予有诗云：

宋代有畸人，放鹤以娱神；

人鹤今已杳，惟有一亭存。

滁州为古刘邦起兵发祥地，府治下有桃源县。因并放鹤亭典，共作一诗，兴怀所及，不求工也。诗曰：

汉时刘邦起斯州，宋代云龙挟鹤游。

按图东北有桃源，未卜渊明曾往不。

德州、沧州为夏中兴时二国之地。当日遗臣兴复之苦心，车中每为道及，因赋诗以怀之：

寒浞弑君夏道休，谁知兴复在斯州。

师徒一旅且兴国，莫笑文王百里侯。

符离集为宋张浚大败处，浚有志恢复，性刚愎而才疏阔。陕西之役，因微隙而诛曲端，以致失地千里、败归。与金战于符离，又大败。传闻张浚大度，闻败后犹高卧云。予诗曰：

恢复感皇恩，将军仗一人。

奈何兵败日，鼾鼻犹闻声。（按：此诗连用倒句，故健）

五日晨过黄河铁桥，启窗凝望，不胜今昔之感。因为诗曰：

晨曦日出过青州, 河水漫漫日夜流。

空际悬梁飞铁架, 谁忆当年古渡头。

予本不能诗, 车中无事, 苦吟成六首。平仄声韵, 恐有未调。急检诗法, 录绝律平仄法, 以供摩范。

一式绝句

平平仄仄仄平平

仄仄平平仄仄平

仄仄平平平仄仄

平平仄仄仄平平

二式绝句

仄仄平平仄仄平

平平仄仄仄平平

平平仄仄平平仄

仄仄平平仄仄平

两绝句成一律。[1]

《述历》既讲物质花费, 又有诗文抒情; 既有历史典故, 又有现实感怀, 触景生情, 怀古讽今, 显现出叶企孙是位既顾及面包, 又看重水仙花的人间君子。

1916年5月11日至15日, 叶企孙记录了一篇无题英文稿, 内容是给与他同一社团的同学就怎样做乡土社会调查提的建议, 提出应该调查的主要内容有工业、教育、社会情况、天然物产等四大项[2]。说明他当时正在考虑一些重大的

---

[1]《叶企孙文存·日记》, 首都师范大学出版社2013年版, 第367~368页。
[2]《叶企孙文存·日记》, 首都师范大学出版社2013年版, 第427~428页。

社会问题。

　　1916年暑假，叶企孙回上海后进行了一系列的旅行考察。7月24日，环行上海城濠路，出小西门，右行经西门、小北门、老北门、新北门、新东门、小东门、大东门、小南门、大南门，复入小西门。并标示"自小北门至小东门，曰法华民国路，余为完全华界。自西门至大东门，市肆殷闹，余仍清凉"。[1]

　　7月26日，参观华商办的内地自来水厂及电灯厂并做详细记录。又参观禁令森严、不易考察的制造局，得悉"昔经费年有一百廿万，今减至六十万，制出军货亦减半。每年须解中央若干军械。若各省将军定造者，则由各省自付价。炼钢厂最完备。先制成粗大之钢条，次递次轧成细长之条，次切断之，次展为钢片，愈薄而仍坚韧最好（火力极难）。次在电池内镀镍，次制成子弹之帽，次拣取其精者，不精者再炼。钢条销行中国，甚畅。汉冶铁厂为炼矿石生成铁处。制造局炼钢厂更以生铁炼成钢。机器厂修理机器，并制炮车，炮之外壳由炼钢厂制，内之机件由炮厂制。子弹由炮弹厂制[2]。"

　　7月28日，参观徐家汇各地，记录大纲如下：

　　（一）新教堂为Gothic建筑，偶像森严，一望而知为旧教也。

　　（二）教育：徐家汇子弟之教育，几尽为法教士所掌。年最幼者入慈母院，由女教士训导。稍长入蒙学校，专授中文及科学大要。蒙学校读毕后，择其秀者入类思小学，升徐汇公学、震旦公学，及日本东京之尚志大学亦为该教会所设，与徐汇公学程度略等。徐汇公学学生科学上之实验及参考，有图书馆、博物院、天文台等。

　　……

---

[1]《叶企孙文存·日记》，首都师范大学出版社2013年版，第438页。
[2]《叶企孙文存·日记》，首都师范大学出版社2013年版，第438页。

（三）工艺：凡自蒙学校出而其质下者，则令习工艺。工艺分数种：1. 印刷；2. 择铅字；3. 铸铜版；4. 雕偶像；5. 造风琴；6. 制木器；7. 电镀；8. 制铜器及镀银器；9. 铸铁器；10. 绘像。各工室宇隅皆悬圣母像，工人有肃静之气。[1]

……

8月1日又乘车赴杭州，夜观湖山大势；2日游宋庄、岳坟、三潭印月、西泠印社及甚多祠庙；3日游高庄，午饭于灵隐寺门前，下午游灵隐韬光，下山又越三天竺棋盘山，至龙井；4日游龙井寺、烟霞洞、吸江亭、卧狮亭、陟屺亭等；5日晨游羊市街清和坊，下午乘特别快车返沪[2]。五天时间几乎遍游杭州各景。

正缘于此，日后叶企孙当了教师后，也常在假期带一些学生到名胜古迹游览，以拓展视野、陶冶心胸、了解社会。

---

[1]《叶企孙文存·日记》，首都师范大学出版社2013年版，第439～440页。
[2]《叶企孙文存·日记》，首都师范大学出版社2013年版，第440～441页。

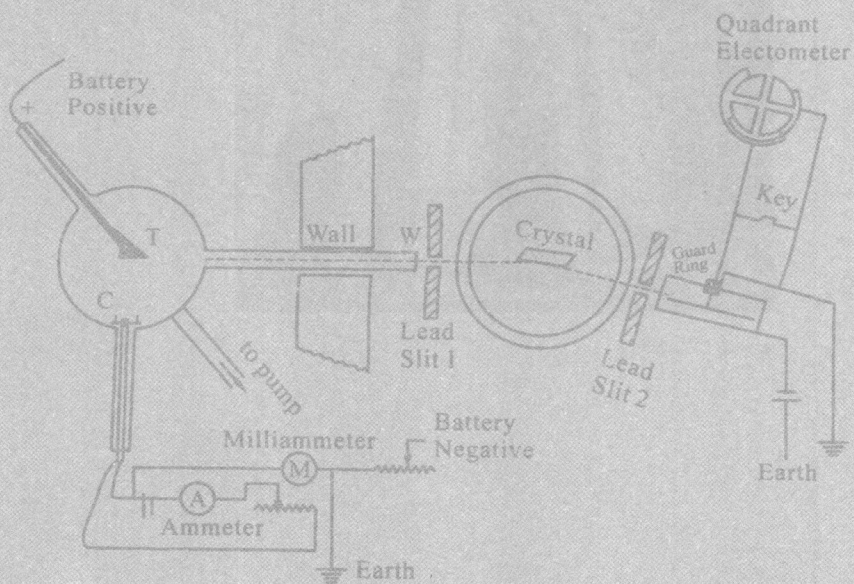

水木清华一百年。

　　"善读史者,观以往之得失,谋将来之进步。"叶企孙在《中国算学史略》中的这句话当是他的深切体验。人不能自己抬高自己,只有当你具有超群的心智,又赶上历史前行的列车,找准自己的定位,将这样的心智用于探求人类未知前沿的时候,你就能成为人类的先锋。叶企孙具备了这样的先天心智,且广泛涉猎中外古今知识,谙熟历史,脚踏实地,养成了良好的后天素养,并以中西文化发展作为心仪的责任,使得他有机会紧紧追随当时的科学大师冲上云霄。

古今贯通定方向

　　在叶企孙的人生轨迹中,一进入清华,就预示着赴美留学,这点几乎没有悬念。但是去美国学什么,怎样使这段学习历程与自己的秉性很好地结合起来、怎样确定自己未来的人生方向,却是一个亟待求解的未知数。

　　清华学堂有不少学兄赴美留学的信息传回,叶企孙也主动打探这方面的信息,以作为自己确定未来方向的依据。1915年暑假叶企孙就去上海环球学生会,访游美学生启程日期[1]。他

---

[1]《叶企孙文存·日记》,首都师范大学出版社2013年版,第359页。

在8月4日的日记中写道：

　　范君永增来。君为麟书先生之长子，少习举子业。欧风东渐，君入中西书院习英文，转入约翰大学，考取游美，专习卫生工程。今已毕业归国，特来探望。赠纽约克及巴拿马赛会图二大册。[1]

　　又于1915年9月12日给苏民的信中写道：

　　吾辈相识之在美者，范君既殇于前，兹又闻甘君纯启之噩耗。甘君虽有奔走之嫌，然不似夭折者。世事本如梦，不独甘君之忽而诞生，忽而游学，忽而得病，忽而归冥，如在梦中。即吾辈闻甘君之凶报，亦如在梦中也。[2]

　　了解学友的留学信息仅是叶企孙确定留学方向的明线，但从上述言论看当时这条明线尚不清晰；他内心中还有一条贯通古今的暗线，在他的日记中已隐约显示出来。

　　1915年1月9日晚上，学校大礼堂放映讲地质学的科学电影，叶企孙观后感慨道：

　　高等科者听者寥寥。中等科虽甚多，而不能理解，故趣味索然，不觉倦而鼾睡矣。我们学生之无科学常识，于此可见。其演讲之顺序，先讲地球上石之种类及其生成，卒归于火成岩。然则火成岩自何处来乎。乃讲地球由太阳分裂而成及地球与八卫恒星之关系，即歌白尼（哥白尼——编注）之太阳系说，侯勒约失之日气

---

[1]《叶企孙文存·日记》，首都师范大学出版社2013年版，第360页。
[2]《叶企孙文存·日记》，首都师范大学出版社2013年版，第372页。

团说也。末讲古代生物递经天演、变成今形。大概变迁之方向，日趋于智育之发达，而爪牙等则日渐淘汰。由是观之，则某国之专重军备，非合于天则。其意盖有微词于德意志也。又谓尔等学生当注重科学之理解，以探天地之奥窍，以谋人群之幸福。庶几国家日进于富强，而种族得免于淘汰矣。[1]

"免于淘汰"或许成为叶企孙终身不竭的动力。1915年8月11日，他记下前一天演算"定列式"（现通用"行列式"）后的心得：

昨演定列式算稿，已毕。脑中又多一新法矣。按此法或称方维术，创始于英儒锡尔费斯脱，嗣后学者踵事增修，日形美备，至今日则能于代数术外别树一帜矣。谨按，方维术为西土之新法，实则中土之旧法也。盖方维术之端，始于行列，而其用则资乎互乘。行列为天元之根本，互乘为方程之常规。故曰方维术者，中土之旧法也。吾国事事后西人，独于数学则不然。中古之世，且有驾于其上者。惟吾国人喜墨守而恶更新。上等社会又轻视为九九小技。彼西国则家传户诵，视为常识所必需。习者既众，则其进愈速。近此百年来，西算所以大胜于中算也。曾考几何之学始于冉求。《史记》亦称"畴人子弟分散四夷"。然则西算亦何曾不起源于中国哉。乃自有明季以来，观象历算，反资乎西土，即清代畴人事业，运驾汉唐，然亦借西算以发明中算。学者多先习借根方，而后再习天元四元。既通天元四元之后，又昌言"西算为中算之薪传""西算实不如中算"等说，其忘本之罪固不必论，而庐山终无真面目矣。[2]

1915年10月5日，预祝孔诞。叶企孙认为"演说词不足取。爆竹及茶点，似失尊敬。吾所望者，同学于孔诞日始日求自新耳。不然，外教之势将日盛一日，危

---

[1]《叶企孙文存·日记》，首都师范大学出版社2013年版，第315页。
[2]《叶企孙文存·日记》，首都师范大学出版社2013年版，第361～362页。

莫大焉"。[1] "日求自新"也是他内心的诉求。

1916年7月16日，叶企孙日记道："赴敬业校友会，与王君曾泽、俞君宜范、汪君钧材畅谈。余泛泛也。聚餐毫无秩序，饮酒过节，拳声大作。欲求社会之改良如何如何，吾当深思之。"[2] 其思绪与忧愁一望无底!

1916年7月，叶企孙认真阅读了《西学东渐记》，并作精炼的读书札记，简述容闳一生行止，称容闳"鉴国事之不振，以为欲兴中国，非派遣留学生不可"，以"时康梁方言新政，先生乃组织强学会于上海，身任会长。后康梁事败，强学会亦被封禁，先生乃避地至香港，而绝迹于政治矣"。[3] 言语中对容闳充满敬佩，无意中又把他当作前车之鉴。

1916年10月9日，清华学校"国庆预祝，有王儒堂先生演说，略谓共和国从困苦艰难中得来，必以坚忍之力保之"。[4] 11月21日，叶企孙做了一张自1909年第一次派遣出洋学生至1916年所有学生所选学科的分类表：

清华遣派出洋生择科分类表（首至1916，以人数多少为次）（注："首"即1909年）

理财（财政、经济、商业、银行、管理）···················38人

化学（化学、制造、化学工程）·····················31人

文学 ·······································29人

土木工程（建筑、卫生、铁道）·····················28人

法政 ·······································22人

矿（冶金）····································16人

---

[1]《叶企孙文存·日记》，首都师范大学出版社2013年版，第385页。
[2]《叶企孙文存·日记》，首都师范大学出版社2013年版，第436页。
[3]《叶企孙文存·日记》，首都师范大学出版社2013年版，第441页。
[4]《叶企孙文存·日记》，首都师范大学出版社2013年版，第450页。

机械工程（造船） 14人

医 13人

农（林、生物、病理） 13人

教育 10人

电机工程 7人

天文算学 4人

哲学 3人

物理 2人

兵 1人

气象 1人

以上共232人。其中

化学及工程 .... 97人，42%

文学及政法 .... 89人，38%

纯粹科学及教育 .... 19人，8%

农 .... 14人，6%

医 .... 13人，6%

My ideal distribution（我认为理想的分配）：

工	农	教	医	法
4%	25%	25%	5%	5%

这个列表很有意思，显示叶企孙认为已去美国留学的清华学生中学工程和文法的比例过高，学纯粹科学及教育和农学的过低。而他自己的天赋不适合学农，也就预示着他即将留学的方向是纯粹科学与教育。

对历史纵向的洞见，对世界横向的比较，对国运的担忧，对自己禀赋的体悟，对各方面因素的深思熟虑，使叶企孙把赴美留学的方向瞄准在当时作为人

类科学发展前沿、正飞速发展的物理学上。这一高瞻远瞩的选择显示了叶企孙的人生价值取向，决定了他一生的命运，使他走到世界现代科学的前沿，成为中国现代科技的奠基者和设计者，也在很大程度上对中国此后60年的发展及在世界上的地位产生了巨大的影响。

芝加哥大学插班

1918年8月，叶企孙从上海和同学们一起乘中国邮船公司的"新南京"号赴美，9月4日到达旧金山。

1918年，清华学校应届赴美留学生在上海港口即将启动的海轮上合影。第4排左1为叶企孙。

　　叶企孙选定物理作为自己的主攻方向，就不能不了解当时美国各大学物理学的状况。当时在美国各大学中芝加哥大学的物理学最强。从1892年到1930年一直担任芝加哥大学物理系主任的迈克尔逊（A. A. Michelson）是当时美国第一位也是唯一的一位诺贝尔奖获得者，一度任美国科学促进会主席并担任美国科学院院长达七年。

　　迈克尔逊以擅长研制精密的光学仪器和精确的实验测量闻名于世，爱因斯坦曾高度称赞他："我总认为迈克尔逊是科学中的艺术家。他的最大乐趣似乎来自实验本身的优美和所使用方法的精湛。"日后，在迈克尔逊领导下从事教学和研究的密立根（R. A. Milliken）和康普顿（A. H. Compton）分别于1923年和1927年获得诺贝尔物理学奖，成为美国的第二和第三位诺贝尔奖获得者，由此可见芝加哥大学物理系在当时世界物理学界的地位。

　　而当时中国的大批留美学生中只有极少数高瞻远瞩的人注意到物理科学的重要性而选择这一方向，当然他们几乎都选择了芝加哥大学，在叶企孙之前有李耀邦、颜任光、饶毓泰，其后则有吴有训、周培源等，他们都学习吸收到了欧美的科学精神和科学方法，并用它们改变了中国的面貌。

　　1918年9月中旬，叶企孙经过深思熟虑后入芝加哥大学物理系，插班读三年级，1919年秋顺利进入四年级。虽然只是两年的基础知识学习，但芝加哥大学物理系的理念和发展意识对叶企孙产生了潜在的终身影响。

　　入芝加哥大学不久，叶企孙写信向父亲报告了他到美后的第一印象："美国学生早上上课，手拿面包，边吃边赶，匆匆忙忙，分秒必争，做事爽快，不见拖拉疲沓景象。"立志求学的他很快就适应了校内的紧张气氛。

　　当时，世界物理学方面的长足进步在实验物理学方面。实验是现代物理学发展的重要基础，芝加哥大学物理系素有重实验的传统，时获诺贝尔物理学奖、轰动一时的人物几乎都是从事实验物理学的。受环境的影响，叶企孙走上了实验物理学的道路，而实验物理学似乎与实业救国目标切近，也符合

1919年，在美国芝加哥大学的中国留学生合影。第2排右4为叶企孙。

他的初衷。

在芝加哥大学，叶企孙直接受教于密立根，其科学精神和研究方法对叶的影响极大。密立根于1916年对于光电效应的精密测量，证明了爱因斯坦的光量子说，从而使爱因斯坦荣获1921年度的诺贝尔物理学奖。密立根著名的"油滴实验"，精密测定了电子的电量而轰动整个科学界，再加上他在光电效应方面的出色工作，获得1923年度诺贝尔物理学奖[1]。

叶企孙在美国完成的第一篇论文《用X射线重新测定辐射常数h》，虽然标明1921年7月6日完成于哈佛大学杰福森（Jefferson）实验室，但选题来源显然与密立根有密切的相关性，因为密立根还从事元素火花光谱学的研究，测量了紫外线与X射线之间的光谱区。

1920年6月，叶企孙从芝加哥大学毕业，获理学学士学位。

---

[1] 密立根：《电子及其他质点》，商务印书馆1955年版，第37～82页。

哈佛研究院冒尖

1920年9月，叶企孙入哈佛大学研究院杰福森实验室攻读实验物理学硕士学位。

当时留美学生在求学过程中一般要换一两次学校，一是想增进对美国社会的了解；二是想更广泛地接触美国学者，多熟悉一些学术机关。

叶企孙的硕士导师是著名物理学家杜安（W. Duane）教授。

通常攻读硕士学位仅需完成课程学习和一篇论文即可，但叶企孙想在短短的三年中尽可能多地学到科学研究的思想、方法和技术以积累经验，为此在入哈佛仅半年后就选择了一项实验测量——用X射线短波极限法测定普朗克常数h。

普朗克常数h是德国物理学家普朗克（M. planck）的重大发现，关涉到物理学、电子学、化学乃至生物学的发展，是精密科学发展的一个关键常数。普朗克本人1900年推算出的$h=6.548\times10^{-34}$J·s（焦耳·秒），密立根1916年用油滴实验测得电荷e值后，根据h/e是和恒量推算出$h=(6.547\pm0.008)\times10^{-34}$J·s。

自从1915年"杜安—亨脱定律"发现后，许多人用短波极限法测定了h。而叶企孙在对此前的各次实验做了仔细分析后，发现了他们实验技巧的不足，遂决定仿照杜安及布莱克（F. C. Blake）的方法重新测定h值，请杜安教授作指导，并与杰福森实验室的学兄帕尔默（H. H. Palmer）合作。整个实验的测定与计算工作主要是叶企孙独自完成的，他对杜安和布莱克的同样实验作了如下改进：第一，提高电位计的测量精度，以使每次电压测量几无误差或其误差可忽略不计。为此，他绕制了一个电阻值达600万欧姆的高锰电阻圈。第二，为确定X射线连续谱的最大频率ν，需先实验测定其波长λ的最短值。他使用分光计，确保其旋转偏心率降为零，因此不产生无规偏差；同时，由于射线源和分光计的狭缝都不是数学直线，他又增加对2θ约$1/300$的校正数。这样，通过实验测定并数学计算后，叶企孙得到的数值为：

$$h=(6.556\pm0.009)\times10^{-34}\mathrm{J\cdot s}$$

实验结果"用X射线法重新测定辐射常数h"（A Remeasurement of the Radiation Constant, h, by Means of X-Rays）提交美国物理学年会1921年4月华盛顿会议宣读，并于同年先后发表于美国《科学院会报》《光学学会学报》和《物理评论》，很快被国际科学界公认为当时最精确的h值。这一年叶企孙仅23岁。从此，世界现代自然科学著作中出现了中国人的姓名Chi-Sun Yeh。

这一数值"比瓦格纳（E. Wamgner）最近从一系列精心测量中所得到的数值要大百分之一"，其精确程度也超越前人所有测量，在科学界至少保持了九年之久，人称此值为"普朗克常数的叶值"，被公认为普朗克常数的第四次测定值。1929年专门研究基本常数的伯奇（R. T. Birge）用叶企孙及其合作者的实验数据并根据e、d的新测定值得到：

$$h=(6.559\pm0.008)\times10^{-34}\mathrm{J\cdot s}$$

时隔九年的计算值比叶企孙的测定仅提高三个千分点。随着电荷e值和晶格常数d的日益精确被测定，用杜安、叶企孙等人的方法来确定h值的精度也日益提高。现公认的h值为：

$$h=6.6260755\times10^{-34}\mathrm{J\cdot s}$$

比较以上历次h值的测定，不难发现叶企孙的工作在科学史上的地位与作用。康普顿在他1935年出版的名著X-Rays in Theory and Experiment一书中仍称叶企孙等人的测量"是一次对普朗克常数的最为可靠的测定"。

叶企孙不只在学术研究上是拔尖的，在人际交往方面也相当不错，其中比较奇妙的是与吴宓、陈寅恪的交往。吴宓承家学渊源，进清华前对诗文就有较深根基，1916年毕业之前就任《清华周刊》总编辑，1918年入哈佛比较

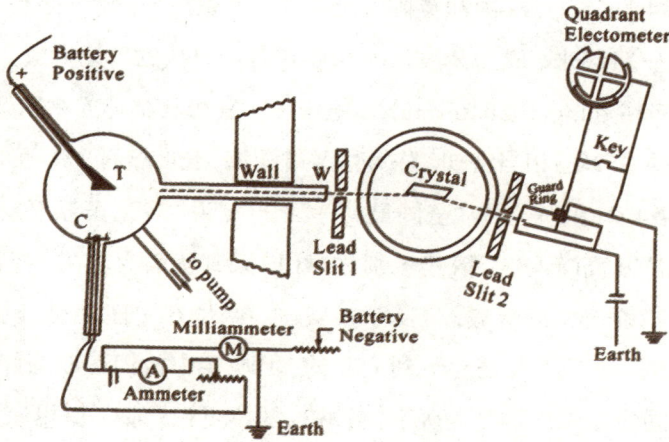

叶企孙论文中测*h*值的图（1）。

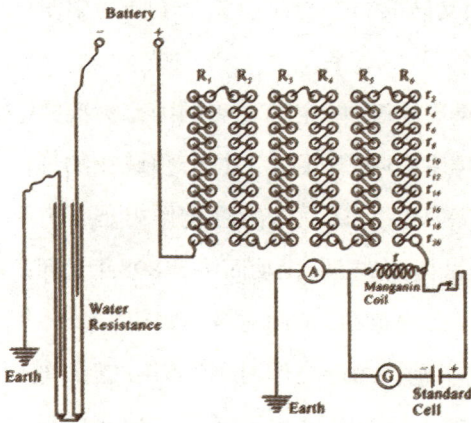

叶企孙论文中测*h*值的图（2）。

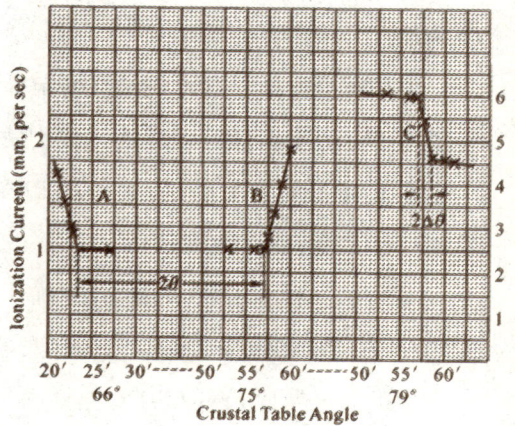

叶企孙论文中测*h*值的图（3）。

文学系，此时认识了陈寅恪。陈寅恪则不但家学渊源不同一般，且12岁起就已到日本、德国、瑞士、法国和英国等地游学，见识极广。叶企孙和吴宓则从清华到哈佛一路起来，成为挚友。1920年10月22日吴的日记中道"晚，汪影潭约宓及陈寅恪赴Imperial Restaurant吃饭……复初及企孙亦来"，显示此时吴、叶、陈三人关系已相当密切。陈寅恪严肃深沉，长叶企孙8岁。吴宓机敏活泼，小陈寅恪4岁，把陈当作"全国最博学之人"，说"寅恪虽系吾友，实为吾师"；称叶"严其高尚人格，精其鉴别之卓识，采其优而弃其劣。择彼所长，补己之短"。叶企孙文静坚毅，且所学领域与前两位有文理之别，以中国隔行如隔山的俗例，他们三人是走不到一起的，但现实中他们却成为好友，或许就是因为共同的卓尔不群互为吸引，叶从这二位见识广博、思想深邃的朋友那里自然获益良多。他们后来都成为公认的大师。

1921年6月，叶企孙获哈佛大学理学硕士学位。9月，在哈佛大学高压物理学家布里奇曼（P. W. Bridgman，1946年诺贝尔物理学奖获得者）的指导下攻读博士学位，研究方向为高压磁学，由此又转向一个与此前完全不同的学术领域。

在布里奇曼一丝不苟的严格实验作风影响下，叶企孙在美国国家标准实验室开始"流态静压力对铁磁性物质磁导率影响"的研究。这个领域在物理学中起步不足半个世纪，关注的是流态静压力对铁磁体的磁化作用是否有影响。1883年托姆林逊（Tomlinson）曾尝试做此题，但无功而终；1898年长冈（Nagaoka）和本田（Honda）首先确认这一影响存在，他们对铁、镍施以225千克/平方厘米的压强，测量其磁导率，获得了稍许的影响作用；1905年，芝加哥大学的弗里斯比（Frisbie）对熟铁和生铁的磁导施以1000千克/平方厘米的压强，测量其产生的影响。此后17年间这一课题几无进展。布里奇曼此前曾经尝试6500个大气压（约为6716千克/平方厘米）的材料高压实验。叶企孙选择这一研究方向，既为其师攀上诺贝尔奖台垫下基石，又为自己在物理学领域有较全

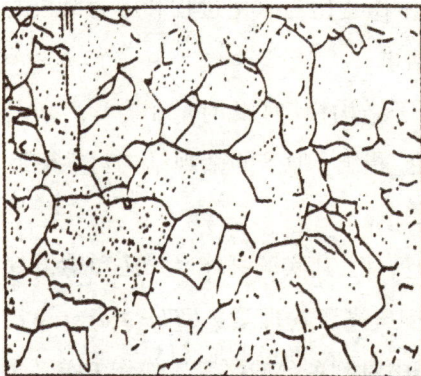
纯铁的显微照相。

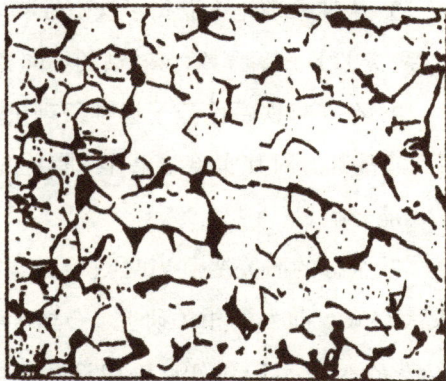
轻微碳化铁的显微照相。

面的训练与修养找到良机。该项工作于1923年完成，研究成果作为他的博士论文于1923年6月以《流态静压力对铁、钴和镍的磁导率的影响》为题提交。

该论文在当时物质铁磁性方面作出重要探索，其主要特点是[1]：

1. 在较大的压力范围内（0～12000千克/平方厘米）系统研究了流态静压力对典型铁磁性金属的压力系数、温度系数、剩磁和磁导率的影响。由于将压力从前人的最高值300～1000个大气压提高到12000个大气压，从而观测到前人所未见的复杂现象，在当时的磁学和高压物理学中都极有价值。

2. 实验方法考虑周密，观测细致入微。首次在做铁磁性物质的重复实验中注意到实验样品的不均匀性和不完全退磁对实验结果发生的影响。样品均匀与完全退磁的实验方法使他的实验更令人信服并能纠正前人的错误。此后"完全退磁"的概念为铁磁实验的物理学家所警觉，写进了与磁性材料相关的大学物理教科书中。

_____

[1] 叶企孙：《流态静压力对铁、钴和镍的磁导率的影响》，《叶企孙文存》，首都师范大学出版社2013年版，第158～182页。

3. 从唯象理论上获得了铁磁性物质的体积变化与磁化过程和压力系数的关系，定性地解释了铁、镍、钴的不同实验结果。

4. 在当时铁磁性分子场唯象理论和原子结构模型（此时量子力学尚未诞生）的基础上对其实验结果作了有益的讨论，指出了原子的微观结构对铁磁性的可能影响。

叶企孙的研究受到当时欧美科学界的重视。其实验技术、方法和结果都大大突破了前人的相关研究。布里奇曼在其《高压物理学》（*The Physics of High Pressure*, 1931、1942、1952年版）一书中对叶企孙的研究工作作了详尽介绍，认为他在这个领域做了开创性工作。1952年，布里奇曼的著作第三版问世，时隔30年后有关叶企孙工作介绍的文字依然照旧。叶企孙以实际行动实现了自己所定下的"研究工作要有三十年不变的自信与决心"。

1923年6月，叶企孙获哈佛大学哲学博士学位，其论文1925年刊于《美国艺术与科学学报》（*Proc. Amer. Acad. Arts and Sci.*, Vol. 60, 502～533）。

叶企孙短短三年就攀上两座世界科学研究的高峰。h值测定为人类继续攀登科学高峰建起新的门槛；高压磁性研究使他成为中国现代物理学中研究磁学第一人。

卡文迪许实验室结缘

叶企孙在美国拿到博士学位后并未直接回国，因为在从事了实验物理学的研究后，他深知现代物理学的大师绝大多数是欧洲各国学者——科学的前沿在欧洲。于是，他想到现代科学的发源地和前沿阵地欧洲去看看，看看科技文明是怎么发展的，以有效利用科学振兴国家和民族。

　　叶企孙所接触的大师中，迈克尔逊、密立根和康普顿三人都先后到欧洲进修过。迈克尔逊曾到柏林大学进修并在该校亥姆霍兹实验室制成测微小长度的第一台光干涉仪；密立根1895年获博士学位后到柏林大学和哥廷根大学深造一年；康普顿1919年到卡文迪许实验室跟随卢瑟福（E. Rutherford）和汤姆逊（J. J. Thomson）做一年研究后回国。曾指导过叶企孙的杜安在20世纪初去德国师从先后在哥廷根大学和柏林大学任教的能斯特（W. H. Nernst），后来又到巴黎居里夫人研究室做研究。

　　1923年10月，叶企孙离美取道欧洲回国，其间先后参观了德国、法国、荷兰、比利时和英国的一些大学的物理研究所和实验室，用四个月时间匆忙拜会了那里的物理同行。叶企孙感触最深的是英国剑桥大学卡文迪许实验室（Cavendish Laboratory），那是当时培养出获诺贝尔奖者最多的研究机构。日后，叶企孙在清华创建物理系时的种种措施，都能让人觉察到卡文迪许实验室的思想和经验。

　　剑桥大学原先是牛津大学的一部分、迁到剑桥后发展起来的。1663年设"卢卡斯"数学教授职位，由于牛顿在这个职位上取得辉煌成就而使剑桥大学名声大振，并且数学研究长期是该校的王牌。

　　19世纪中叶，自然科学蓬勃发展，剑桥大学开始以数学为基础重视实验物理学。为此，于1871年3月2日成立一个九人委员会筹备组，为纪念伟大的物理学家、化学家、剑桥大学校友卡文迪许（H. Cavendish）而兴建"卡文迪许实验室"，并推选麦克斯韦（J. C. Maxwell）为首任卡文迪许实验物理教授。

　　1874年实验室建成后，发展成近代科学史上第一个社会化和专业化的科学实验室，催生了大量足以影响人类进步的重要科学成果，包括发现电子、中子、原子核的结构、DNA的双螺旋结构等，对人类科学发展产生了极深刻而长远的影响，鼎盛时期获誉"全世界二分之一的物理学发现都来自卡文迪许实验室"，并因此使剑桥大学成为世界最卓越的大学之一。为什么这里能做出这样辉煌的业绩？这当然是叶企孙关心的问题。然而，他更关注的是卡文迪许实验室的科学方法。

1871年的10月25日，麦克斯韦发表就职演说，其要点包括：

1. 实验室是为了传播真实的科学原理和培育深刻的批判精神。做学问最主要的是所依据的证据必须准确可靠，其中准确的实验最为重要。

2. 不仅要训练学生的注意力，熟悉一些符号，而且要训练他们眼睛锐利，耳朵明快，触觉灵巧，手指敏捷，以便于有抽象思维能力的人在增加了大量感性知识之后，建立可靠的新概念和理论。

3. 教学和科研应系统地结合，使青年学者和学生接受新知识，并对根据不足的科学概念和理论有鉴别能力。

4. 仪器和设备尽可能由教师和学生自己动手制造，这对于研究实验更加重要。研究的目的在于创新，而新东西往往没有现成的合适仪器，就需要研究人员和学生按自己的要求去构思和制作。"实验的教育价值，往往与仪器的复杂性成反比，学生用自制仪器，虽然经常出毛病，但他却会比使用仔细调整好的仪器学到更多的东西。仔细调整好的仪器使学生易于依赖，而不敢拆成零件。"

5. 理论和实际应有机结合。

6. 要重视科学方法论的教育。年轻教师和学生要重复做杰出科学家所做的经典实验，通过实践认识这些学者的科学方法，熟悉它们，作出评估。科学史不应只列举成功的研究事迹，还应告诉人们那些不成功的事迹，说明为什么那些极有才能的人在发现关键问题的时候是怎样失败的，而另一些人获得的荣誉却在于从他们失败的差错处找到比较坚实的立足点，为后人开辟了成功之路。

7. 将准确性与推测结合。数学在解决问题时具有准确性，同时数学具有只能处理典型事例的局限性。实验结果受技术条件的限制，不可能进行绝对准确的测量。为了弥补理论和实验的不足，建议采用推测的方法。

8. 在系统地讲授物理学的同时，还辅以演示（说明）实验。演示实验则要求结构简单，学生易于掌握。"所有说明实验的目的是将某种现象以学生可以将它与适当的科学观念相结合的方式，呈现在感觉之中。当他掌握了这个观念时，说明这个观念的实验达到了目的。"另一种是研究实验，"严格地说，在研究实验中，最终目的是测量我们看到的某种东西，得到某种大小的数量估计"。测量和估算数量的大小是精确发现和提出新理论的前提。

这两种实验对于大学来说，不是分立的。低年级学生应通过说明实验加深对基础理论的理解，起到巩固教学知识的作用；高年级学生则应以研究实验为主，以培养学生的研究和创造能力；对教师和研究人员来说，研究实验是主要的，以便出成果。

从实验室创办初始起，使用自制仪器就逐渐成为了卡文迪许实验室的传统。实验室附有工厂，可以制作很精密的仪器。麦克斯韦很重视科学方法的训练，特别是科学史的研究，他自己就用几年时间整理了一百多年前亨利·卡文迪许有关电学实验的论著，并带领大家重复和改进卡文迪许做过的一些实验。麦克斯韦对一般学生和研究生所进行的教学是有重大差别的。通过教学培养一般人才，而通过研究造就高级人才。同时，卡文迪许实验室还进行地磁、电磁波速度、电气常数的精密测量、欧姆定律实验、光谱实验、双轴晶体等多项研究，这些工作为后人开辟了道路。电磁学创始人、卡文迪许实验室首任教授麦克斯韦虽然于1879年仅48岁就因病去世，却为此后百余年该实验室奠定了传统和学风。

卡文迪许实验室的第三任掌门人汤姆逊任职35年，从1895年开始，他建议卡文迪许实验室吸收外校（包括国外）毕业生当研究生，并建立了一整套研究生培养制度。一批批优秀青年陆续来到这里，在汤姆逊的指导下进行学习与研究。汤姆孙认为麦克斯韦为该实验室制定的政策是"把研究精神注入到实验室中"，在讲授旧的学问之外，同时产生新的学问。把研究精神注入教学是教育思想的一大创新，因为只有这样才能变被动的传授为主动的创造。

汤姆逊培养的研究生当中著名的有卢瑟福、朗之万、汤森德、麦克勒伦、W. L. 布拉格、C. T. R. 威尔逊、H. A. 威尔逊、里查森、巴克拉等等，这些人都有重大建树，其中有多人获得诺贝尔奖，在多个领域的研究处于世界领先地位。

叶企孙到访卡文迪许实验室时，正值汤姆逊的学生卢瑟福在全面负责实验室的工作。卢瑟福是一位成绩卓著的实验物理学家，是原子核物理学的开创者。卢瑟福十分重视对青年人的培养，在他的带领下，查德威克发现了中子、考克拉夫特和瓦尔顿发明了静电加速器、布拉凯特观察到核反应、奥利法特发现氚、卡皮查在高电压技术和低温研究上取得硕果，另外还有电离层的研究、空气动力学和磁学的研究等等。卢瑟福很关心中国科学事业的发展，因此非常详细地向叶企孙介绍了创建该实验室的思想和经验，给叶企孙留下非常深刻的印象。

直到1931年秋，叶企孙的学生赵忠尧再访卡文迪许实验室时，卢瑟福颇有感触地说："从前你们中国人在我这儿念书的很多，成绩不错，但是一回去就听不到声音了，希望你回去继续搞科研。"[1]叶企孙和赵忠尧都谨记这点，并尽力保障从国外回国的教师继续从前的研究。

叶企孙的欧洲之行收获极大，奠定了他一生科学教育救国事业的基础。他后来创建清华物理系的办学思想不是空穴来风，正是他仔细观察欧洲最好大学所获得的认识以及与世界现代科学大师们所结下的缘分。日后他自己或派他

---

[1] 赵忠尧：《企孙先生的典范应该永存》，《一代师表叶企孙》，上海科学技术出版社2013年版，第22页。

　　物理学是实验、理论和计算相结合的科学，物理学理论的正确性，依靠实验和观测的检验。

　　物理学作为自然科学中最成熟的科学，已建立了系统的理论。物理理论是物理学的重要组成部分，它以归纳和演绎的方法，运用数学语言，来解释和预见物理现象。理论思维在物理学发展中起着重要的作用。

　　物理学的一个基本追求，就是对自然界的统一和普遍联系的描述。人们总是企求用尽量少的基本原理来描述自然界的各种现象。在物理学理论的发展中，始终贯穿着这一条主线。

伽利略

牛顿

玻尔兹曼

法拉第

麦克斯韦

参加1927年第五届索尔维会议的物理学家合影

盖尔曼

伽莫夫

杨振宁

李政道

格拉肖

萨拉姆

温伯格

近代物理学的发展。

的学生多次到欧洲考察，学术进修，与欧美这些科学家和大师打交道，对他的学术造诣、教育思想、作风以及各种科教事业的成就产生极大的影响，从多个方面持续支撑了他的梦想实现。

1924年3月，叶企孙结束欧洲之行，回到上海。

三　教授治校　广育英才

　　1924年7月2日，中国科学社第9次年会
并10周年纪念合影。第3排右4为叶企孙。

　　"你们明白自己的使命吗？"这是叶企孙在得悉王淦昌参加学生运动差点被军警枪伤时的诘问，也是他对自己不断的诘问。正是这样不断的诘问，才使得叶企孙对自己的使命时刻了然于心：就是要把科学的种子播撒到合适的土壤，惠及华夏子孙。在实践中，他摸索到实现这一目标的最佳方式就是教授治校、广育英才，并在此找到自己心灵的归属。

东南大学执教

　　1924年4月，叶企孙应聘东南大学物理学副教授，从此开始了他半个多世纪的教育生涯。

　　当时国内的大学几乎都不具备进行自然科学教学的条件。东南大学在1920年至1924年间由于实行自由讲学、教授治校的现代大学制度而迅速执全国大学之牛耳。胡刚复1920年创建物理系及中国第一个物理实验室，竺可桢1921年创建包括地理学、地质学和气象学的地学系，熊庆来1921年创建数学系，秉志1921年创建生物系，茅以升1922年创建土木、电机、机械三系，东南大学当时盛极一时，是科学学科最强的大学。因此海归派都把它当作工作的首选。此前已有陶行知、吴宓、任鸿隽、竺可桢、熊庆来、秉志等众多中国科学社成员入职该校，并引入中国科学社总部。

叶企孙到东南大学多少与他崇仰的任鸿隽的推荐，以及中国科学社总部在东南大学相关。任鸿隽当时虽不在东南大学，却担任着东大校董，向东大推荐了多位厚德饱学之士。之后，叶企孙又经任鸿隽介绍，正式履行了加入中国科学社的程序，并担任《科学》杂志编辑。

中国科学社由中国留英学生丁绪贤、石瑛、王星拱在伦敦发起成立，1915年与任鸿隽等人在美国创立的同名组织合并，旨在"联络同志、研究学术，以共图中国科学之发达"。叶企孙早在1915年就与中国科学社结下不解之缘。1915年3月，叶企孙第一次看到任鸿隽等人于1915年元月创刊的《科学》杂志，立刻就被吸引住。后来在筹组清华科学会时也对中国科学社景仰无比。1916年8月13日，他特地从自己所订中国科学社主办的《科学》杂志上将2卷7号以前所载中国科学社151名成员的成分进行了如下划分：

中国科学社社员之成分（据二卷七号以前所载者，共151人）：

采矿工程20人；冶金4人；机械工程15人；土木工程11人；

电力工程10人；铁路工程3人；化学工程3人；造船2人；

卫生工程1人。

上关于工程者69人。

农14人；气象1人；森林1人。

上关于农林者16人。

医1人。

上关于医药者1人。

化学16人；昆虫4人；算4人；物理2人；普通科学3人；

生地1人；植物1人；地质1人。

上关于纯粹科学者32人。

银行2人；生计1人；商1人；经济1人。

上关于经济者5人。

教育3人；哲学2人；心理1人；文学1人；历史1人。

上关于文学者8人。

共有学科者131人，余20人无学科。[1]

1916年9月30日，叶企孙的日记中显示他曾给当时尚在美国的中国科学社寄信报名参加该社，并汇去社费。但此次是否建立了直接联系尚无资料实证。1918年，叶企孙赴美，然而中国科学社总部恰在这年迁回国内的南京高等师范学校（后改为东南大学），《科学》编辑部初设机构于上海。

1921年8月，留美学生的中国科学社社员集会，改选驻美临时机构领导人，叶企孙被选为中国科学社驻美临时执行委员会会长。1923年夏初，中国科学社驻美临时执行委员会举行会议，在会长叶企孙主持下选举正式理事成员、成立正式机构、制定驻美分社章程、吸纳新社员39人。会后叶企孙给国内的中国科学社致函汇报自己任会长两年来的工作，检讨工作的不足，作为自己这段时间负责中国科学社驻美临时委员会的工作小结[2]。

所以，叶企孙一到东南大学，便在任鸿隽的介绍下，正式履行了加入中国科学社的程序，成为其中的一员。

1924年3月，东南大学举行第10届数理化研究常会，特别邀请任鸿隽和叶企孙等人为新指导员。参会的还有张子高、熊庆来、秉志、陈桢等教授，以及赵忠尧、施汝为、柳大纲等后来都当选为中科院院士的学生。

---

[1]《叶企孙文存·日记》，首都师范大学出版社2013年版，第444页。
[2] 叶企孙：《致中国科学社社友》，载《科学》1923年第8卷第9期，第988～989页。

1924年3月，叶企孙（第2排左8）受邀参加东南大学数理化研究第十届常会。

叶企孙在东南大学物理系共任教三个学期，先后讲授了力学、电子论和近代物理。晚年回忆这段经历，叶说"对所开课程，我尽力讲透。同时，也使自己获益良多。短短的三个学期，虽只有教育工作的初次尝试，但却给我留下了愉快的回忆"，自我感觉很适合做教育。

然而，1925年1月7日，因国民党人想在东南大学推行苏俄式的党化教育，故策动北洋政府教育部发出免除郭秉文校长职务的部令，从而引发持续两年多的风波。2月1日，东南大学校董会召开会议不承认教育部的"易长"之令，并请郭秉文继续留任。

但是，教育部还是选定曾任清华学堂教务长的胡敦复为东大校长。3月9日胡到东大准备正式上任，不料却遭到学生们的暴打，并从后门赶出。3月19日，任鸿隽在信中对胡适说他自己已经辞去东南大学教职，为的是摆脱左右为难的尴尬局面。"易长风波"致使校长一职长期空缺、著名教授纷纷离去。受任鸿隽推荐入该校任职的叶企孙自然也处于尴尬境地，而好友吴宓也先去东北大学再转清华大学。

到1925年8月，适逢清华学校创立大学部需要聘人，叶企孙便离开东南大学，前往清华任教，并带上自己的得意门生赵忠尧、施汝为到清华做助教。到清华后叶企孙一直参与中国科学社各种学术活动及组织领导工作，清华大学分社成为中国科学社的一支骨干力量。

创办清华大学理学院

1925年5月，清华学校大学部正式成立并开始招生。校长曹云祥为实现改革大学的梦想，除聘请王国维、梁启超、陈寅恪、赵元任四大导师成立国学院外，还想方设法招纳其他学科优秀教师。正巧当时国内师资力量最强的东南大学发生"易长风波"，清华就从那里先后聘来熊庆来、吴宓、钱崇澍、温德（美籍）等名师。8月叶企孙应聘清华学校物理科副教授，9月2日便与23名教员一起参加了大学部普通科召开的第一次教务会议，此后历任物理系教授兼系主任、理学院院长、代理校长、校务委员会主席等职务，包括抗战时期的西南联大在内，叶企孙在清华连续任教27年。

相对于清华国学院的四大导师，叶企孙资历稍浅，但他们文理会通、古今贯通、中西融通的教育理念深得叶企孙认同，而且叶企孙对这些理念又有从自然科学角度独特的理解，并具体为学术并重、理工会通，理论与实验并重。故而，叶企孙很快就与他们成为交往密切、志趣相投的好友。

叶企孙（中）与吴宓（右）、陈岱孙（左）同游卢沟晓月。

　　1926年4月26日和28日，清华评议会召开两次常会后决定调整学校大学部，开设国文系、历史系、物理系、生物系、数学系等10个系。4月29日晚，教授会在科学馆212号教室选举各系主任。1925年，清华设立大学部时，梅贻琦任物理科专任教授，到正式建系时，梅贻琦已担任校教务长，公务繁忙，故教授会选举叶企孙担任物理系首任系主任、教授。

　　物理系成立之初，有职员六名：教授梅贻琦、叶企孙，助教施汝为、赵忠尧、郑衍芬，实验员阎裕昌；有两个年级七名学生。梅贻琦在此前后接替张彭春任清华教务长。从此，叶企孙就将办好清华物理系作为自己毕生的事业，不仅开讲本系所有的理论课程，还带领三名刚毕业的助教筹建实验室，开出所有实验课；他不仅着眼于教书育人，还吸取欧美名牌大学和著名科学家的经验，带领、指导大家做科学研究，着眼于中国未来的命运，谋划建立中国自己的科学事业。在科学馆二楼只有几间办公室，其教学条件远逊于东南大学。

第一级学生中的王淦昌和施士元也是叶企孙磁石般的教学把他俩从化学系吸引到物理系的。当时化学实验设备好，王淦昌做起实验就忘了一切，直到有人赶他离开实验室，才会感觉到肚子饿了。如此热爱化学的人，二年级时在叶企孙的厚爱、为人品德与教学能力的合力作用下，与施士元一起转到物理系，成为物理系第一级四个学生中的两个。当时，叶企孙推荐学生看《居里夫人传》，后来施士元还真的去读了居里夫人的研究生。

叶企孙到校后不久，就有人提出已经困扰五年的、清华学校大礼堂音质极差的问题——既有回音又有混响，混响大且时间长，完全不宜集会讲演或欣赏轻音乐。现实给叶企孙提出的这个物理问题也是清华学校物理系做的第一项课题，他带领助教赵忠尧、施汝为、郑衍芬及实验员阎裕昌、周明群、王慎明一起测量大礼堂几何图形、体积，计算其拱顶及四周吸声面积、墙体的吸声系数等，并购买欧美各国吸声材料样品，研究中国地毯、棉被、棉衣等的吸声能力，开了国内建筑声学研究的先河。

为这项研究他们自己组装、制造测定吸音能力所用的仪器——风琴管式发音器、电子管振荡器、音叉计时器。为免外界声音干扰，测音工作都是后半夜至黎明间进行，并于周六晚放映电影后，请教职员、学生再静坐20分钟进行测试，且得避开刮风、下雨的时候。在测定清华大礼堂室内余音时间（混响时长）、吸声系数、总吸声能力之后，叶企孙及其助手分析了国外甘蔗渣纤维板、纽约制吸音软毡、吸音砖和吸音灰泥四种吸声材料，或价钱昂贵，或自重过大，或效果不佳而不宜安装在礼堂拱顶上，便根据自己对本地材料的研究决定与北京仁立地毯公司合作，自制吸音地毯材料，不仅价廉物美，其效果也不逊于舶来品。叶企孙及其助手们都未曾学习或研修过建筑声学的专业，这项研究充分显示了中国人的科研能力，也显示出他们自己动手、自强不息的精神。

美国的伊利诺斯大学物理学教授沃森（F. R. Watson）为解决该校大礼堂听音困难，从1918年起研究建筑声学，到1924年才解决该校大礼堂音质问题。

叶企孙在了解国际上相关工作后，以两年时间提出清华大礼堂之听音困难及其解决方法，于1927年5月发表《清华学校大礼堂之听音困难及其改正》一文，从理论上解决了大礼堂听音困难之症结，从实践上提出了改进的好办法，在国际建筑声学界站到学科前沿。他还指导赵忠尧（1926年开题）、施汝为、陆学善（1930年开题）分别研究中国地毯、棉被、棉衣的吸声能力。为了普及声音的知识，厉德宣于1926年底翻译了英国皇家研究所所长布拉格（W. Bragg）《声之世界》的科普演讲稿，叶企孙审校并为其作序，发表于《科学》第12卷第3期。

1926年秋，清华学校拟定本科四年，新制清华学校将成为四年一贯制大学，并设定17个系，已开出课程的系中就有物理系。当时中国已有多所大学高调开出各种课程，但大多数课程都只偏重于课堂说理，对学生的实际操作毫无训练，只能空谈研究却不知研究为何事。叶企孙深知此弊，于是狠抓实验、抓学生动手能力的培养。要求学生必须学木工、金工和机械制图课，隔周或一个月有一次不预告的测试，讲热力学时要求每人制作一个温度计，让理论与实验联系起来，让科学在中国扎根。

叶企孙时刻瞄着世界科学的前沿，不断地派合适的人选去进修学习，又吸引优秀教师到清华任教。1927年夏，他把赵忠尧派到加州理工学院深造。

1928年8月，清华学校正式易名为国立清华大学，罗家伦任校长。这时白手起家的清华大学物理系有了新的起色，从芝加哥大学获哲学博士的吴有训从南京中央大学来到清华，在麻省伍斯特学院获理学博士的萨本栋受聘清华物理系教授。11月至年底，叶企孙先后受聘为教授会评议员、奖学金委员会委员、招考委员会委员。

1928年清华大学物理系第四级共招了六名学生。叶企孙对新生既热情关怀，又严格要求。郑一善回忆叶在审查了他中学和大学考试的成绩后说："还好，但你没有做过物理实验，应予补做。"经过筛选，这级学生后来从物理系毕业的仅郑一善和赫崇本两人。

清华大学物理系全体教职工合影。1926年夏摄于科学馆大门口，第1排左起：郑衍芬、梅贻琦、叶企孙、贾连亨、萧文玉，第2排左起：施汝为、阎裕昌、王平安、赵忠尧、王霖泽。

1929年是叶企孙的丰收和喜悦之年。

1月12日，中国科学社15周年纪念大会。吴有训在会上赞扬叶企孙领导的清华物理实验室："中国现在的物理实验室可以讲述者唯中央大学、前北京大学、清华大学而已。然此三校则以清华为第一。此非特吹，乃系事实。盖叶先生素来不好宣传，但求实际。以后我们希望在本校得几位大物理学家，同时还希望出无数其他大科学家。"[1]这段话是对叶企孙在清华四年工作的客观评价，也为清华大学理学院的建立奠定了基础。

1月18日，叶企孙被聘为清华学报编辑委员会委员。

---

[1]《叶企孙文存·叶企孙年谱》，首都师范大学出版社2013年版，第676页。

5月，清华物理系决定办研究所，招收国内大学毕业生为研究生，从事专门研究，以提高学术水准。是时，叶企孙与郑衍芬合编的《初等物理实验》教材出版。夏，送郑衍芬入美国斯坦福大学深造，同时聘东南大学理学学士沙玉彦为清华物理系助教。这一进一出的调整都是为今后的发展积储能量。

7月，清华大学成立文、理、法三个学院。经教授会选举，校长罗家伦聘杨金甫（振声）、叶企孙、陈岱孙分别任文、理、法三院院长，可以说是对叶企孙此前工作和能力的再一次认可。理学院包括算学、物理、化学、生物、心理、地理等六系，叶企孙兼任物理系主任。由此，叶企孙既是清华物理系的创建者，又是理学院及该院各系的奠基者，他与各系主任合作共事，聘用人才、招收学生、擘画课程、分配经费，确定理学院之目的，"除造就科学致用人才外，尚谋树立一研究科学之中心，以求国家之学术独立"。[1]

这年叶企孙还有两件喜事，一是物理系第一级本科生王淦昌、施士元、周同庆、钟间四人毕业，其中周、王、施三人先后考取清华和江苏省官费分别去美国、德国、法国留学，显示他们的学业水平得到国际前沿高校的认可；另一件是聘任加州理工学院哲学博士周培源为物理系教授。

11月22日，《国立清华大学校刊》发表叶企孙在清华大学科学会的演讲稿《中国科学界之过去现在及将来》。演讲中他陈述了西洋科学输入中国的四个时期：自利玛窦入中国到1720年为完全接受和中西兼用时期；1720年至1850年为闭关和轻视时期，这期间由于欧洲科学进步快而中国损失重大；1850年至1900年为中体西用的不彻底的输入时期；1900年后中国有人认识到自然科学代表一种文化，需要用以改进人生。继而阐述中国教育与科学的落后，对科学的信仰不够，提出"纯粹科学与应用科学两者并重"，最后直言："有人疑中国民族不适宜于研究科学。我觉得这些说法太没有根据。中国在最近期内方明白

---

[1] 虞昊、黄延复编：《中国科技的基石》，复旦大学出版社2008年版，第102页。

研究科学的重要，我们还没有经过长时期的试验，还不能说我们缺少研究科学的能力。唯有希望大家共同努力去做科学研究，五十年后再下断语。诸君要知道，没有自然科学的民族，决不能在现代文明中立足。"[1]

12月，叶企孙主编《清华学报·自然科学专号》。

1930年，物理系研究所招收陆学善为第一位研究生。夏初，又送助教施汝为赴美国大学深造。此时物理系已建成普通物理、热学、光学、电学与近代物理五个实验室。

由创系之初梅贻琦和叶企孙两名教授，经过叶企孙千方百计延揽良师，到1931年9月，叶在《清华消夏周刊·迎新专号》上撰文介绍称"本系幸成为全国学术中心之一"，"科目之分配，则理论与实验并重，重质而不重量"，每班专修物理者不超过14人。强调"重质不重量"方针数年来成效颇著，举出本系毕业生施士元任国立中央大学物理系主任、周同庆任国立北京大学物理学教授、王淦昌任国立山东大学物理学教授为证。当时清华物理系在研究方面除叶企孙研究磁学与光学外，还有吴有训研究X射线、赵忠尧研究伽马射线、萨本栋研究无线电、周培源研究理论物理学。在设施建设上，据1931年统计，清华大学物理实验室有仪器三千多种，诸如迈克尔逊光谱仪、光波干涉仪、静电计、布拉格分光计、真空管多种，短短几年就成为全国物理学科研和教学的中心。

理学院创立后，叶企孙对各学科发展都很关心，其他各系也发展迅速，使理学院成为当时清华最大也是最重要、最先进的一个学院。

叶企孙最重要的贡献之一是一手创建起在国内外科学界都有巨大影响的清华物理系和清华理学院，并为中国培育出数以千计的理科人才——中国众多知名科学家、院士、专家和学者都出自原清华大学理学院。直至1952年清华理学院各系被调整到外校，叶企孙才离开了清华。

---

[1] 叶企孙：《中国科学界之过去现在及将来》，载《国立清华大学校刊》1929年第114期。

北院7号聚智

清华初建时为照顾从美国聘来的教员的生活，在清华园北部小山坡上建了几十栋西式别墅。面积大、净空高，建得很讲究，朝阳面有一排大玻璃窗花房，一进门是大客厅，木地板，装有取暖壁炉，地下有一尺多高的通风空间，外墙很厚。

1925年清华改制后，外籍教师减少，新聘的少数著名教授也能住到这里，朱自清、叶企孙就享受到这一待遇。叶企孙住在最北一排西端的平房，门牌为7号，坐北向南，共四室一厅（南向三间，北向两间），人常称北院7号，是清华园里最热闹的教师宿舍。南向中间是客厅，约20平方米；东边书房与卧室相连，书房约10平方米，卧室约20平方米。西边两间分别朝南和朝北，各约15平方米，房子北面有厨房和工友住房。叶企孙在此一住27年，直至1952年调北大才搬出。

实际上叶企孙只用一半的房间，另外空出的两间房成为临时招待所，经常邀好友和学生同住。

1927年，陈岱孙回清华任教，应叶企孙之邀住北院7号，两人均是单身，同住时间长达五年。1929年叶企孙和陈岱孙分别任理学院和法学院院长，成了清华三分有其二的格局，合住当然为学校节省了校舍，也便于商议校政。

1934年招考公费留学生，航空制造专业招不到合适的学生。当时成绩尚可的上海交大考生钱学森的微积分及微分方程仅考了41分，上海交大另一考生张光斗这门课也只考了43分，而同年从清华物理系毕业的王竹溪和赵九章该门成绩分别是94分和71分。叶企孙慧眼识珠，并没有因为钱学森微积分没考好就放弃他，而是在后续的一年补修中给他开小灶。由于钱学森是外校学生，叶企

北院7号住宅。从1925年起叶企孙一直在此居住，1952年院校调整，他才离开。

叶企孙在北院7号
住宅门前留影，时间约
在1928～1930年间。

孙就让他住在自己家中，并引导他从铁道转向航空，后推荐到好友冯·卡门（T. Karman）的门下攻读博士。

1935年秋，物理系助教熊大缜住进北院7号，一直住到1937年学校南迁。

1947年8月17日，钱学森回国结婚，特地到清华探望叶老师，又在北院7号住了十多天。叶企孙安排他在清华大学做了"工程科学"和"稀薄气体之力学"两次学术报告。

钱三强1948年回清华教书时，因家在城里，周一至周五都住在北院7号，前后差不多有一年时间。后来由于母亲生病，战争时期道路不通、电话不通，出入要特别通行证，钱三强只好回到城里北平研究院住。其间叶企孙派工友隔数日去看望一次，帮他解决一些困难。此外，彭桓武也曾在北院7号住过。

再就是一些学生为躲避军警抓捕便以此为避难所——当时国民政府尊重名教授，军警不得进入教授家搜查。1936年2月29日拂晓至30日夜间，北平当局先后出动四百名和五千名军警包围清华园，依事先列好的名单逮捕参加运动的学生。葛庭燧当晚就因躲在北院7号而逃过一劫。此前叶企孙感到兵工弹道学重要，向国民政府建议派当时大学一年级的葛庭燧到德国学习。但审查发现葛庭燧任过驱逐吴南轩校长的护校大队长，还反对"不抵抗主义"，当局认为他思想偏激而未予批准。叶企孙没有因此歧视葛庭燧，这件事反成为两人相互了解的开始，在他生肺病的时候叶企孙还两次去看他，使他大受感动。

日本入侵后，北院7号成为一批清华师生积极投身抗日救亡运动的活动中心。1936年傅作义部下在绥远百灵庙击败日军，清华师生发起慰问前线将士的活动，整个计划就是在北院7号聚会时商定的。抗战胜利、清华复校后，北院7号西边两间实际成为学校的临时客房。

北院7号的客厅和书房的桌上、地板上到处都堆满了书，而来访师生谈得最多的还是有关学术和科学技术的国际动态、国家需要。即便在国内政局动荡、战火差点就蔓延到清华园墙外的时候，叶企孙和7号院也很少谈政治问题。

1933～1936年间的一个夏天，叶企孙、熊大缜一起旅游时留影。

叶企孙终身未婚，周师傅既是司机，又是管家，一直照顾他的生活。周师傅会做饭菜，清华好几个单身或家不在北京的教授都在叶家吃饭；周末和假日，更是师生分享叶家美酒佳肴的时候。教授们借吃饭之机商议校政，图谋教育改革，逐渐形成了一个"少壮派"改革核心力量，清华校史称为"北院7号饭团"。

早期的"饭团"成员主要是钱端升、吴宓、庄泽宣、陈达等人，后来参与这个"饭团"的有叶企孙的好友陈寅恪、赵元任，长期任清华工学院院长的施嘉炀，继叶企孙后出任中央研究院总干事的萨本栋，终身未婚曾任文学院院长的金岳霖，外语系主任叶公超，清华政治系主任张奚若等。这些人都受过良好的专业训练，又有积极改进社会现状的愿望，故汇集成一股无需任何组织的默契的社会进步力量，成为清华园青年人的灵魂。

晚间的北院7号是青年学生经常造访和交流的场所，学生在学习、生活、思想上遇到问题就会往北院7号跑，叶企孙也是有求必应。于是这里所聚的学生越来越多，都把它当成共同的家。正是这样亲密的师生关系，使叶企孙对学生特长的了解比学生自己还清楚，他不止一次地对学生说，一个科学工作者不可能样样都会，要在一个方向上坚持下去，才能有新的发现和有所成就。后来，不光他所教的学生，还有他工友的子女，学生托他照顾的亲属，他都尽心尽力予以关照。

但并非任何人都可以享用北院7号。1946年至1950年，叶企孙的侄子叶铭汉在清华物理系就读，就从未住过北院7号，因为叔父对他说："我希望你住在宿舍里，多接触同学，特别是不同系的同学。我不希望你住在家里的原因之一是家里老要讨论学校的事，你不应该知道，也怕你知道了传出去。"

那么，北院7号讨论哪些事不想传出去呢？没有详细记录，后人无从完整知晓。但从这些人的行为还是能推断得出，他们交流思想、议论校政，谈论较多的还有清华大学如何管理的问题，畅想一所科学的、干净的、学术的、民主的、自由的清华，而非官僚的、学阀的、党人的清华，教授治校的想法和措施渐显端倪。这既与大家的切身利益相关，又与大家的志向抱负相连。在此前后的中国大学发展历史也表明，管理体制是一所大学成败的关键。凡是建立了学人自主管理、教授治校管理体制的，就会迅速发展起来，如北洋大学、南洋公学、1917年后的北京大学、1920年至1924年的东南大学，否则就发展得不好。在此前，中国大学大都采用官僚体制，遇事校长一人说了算；而这些留学回国的少壮派则有着强烈的民主意识，他们在美国耳濡目染了现代大学管理方式，有着改造学校的理想，积极要求参与校政，他们倾向于以法治、民主的方式进行学校管理，遇事采用委员会的方式调查各方面情况，依据情况制定出方案，改进学校各方面的工作。

教授治校中坚

早年清华隶属北洋政府，实行校长个人专权，校长多为官员政客党人，既无多少学问，更不懂管理，且校长更替频繁，严重影响了教育教学工作的正常进行。

1922年，曹云祥以改革家的面目出长清华，接受师生建议成立"调查委员会"，对学校亟须改革的问题进行民意调查，同年底又组织全校代表性的"协作委员会"，负责讨论全校改革事宜并建议校长秉行。此时在北大、南开、东南大学已经实行的"教授治校"也在清华教师心中点燃火种，清华教师的群体意识开始彰显，参与校政的能力也逐步加强。在教务改革上，曹云祥聘张彭春担任教务长，赋予清华新大学部改革的重任。张彭春为清华第二期留美生，时为中华教育改进社重要成员，和黄炎培、陶行知等都有改造中国教育的理想。张彭春上任后，随即聘请梅贻琦、庄泽宣等清华校友为课程委员会委员，开展了其改办大学的计划。其之于校政方面的贡献，主要包括：（一）主张学校与游学划分，实行停招旧制留美预备班，历年关于留洋之纠葛，一旦根本解决；（二）建立新大学，完全以在中国造就本国领袖人才为目的，立清华永久之基；（三）主张留美学额之给予，完全公之全国各大学毕业生。张彭春在任期内的改革，加速了清华改办大学的进程，赢得了多数师生的支持，同时也因提倡撙节经费，裁汰冗员而与诸多职员发生龃龉。再因其作为校内"南开派"代表，与派系与利益纠葛，与清华"少壮派"也有诸多不睦，终因校内派系斗争及其所谓"痛恨校政腐败"而去职，留给学生们改革"殉道者"的背影。支持他的学生就在清华园内游行，高呼"打倒清华恶势力""改造清华"的口号，爆发了一场"挽张去恶"风潮，学生们开出元凶三人、次凶五人、陪凶三人的名单。吴宓因性情外露又与张彭春直接发生过冲突名列陪凶，叶企孙由于相对理性，又对吴多有劝阻，幸免榜上有名。

张彭春离开清华后，少壮派们觉得自己的目标并未实现。用吴宓的话说是"被人利用了"，此前只注重专业工作、没有个人私利的叶企孙也感到被人裹挟，梅贻琦更在1926年2月的《清华周刊》上发表文章说："校中组织上似有不妥之处，即使任何人处于张先生的地位，与别人冲突之事，亦所难免。张先生个人可以去，但去后，必为清华之大损失。"梅所说的"组织上"在别人看来等于点了曹云祥的名，叶企孙由此明白了梅师的态度，也因为这件事而成熟了许多。

这一风潮发生后，校内开展了改造清华运动，反对少数行政寡头治校。加之东南大学风潮导致学校声势快速下滑的例子就在眼前，为免重蹈覆辙，1926年清华在处分了三位元凶——开除两人、降职一人后，同时在3月制定《清华大学组织大纲》、成立教授会和评议会，进一步实行教授治校、民主管理，以安定学校秩序。教授会由各科系教授组成，教授会成员投票选举各科系主任；评议会由评议员组成，评议员由各科系推举的教授担任。这一改革的第一项成果是教务长不再由校长指派,而是由教授公选。

清华改办大学的一个基本措施即是聘请学识渊博、能胜任大学教学与研究的教员。在聘来的教员中,大多有出洋留学的经历,且以清华毕业生为主。他们大都受西方(尤其是美国)现代大学管理制度的熏陶渐染,对西方大学的教授治校制度倍为推崇;他们年富力强,对发展清华教育事业有着共同的利益诉求与教育理想。这是清华实行教授治校制度的一个最基本因素。

1926年4月19日,改制后的教授会召开第一次全体大会,全体会员60人,到会者47人,公选教务长和评议员。梅贻琦在47张有效票中获得33票,当选教务长。在选出七人评议员的选举中,陈达40票,孟宪承37票,戴志骞33票,杨光弼、吴宓32票,赵元任27票,陈福田24票,麻伦君20票,钱端升19票,叶企孙与陈咏沂同为16票,未能当选评议员。这显示出当时叶企孙虽已是教授和物理系主任,但在清华仍属人微言轻。

1927年,由教务长梅贻琦及少壮派为主的教授会、评议会提出的改制,使得一些旧制学生担心自己结业出国受阻,便要求提前留美,曹云祥未与评议会商议就私下同意,遂遭到评议会教授们的反对,从而引发一场新的风潮。

1927年7月13日吴宓日记道:

叶企孙招往,谈校中事。

大学部学生曾炳钧、傅举丰来见,旋陈铨来谈。本校留美预备部(旧制)高三高二班密谋今年提前游美,已将成功。而大学部学生则群起而反对,必欲阻尼其事。两方各欲藉教员以为重,高三高二级则请严守局外中立,勿加干涉。大学部则请加入反对之举。宓等处此两难,甚矣,学校风潮之多,而平安之日少也……

对此事,吴宓觉得为难,且立场不明,叶企孙却旗帜鲜明倾力改革。7月16日中午梅贻琦与清华同事餐叙谈起"清华近日争闹之事,已登载各报。风潮恐不可免"，大家"谓宜表示态度，以免同流合污及袖手旁观、但保饭碗之嫌"，于是推举吴宓当场草拟《宣言》。

7月17日晚，教授会在清华后工字厅开谈话会，请校长曹云祥说明此事详情，教授表达态度；晚11时又到曹宅开会，却不料撞进两位高三高二代表，阻止议案通过。

7月18日，评议会发出通告：（1）按照校章及为学校前途计，旧制高三、高二级不应提前于今年出洋。（2）校章所定旧制高三、高二级毕业留美之权理应积极保障。（3）旧制及新大学学生，应相互爱敬，融和无间，不宜以此事故而稍存芥蒂。

同日，吴宓起草的教授联合宣言发表。

此次本校留美预备部高三高二级学生，未届毕业期限，竟予提前出洋。此种办法，实属有违校章，且挪用巨额基金，妨碍全校发展。某等对此举，极不赞成。除向当局陈说，力图取消此案外，特此宣言。

　　　　赵元任　陈寅恪　李济　梅贻琦　吴宓　唐钺　叶企孙　等同启

然而，此事并未到此为止。旧制学生把吴宓和叶企孙当作眼中钉，对他们实施暴力恐吓、谩骂。吴宓日记显示：7月19日有位叫曹希文的学生在吴宓处"大肆辱骂，谓系不共戴天之仇"，后"欲往寻觅叶企孙质问"。吴宓很为叶企孙担心，"急遣仆走告北院巡警，保护叶君。宓则自赴招考处避难"。

7月20日，曹希文、梁矩章待大学生散去，物理系研究室只有叶企孙一人在时，怀揣利刃闯了进去，逼他收回成命，如不答应即同归于尽。这件事秘密僵持了六小时之久，惊险至极。叶企孙没有惊动警方介入，而是不事声张、沉着应对，最后两位偏激的学生被叶企孙说服，化干戈为玉帛。

7月21日，《大公报》刊发金岳霖、唐钺、陈寅恪、叶企孙等人联名发出《请校董会表明态度书》,以澄清清华《留美预备部全体学生宣言》中所说的董事会同意"提前派遣出洋"的事。这天叶企孙还到景山东大街丁燮林宅与吴宓、唐钺、陈寅恪、陶履恭、李四光等"谈清华事"。

这件事最终以少壮派的胜利告终。曹云祥校长无视评议会权限,成为众矢之的,不得不致歉。由此巩固了评议会的地位,也使清华的"教授治校"落到实处。

由于此前一系列事件,清华园里门派纷立,叶企孙在当时被人们认为是正宗的清华派,但影响尚不显著;钱端升虽为清华学生,却力主胡适出长清华,被人当作"北大派";朱君毅、杨光弼由于与张彭春联系密切而被人称"南开派";陈寅恪当时力推梁启超长校,梁对此也很热心,却遭到曹云祥强力抵制。经历两年多的风雨,叶企孙铁定了在清华去曹(云祥)助梅(贻琦)的主张。吴宓在1927年11月8日的日记中道:"叶企孙函招,乃于11~12日往其宅中相见。叶嘱不助曹,而推梅为校长,以梁为董事长。姑静待之。"[1]据可查文献,这是清华园里第一个提出推举梅贻琦为校长的主张。

1927年11月10日,在教授大会上,陈寅恪当面要求校长曹云祥辞职。陈寅恪和吴宓一向很少涉足行政俗务,然而在1927年的风潮中他们和叶企孙却颇为积极,且配合十分默契,其本意在于维持和营造一个较为理想的学术氛围。12月28日,曹云祥向外交部递交了辞呈,于1928年1月16日离开清华。"少壮派"再次得胜。

叶企孙在这个过程中逐渐引起大家的关注,陈寅恪、吴宓等人说"这是一个可以担当的人"。在南京势力尚未渗透到清华的5月31日,清华召开了一次教授会,叶企孙在这次会上当选评议员,被"少壮派"推进清华最高议事圈。

由于此前清华发生过多次校长被拒事件,南京国民政府对派校长入主清

---

[1] 吴宓:《吴宓日记》(1925~1927卷),三联书店1998年版,第432页。

叶企孙与挚友在北院7号前的合影，时间约在1929～1930年间。左起：陈岱孙、施嘉炀、金岳霖、萨本栋、萧蘧、叶企孙、萨本铁、周培源。

华比较谨慎，经过一番调查和听取意见后决定由蒋介石的幕僚罗家伦出任清华校长。这位学生出身、学运起家、学者型的党人出任校长前托人打听清华内部情况，叶企孙又被推上前台，于是南京方面"通过赵元任邀叶企孙南下与罗家伦会面，听取他的意见，在征得他的同意后才宣布罗家伦为清华大学第一任校长"[1]。8月17日，国民政府宣布了罗家伦的任命。可罗家伦还未上任，8月22日，清华学生会成立的"校务改进委员会"在教师的支持下派三人代表赴南京向罗家伦递交了《改进清华意见书》。

此时，清华少壮派在选择校长的标准上已形成几点共识：一无党派色彩，二要学术渊博，三是人格高尚，四要确能发展清华，五是声望卓著。依这个标

---

[1] 虞昊、黄延复编：《中国科技的基石》，复旦大学出版社2008年版，第84页。

准，罗家伦并不完全符合，但作为过渡又是不错的人选。

1928年9月罗家伦上任，11月2日主持教授会选举了四个评议员，分别为叶企孙、吴之椿、金岳霖、陈岱孙，12月8日聘叶企孙为奖学金委员会委员，同时聘叶企孙等七人为招考委员会委员。

1929年春，清华学校正式改称清华大学。1月18日，叶企孙又被聘为学报编辑委员会委员。实行"教授治校"，当时遇到的最大障碍是"足迹从不履清华"的官僚政客董事会。3月18日，罗家伦赴南京向董事会报告本校校务。4月1日至4日，董事会在南京开会否决了罗家伦及评议会关于发展学校的计划，引发师生要求取消董事会改为教育部直辖的运动。4月8日，评议会向教授会建议："呈请国民政府取消董事会制度，实行教授治校，校长由教授推举，呈请国民政府任命之。"[1]罗家伦曾以提出辞职与教授会抗争，但未得到师生的表态支持，学生表示"无论国府批准与否，本校无人表示挽留"，让他感到一己力量的单薄，不得不与学生和教授重新联合。5月2日，第七次教授会议决：致电行政院及教育、外交两部，就清华直属教育部问题与该院及两部协商；请中华教育文化基金会兼管清华大学基金。会上推举叶企孙、杨振声为代表，南下与政府各部门磋商。

5月6日，叶企孙一行赴南京，罗家伦带他们去见陈果夫和陈立夫商谈清华改组问题。5月10日，国民政府行政院通过清华大学脱离外交部改由教育部专辖的提案，清华基金改由中华文化教育基金会兼管也得以实现。11日，叶企孙对南京记者发表谈话，阐明上述二事之原委及意义，指出"清华奉国府命令改组大学，意即要把清华从留美预备性质改为一个独立的学术机关。大学办得好，能比上外国，也就不用那种暂时性质的、不经济方法往外国送学生了"。20日，叶企孙一行完成使命返校。

1929年6月12日，教育部呈准行政院颁布了《国立清华大学组织规程》，规

---

[1] 清华大学校史研究室：《清华大学一百年》，清华大学出版社2011年版，第59页。

定清华大学设文、理、法三院共15个系，并将教授会定为全校最高权力机构，可选评议员及院长，它所作关于校政的决议，校长一般须执行。评议会是立法机构，相当于教授会的常务委员会，由校长、教务长、秘书长、各院院长及教授会选出的七名评议员（后改为九名）组成。6月29日，教育部下令取消清华大学董事会。

与董事会斗争的取胜显示了教授会的力量，迫使罗家伦接受了院长由教授会产生的做法。1929年7月6日，教授会选出院长候选人后，由罗家伦聘杨振声、叶企孙、陈岱孙分别任文、理、法三院院长。罗家伦常明言"不知有所谓学校派别""我个人在党内不参加任何派别"，但在他任上还是倚重北大出身的教授，对梅贻琦、叶企孙尊重却未必信任，后来他用杨振声取代梅贻琦任教务长，用冯友兰任文学院长，让清华人不免有异样的感觉。

1930年5月，罗家伦辞职离校。表面原因是阎锡山、冯玉祥联合对抗蒋介石的中原大战使北平落入阎、冯掌控之中，他们煽动学生以"请清华学长（乔万选）回来主持母校"为口号发起反罗学潮；深层原因则是罗家伦信奉的依然是"党人治校"而非"教授治校"，他对清华正在形成的教授治校的"清华学风"及学术传统深恶痛绝，这也是阎、冯败北后，他一再坚持不回清华的原因。罗家伦辞职后，北方国民革命军总司令阎锡山委派乔万选为清华大学校长，却当即遭到师生的抵制。

6月3日，有人冒沪清华同学会之名拥乔万选为校长并致电清华校务委员会。叶企孙看到此电后即通知校务会议同人、学生会主席和教授会成员，并于6月6日在《清华大学校刊》头条发表声明，"此电未经证实，真相如何，无从知悉""企孙个人对于任何派别更不愿有所左右也。转辗传闻，恐有失实，特此声明。"[1] 乔万选1919年从清华学校毕业，算是叶企孙和吴宓的师弟，

---

[1] 《叶企孙启事》，载《国立清华大学校刊》1930年第184期。

他利用学缘关系对叶、吴极尽拉拢，吴宓左右为难，叶企孙则旗帜鲜明指出这是"阴谋"，"就学问、见解和人品论，都是不能令人满意的"[1]，以表明自己的立场。

6月25日，乔万选还是带着武装卫兵和秘书长赴清华上任，却被学生拒阻于校门之外，并让他签署"永远不任清华校长"的保证书后离开。当晚，吴之椿、叶企孙、陈岱孙三人以校务会议名义致电阎锡山道："清华并非行政机关，若以非常手段处理，则校务及经费必生困难，谅亦非钧座素日爱护教育之本心。至学生此次举动，纯出爱校热忱，其心无他。诚恐远道传闻失实，谨此电闻"[2]。乔万选任校长事未遂，阎锡山只得忍气吞声。

在"驱罗拒乔"期间，清华11个月没有官方委任的校长，纯粹由教授会代表全体教授治校；叶企孙代理校务会议主席，兼代理校长，主持校务。由此，教授会成为学校最高权力机关，教授治校已然既成事实。

1930年7月7日，因叶企孙将例行休假出国，故主持第19次校务会议讨论人事安排，举荐吴有训代理物理系主任，熊庆来为理学院院长，

1930年10月摄于德国哥廷根大学，右为王淦昌，中为叶企孙，左为曾炯之。

---

[1] 虞昊、黄延复编：《中国科技的基石》，复旦大学出版社2008年版，第15～16页。
[2] 国立清华大学校务会议：《致阎总司令电》，载《国立清华大学校刊》1930年第191期。

冯友兰为校务委员会主席。

1931年时，又发生了国民政府派吴南轩任清华大学校长遭到学生强烈抵制的事件。4月16日，吴南轩宣誓就职时宣布自己的使命是"为党国培养人才"，显示出十足的党化教育面目。上任一段时间后，吴南轩发现情形不妙，不得不向正在德国学术休假的叶企孙拍电报，请求他提前回清华帮自己处理校务。叶企孙一眼就能看出吴南轩的政治背景，有违"君子不党"，加上吴接见学生代表时说"盖学校行政之事，应完全由校长负责"，拒不认可教授会选举院长的惯例，显然与清华正在进行的"教授治校"进程不合，而且吴南轩的学问和见识还不如罗家伦，故他回电婉言拒绝。叶企孙的不合作态度在一定程度上影响了清华师生，有人出来公开向吴叫板，接着叶企孙与法学院院长陈岱孙、文学院院长冯友兰在京津媒体上发布集体辞职消息，引发师生坚决要吴离校的表态。吴南轩于6月25日以大败告终，离开北平。行前还发布指责教授治校的宣言：

教授治校，原有可采，不过其精义在集中于治学方面，养成纯粹研究学术之精神，不在领导学生干预校政，以为推倒他人之工具，造成"学生治校""校长不治校""教授不治学"之风气。

教育部为保全面子，不便在当时批准吴的辞职，就采纳了教育部次长钱昌照的办法，于1931年7月3日发令地质调查所所长翁文灏为代理校长。7月11日，教授会选举冯友兰任文学院院长，叶企孙任理学院院长，陈岱孙任法学院院长。

1931年9月，清华开学举行全校大会，翁文灏和叶企孙在会上讲话。次日翁文灏借事往南京，请求叶企孙代理校务，叶口头同意了。9月15日，叶企孙继任理学院院长兼物理系主任。9月24日，教育部电准翁文灏因事请假，校务交叶企孙代行，叶企孙因此第二次代理清华大学校长。

　　10月1日，叶企孙致电教育部称："企孙受翁代校长嘱托，勉维校务以来已逾半月。翁代校长离校时本以极短时间之代理为约，故敢勉为其难。现在国难方殷，校务繁剧，企孙决难一再代理。伏乞钧部催令翁代校长即日销假视事，无任感盼。"[1]然而翁代校长却铁心不返校视事。到10月7日，清华教职员公会改选干事，叶企孙任会长。到10月14日，国民政府才批准了吴南轩的辞职，任命离职清华教务长而任驻美学生监督的梅贻琦为校长，在梅到任前，由叶企孙主持校务。

　　这个任命恰与叶企孙两年前的主张一致。梅贻琦当校长不止符合叶企孙的意愿，也符合教授治校的方向。相关史料也证明，早在两年前，叶企孙已就此事与陈寅恪、吴宓等人达成默契。1927年11月12日吴宓日记道："晚7~8时陈寅恪招往。谈次，知曹校长即将去职。现在进行举荐梅贻琦以教务长暂代理校长，以求迅速解决，藉免觊觎而安校内之人心。已由寅恪函梁任公转荐于外交总长王荫泰。如梁尚犹豫，则拟使宓面谒梁劝说云云。"[2]陈寅恪在短时间内由"力举梁公来长校"转向推荐梅贻琦，当然与形势的变化相关，也不排除与叶企孙的沟通相关，因为吴宓在日记中道"盖宓对于校局，决随叶企孙、陈总（岱孙）为进退"，这种态度也会影响到他们的好友陈寅恪。只不过叶、陈、吴的心愿两年后才兑现，兑现的契机是国学研究院的吴宓、陈寅恪、赵元任、李济，法学院的陈岱孙，文学院的冯友兰，哲学系的金岳霖都有了与叶企孙两年前相同的看法，站出来为梅贻琦说话，再由李济写信向教育部次长钱昌照推荐，教育部长李书华采纳后"于民国二十年九月二十三日提出行政国务会议通过以月涵任国立清华大学校长"，成就了李书华教育部长任上"最满意的一件事"[3]。

　　1931年11月，叶企孙致函梅贻琦，敦请速归任职。12月3日，梅贻琦返校就任

[1] 叶企孙：《呈教育部东电》，载《国立清华大学校刊》1931年第318期。
[2] 吴宓：《吴宓日记》（1925~1927卷），三联书店1998年版，第433页。
[3] 李书华：《悼梅月涵先生》，《梅贻琦先生纪念集》，吉林文史出版社1995年版，第192页。

校长职。

梅贻琦到任后，叶企孙鼎力支持，教授治校体制得以保持延续和发展，这一体制是对此前各校教授治校体制的完善和提升，不仅此后没有再出现"倒梅"的，还铸就了清华的"黄金十年"，而且一直延用至西南联大，创中国现代大学制度的范例。叶企孙是这一制度建立当之无愧的中坚。

历经上述过程，教授会的作用日益增大，叶企孙在教授治校体制形成中的作用也日益增大，威信日益增高，成为清华的核心人物，并受到师生们的推崇。

叶企孙等所要实现的目标就是教授治校，说白了就是严格遵循议事规则，拒绝外行人进入学校管理层，使清华免落党化教育之陷阱，把不懂科学、不闻学术、不谙教育的人扫地出门。它防止了旧制度下官僚体系对大学教育的侵蚀和破坏，同时把学校的行政权作分散化处理，形成相互制衡的机制，在保障大学的民主办学、民主管理的同时也保证了学校的独立、学者和学生思想的自由，以及创造力的激发。

文人相敬和谐

叶企孙到清华时，由于学校曾发生过多次驱赶和挽留校长的事，校内新旧观念、官本位与学术专业之间冲突不断，人与人争斗、师与生勾结的事常有发生。

叶企孙到校后，首先在物理系，继而在理学院形成专心学术、实事求是、以诚相待、团结一致的和谐氛围，建立起一种没有"内耗"的高尚人际关系。

然而，做到这点并非易事，叶企孙是用自己一点一滴尊重爱护人才的行为去实现这个目标的。1925年他刚到清华物理系时，梅贻琦是他的老师，赵忠尧、施汝为是他的学生，另有五位是他素不相识的工人。当时社会上普遍存在看不起"干体力活"的观念，叶企孙首先带领师生尊重这几位陌生工人。工人

中有一个叫阎裕昌的，为人正直，勤奋好学，叶
企孙破例让他到实验室工作。并且不许学生称
帮操作演示实验的阎裕昌为"听差"，而是要
求尊称为"阎先生"。物理系第一级学生王淦
昌有一次就照老习惯喊阎先生"听差"，叶企
孙听见后非常生气，把他狠狠批评了一顿。此
后各级学生都尊称阎裕昌为"阎先生"，几乎
没有人说得出他的全名。

　　阎裕昌到实验室工作后，叶企孙很快把他
培养成技术高超的技师，后来又不顾世俗偏
见，打破常规将他提升为职员辅助教学。1929
年，王淦昌的研究需要一台一二万伏的高压电
源，他不知从哪里去弄到它，正发愁时，阎裕昌
建议他将一台闲置不用的静电发生器改制，修
旧利废，居然没花一分钱就在一个月内把一切
试验装置安排就绪。

　　吴有训是叶企孙第一个聘到清华物理系的
教授，他曾在美国芝加哥大学做研究，对"康普
顿效应"作出了闻名世界的贡献。1926秋他谢绝
了康普顿的挽留返回中国，先在大同大学任教，
参加中国科学社，次年转到江西大学和南京第
四中山大学任教，一直到1928年8月接受叶企孙
的聘请到清华物理系任教。

　　或许由于对科学追求的执著以及对国家
前途担忧的共识，吴有训求学期间就与叶企孙

阎裕昌（1896～1942），
原清华大学物理系实验员。1938
年，因冀中抗日需要，在叶企孙
介绍下去冀中配合汪德熙研制地
雷、解决遥控装置的技术难题。
1942年8月，不幸落入日寇之手，
壮烈牺牲。此后，烈士儿子长期
得到叶企孙照料。

有着近似的人生路径和轨迹。当叶企孙离开芝加哥大学物理系去哈佛的时候，长他一岁的吴有训跟着走进芝加哥大学物理系。当时"康普顿效应"尚未获得科学界确认。从1923年底到1924年初，吴有训先是与导师合作，使用七种不同的材料做实验，以检验"康普顿效应"的广泛适用性，随后又独立设计和进行了一系列的精密实验测量。在1925年11月召开的美国物理学会第135届会议上，他被排在第一位宣读了这一系列实验的论文，令全体学者信服"康普顿效应"是正确的。他成为继叶企孙后在美国留学而赢得世界声誉的学者，完成学业后又和叶企孙一样谢绝导师的挽留，回国担当他自己认定的人生使命。

吴有训到职后，叶企孙为了表示对他学识价值、专业地位的敬重，也为了表示物理系对他的重视，就把他的工资定在物理系最高的月薪340元，比自己这个系主任月薪300元正好高出当时一位中学教师的月薪40元。论学位吴比叶获博士晚两年，论职位叶已任系主任两年、吴则为刚到学校的普通教授，这样的待遇在清华大学是没有先例的，让吴有训和校内同人心生敬意，几十年后许多人道及此事，仍钦佩赞誉，可见影响之大，足证叶企孙为人的礼贤下士之真诚。从此以后，清华大学物理系名师云集，他们团结在叶企孙周围，同心协力，创造出中国教育史上的奇迹。1930年，叶企孙休假出国考察，委托吴有训代理物理系主任。他发现吴有训的工作能力很强，就于1934年推荐吴当物理系主任。1937年1月，叶企孙又辞去理学院院长之职，荐吴有训接任。叶企孙的辞职，一不是自己不行，二不是众人反对，三不是已到退休年龄，相反，他辞职时年仅38岁，他这样礼贤让贤风格之高和对清华大学风气之影响是看得见的，但他更深的用意是把有限的精力转移到对全国有更大影响的科教兴国事业上。

有人在叙述清华历史时使用"非清华出身"一词，这说明在清华这种小团体意识的彼此之分确实存在，而叶企孙没有门户之见，对学术超群的名师总是千方百计招揽延聘。当时任算学系主任的熊庆来就是"非清华出身"，叶企孙对他不仅没有排他之意，而且对他的工作更是大力支持。1931年春，熊庆来到图书馆阅览期刊时看到华罗庚写的文章，感叹这个人身手不凡。恰巧助教唐培经知道这个人是他金坛同乡，只念过初中，在金坛县中学当庶务。熊庆来说："那这个人更是奇才了！"并托唐把华罗庚请到清华园。叶企孙得悉此事后鼎力支持，并于1931年秋，以理学院院长和代理校长名义同意熊庆来关于聘请华罗庚为算学系助理的报告。

1931年8月，华罗庚来到清华园。当那些要么是清华学生、要么是留洋学生的人看到这位初中未毕业、还有残疾的人仅因显现数学天才而成了助理，尽管他当时的工作仅是文书——整理图书报刊、收发文件、代领工具、绘制图表，每月工资40元（相当于助教的一半），还是引发了一场激烈的争论。叶企孙和熊庆来都深感压力，叶企孙力排众议道："我希望大家认真看看华罗庚先生的论文再说话"，"清华出了个华罗庚是好事，不要为资格所限定"。叶企孙还准许华罗庚跟着算学系本科班上课。华罗庚也十分珍惜这个机会，在尽心做好工作的同时博览群书，撰文发表。1933年，叶企孙看到华罗庚在日本数学杂志上发表的论文，找来熊庆来、杨武之等教授商议，并以理学院院长名义赞成破格提升算学系助理华罗庚为正式助教，让他讲授微积分。1936年，叶企孙再次打破常规，送华罗庚到英国剑桥大学深造，让他直接接触世界数学前沿、追踪世界顶尖数学大师，并在行程安排上让去欧洲休年假的周培源同行，免去他腿疾不便带来的麻烦。中国的数学奇才华罗庚由此走向国际数学大舞台，成为著名的数学家。华罗庚数十年后说："道及叶企老，不觉泪盈眶。他对我的爱护说不尽的，而他的千古奇冤我竟不能设法寻根究底，殊难为人。"[1]

1928年，萨本栋受聘清华物理系。叶企孙为了让他专心研究并矢电路及其数学问题、专心写好《普通物理学》教本，自己亲自代他登台讲课，以减轻他的

---

[1] 华罗庚：《道及叶企老不觉泪盈眶》，《一代师表叶企孙》，上海科学技术出版社2013年版，第48页。

教学负担。

　　叶企孙尚揖让的事例很多。正是这种亲密合作、光明正大、心口如一，没有猜忌和倾轧，不参与谋求高位和权威的良好教学与科研氛围，不仅让很多真心寻求良好环境治学育人的人士分外羡慕，而且还促进了物理系和理学院的良性发展。赵忠尧将这种关系总结为："大家在学术上自有争论，无门户之见，相互敬重，服从于真理；在工作上齐心协力，真诚团结，为共同的理想而奋斗、拼搏；在生活上彼此关心，欢乐与共，和睦相处；师生之间敬老爱幼，亲密团结，犹如一个大家庭，学生离校几十年后还是保持这种亲密关系。"[1]由于叶企孙以身作则，言行一致，赵忠尧多次表示，愿终生与叶企孙同在一个学校执教。

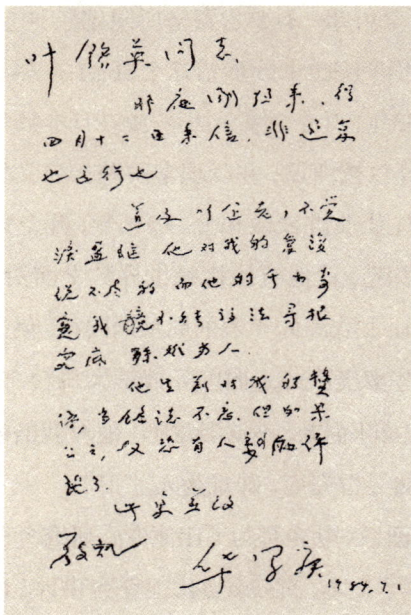

华罗庚于1984年7月1日写给叶企孙的侄女叶铭英的信。当时华罗庚已重病在身，从信的字迹可见，写字的手是颤抖的。

----

[1] 赵忠尧：《企孙先生的典范应该永存》，《一代师表叶企孙》，上海科学技术出版社2013年版，第22～23页。

　　既有这样的环境，又有叶企孙的努力，清华物理系陆续延聘到一批名师：吴有训（1928年聘）、萨本栋（1928年聘）、周培源（1929年聘）、赵忠尧（1931年聘）、任之恭（1934年聘）、霍秉权（1935年聘），这些水平很高的教授一心学术，治学严谨、注重质量、相互敬重，构建了物理系和谐的团队，促成了物理系的欣欣向荣。

　　当然，叶企孙并不是只做好好先生，而是善于识人，知人善用。周培源刚到清华时开讲相对论的课，一开始有九名学生踊跃去听，到学期结束时只有一名学生了，第二学期该课就停开了，但周培源并未因此被解聘。而当听到学生反映"教热力学和分子运动论的教师讲课囫囵吞枣，照本宣科，既不提问，也无作业，教学效果很差"后，叶企孙则当机立断，停聘了这位教师。

　　叶企孙与翁文灏的君子之交同样给后人留下深刻印象。长叶企孙9岁的翁文灏深感地震危害严重，故潜心研究地震，在当时只有法国天主教会在上海徐家汇设有一地震观测台的情况下，积极筹划建设中国人自己的地震观测台。1929年，翁文灏终于说服一位律师捐出北平西郊北安河村鹫峰山的秀峰寺作为地震观测台，他从自己任所长的地质调查所弄一些经费供观测台使用，但观测台还缺少人手。叶企孙一面邀翁文灏到清华大学任教，一面推荐自己在东南大学任教时的弟子李善邦给他。李家境贫寒，有上进心，学业优秀，因一时找不到工作就回广东当了一段时间中学教师，后又失业。叶企孙惦记着李，于1929年底发电报要他速来北平地质调查所。李善邦接到电报后喜出望外，顾不上照料即将分娩的妻子就到北平地质调查所报到，随即又到徐汇地震台学习。1930年6月，订购的德国设备到了，李善邦还不会操作，翁文灏也不懂物理仪器，叶企孙让吴有训去作指导。由于要日夜不停地观测记录，李善邦一人忙不过来，叶企孙又让清华物理系实验室技术员贾连亨去做帮手。腾出手来的李善邦不仅很快就油印发行《鹫峰地震专报》，而且还发表了一些研究论文。翁文灏觉得李善邦是可造之才，就将鹫峰地震台扩为地震研究室，任命他为主任，并于1931年派他到东京帝国大学进修，又把他的妻子及孩子接到北平，拨款在地震台旁盖了两间房作为他的宿舍兼办公室。中国的现代地震事业就这样起步发展了。

1933年，清华物理系第六级学生、翁文灏的堂弟翁文波听叶企孙建议到鹫峰地震研究室工作。叶企孙是翁文波毕业论文的指导教师，在他写论文期间就让他到地震台考察、观测，写出《天然地震预报》的毕业论文。翁文波此后成为中国地震预测和石油勘探事业的杰出专家。

1937年，叶企孙又派动手能力很强的清华大学物理系第九级学生秦馨菱到鹫峰地震研究室工作。秦馨菱当时在无线电方面出类拔萃，讲授无线电的任之恭对叶企孙的这一安排很不理解，直到半个多世纪后才悟出叶当时看到地震事业需要实验技术高超人才的远见卓识。

叶企孙与翁文灏之间的友谊不仅使得翁文灏1931年委托叶企孙代理清华校务只需口头上一说，还培育了中国现代地震、地球物理和石油勘探事业的一大批人才，其中傅承义、翁文波、秦馨菱都因成就突出而成为院士。

中央地质调查所25周年纪念会合影。地质调查所是著名地质和古生物学家丁文江于1916年创立，该所对中国的地质和矿藏普查有很大贡献。叶企孙（第1排左12）非常关心和支持地质调查所，不但清华大学理学院的地学系师生积极参加地质调查所的工作并做出重要贡献，而且物理系的几名毕业生如傅承义、翁文波、秦馨菱等也在他的指引下转到这个领域，他们后来都取得了非常突出的成就，成为中国科学院地学部院士。

　　清华物理系第二届毕业生冯秉铨，在毕业四十多年后还写信给叶企孙，深情地说道："四十多年来，我可能犯过不少错误，但有一点可以告慰于您，那就是我从来不搞文人相轻，从来不嫉妒比我强的人。"冯秉铨这样说，是因为他1930年6月毕业时，和龚祖同等三位同学请叶企孙在工字厅吃晚饭，喝了点酒后，叶企孙对他们说："我教书不好，对不住你们。可是有一点对得住你们的，就是我请来教你们的先生个个都比我强。"这话语是真诚的，叶企孙的自谦正展示了他宽大的胸怀，显示出君子坦荡的人格魅力。

　　清华大学物理系建立初期，为使教师专心教学，曾报校方批准，不准本系教师在校外兼职。但后来聘到吴有训、萨本栋等名师后，为支持北大物理系，特别许可他们两人轮流到北大讲授大一的普通物理。由此引发一些学生转向清华学习，如北大教授钱玄同的儿子钱三强在北大预科学习后，由于听了吴有训的课，对清华大学物理系教授水平之高羡慕不已而转向报考清华。

　　清华南迁后，有一堂叶企孙的物性课，快下课时一位同学提出一个问题，没有解释好下课铃已响了。叶企孙说："我回去想想再来解释。"后因他出席一个重要会议，临时托林家翘代课并将学生提出的问题也托付给了林家翘。林家翘一上课就说："这个问题非常简单。"指出问题关键之点立时圆满解决。这似乎是教学中的一件寻常小事，但对林家翘来说，实是犯了学人的大忌，此举难免有恃才自傲之嫌。但林家翘是幸运的，他遇到的是至高境界的人。叶企孙听说问题迎刃而解，上课时开口便说："林先生天资聪颖过人，又努力钻研，来日必有辉煌成就。"叶企孙对自己的学生依然敬至礼让，喜悦自己的弟子青出于蓝而胜于蓝，这让学生们既学到知识，也学到做人的准则。

　　正如吴有训所言，叶企孙"每当重要关头，他都挺身而出……但他从不居功，往往是功成身退，总是以普通教员自居"，他总是首先看到别人的优点和长处。

　　叶企孙与当时知名的翁文灏、朱家骅、陈寅恪、蔡元培、胡适等人之间虽专业不同，甚至学术观点不同，却相互支持、合作，绝不搞文人相轻。他这样做是因为他自觉意识到凡是出人才的地方，必然是科学文化最盛行、科学土壤最肥沃、科学气氛最浓厚之地。

十年跻身前沿

清华大学物理系在叙述自己的历史时尝言道："1929～1938年这十年间的清华物理系，是中国高教史上一个不朽的传说。"

1929年，清华物理系增设了本科课程，并开出研究所课程，成为全国物理学高水平人才培养和近代物理发展的重要园地，也开创了大学研究风气之先河。

叶企孙学识渊博，总有真知灼见授予弟子，缘于他自己从来不间断吸取新知，增长见闻，力求跟上物理学新发展。1930年9月，叶企孙利用为期一年的休假取道西伯利亚、莫斯科赴德国哥廷根大学进修，先后听了玻恩（M. Born）讲授热力学，海德勒（W. H. Heitler）讲授量子电动力学，并请教了一些分子结构和作用力的问题。1931年1月，又到柏林大学进修，听了薛定谔（E. Schrödinger）讲授场物理，诺德海姆（L. W. Nordheim）讲金属电导论，和伦敦（F. London）讨论分子结构和交换力的问题，与柏林高等工业大学铁磁学家贝克尔（H. Backer）讨论有关磁致伸缩等问题。4月游历德国、奥地利、意大利、瑞士四国，8月经西伯利亚回国。在德国，他经赵忠尧介绍聘请哈勒大学物理系技术精湛的青年技师海因策（Heinfze）到清华物理系实验室工作。这一年既是叶企孙为自己充电，也是为清华大学物理系乃至理学院的发展充电。

叶企孙非常注重科技图书数据的收集，学校中不论谁从欧洲返国，或访问欧洲,他都希望对方去瑞士文化科技城市苏黎世旧书铺看看,若有19世纪下半叶到20世纪著名科学家的专著、全集、选集以及学报、期刊,就请其代学校购买。清华大学图书馆就这样在1937年前搜集了大量珍贵图书、资料,抗战时装了四五百箱南运,胜利后又运回清华。

1932年6月2日,清华教授会开会选举下年度各院院长,叶企孙再次当选理学院院长。这年,堪称叶企孙大弟子的赵忠尧回国,受聘为清华大学物理系教授;萨本栋著《物理学名词汇》由中华教育文化基金董事会赞助出版。叶企孙受聘为清华大学聘任委员会、图书馆委员会、《大学一览》编辑委员会委员。这年,原属理学院的土木工程系另组工学院,由叶企孙哈佛时期的同学顾毓琇出任工学院院长。这位与叶企孙同学、同师、同事的朋友半世纪后称叶是"一代宗师"。

1933年,清华物理系已建立了七个普通实验室,有修理和制造仪器所必需的金工场、木工场,还自己培养出技术高明的技工。

由于1929年7月26日国民政府教育部公布的《大学组织法》规定:"凡具备三学院以上者,始得称大学",于是一批大学不得不兴办物理学系,至20世纪30年代初,已有20多所大学设立物理系,但课程设置各自为政,漫无准绳。一些学校,主要是公立大学,盲目好高骛远,竞相攀比,设置五花八门高深课程,忽视基础课程教学,全国高校状况十分混乱。1933年4月,叶企孙在参加教育部召开的全国天文、物理、数学讨论会时,与

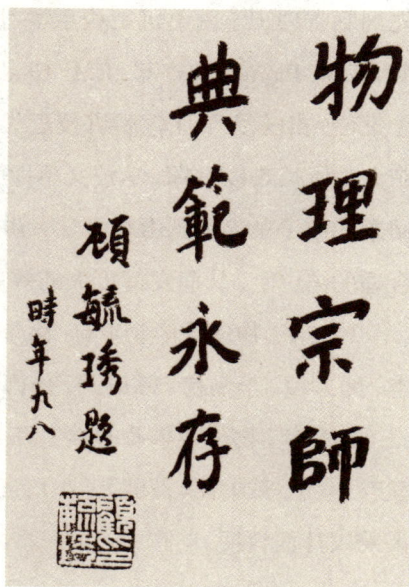

物理宗师
典範永存

顾毓琇题

時年九八

顾毓琇为《中国科技的基石——叶企孙和科学大师们》一书的题词。

饶毓泰、王守竞、李书华、张贻惠、吴有训、萨本栋、朱广才、严济慈等人向教育部提出《拟定大学物理系课程最低标准草案》，以使大学课程"简单化、基本化、实在化"[1]。这年，叶企孙当选国民政府教育部学术审议委员会委员，萨本栋编著的《普通物理学》由商务印书馆出版。这年也是清华大学物理系建立以来毕业人数最多的一年，殷大钧、赵九章、傅承义、何汝楫、胡乾善、潘耀、王竹溪、熊鸾翥及理科研究所物理学部研究生陆学善毕业。傅承义毕业后先留校做研究生和助教，叶企孙引导他和顾功叙对地震进行研究，后成为中国研究地震波传播理论的先驱。

1934年，叶企孙辞去物理系主任职务，举荐吴有训任系主任。这年物理系毕业的学生有薛培贞、周长宁、高梓、宁有澜、翁文波、张宗燧。为了加强清华物理系的无线电教学，叶企孙特地将山东大学物理学教授任之恭聘到清华大学物理系任教授，并在电机系兼课，讲无线电学。任之恭1926年从清华毕业，先到麻省理工学院电机工程系学习，后到哈佛大学无线电专业学习，导师皮尔斯（G. W. Pierce）和查菲（E. L. Chaffee）是无线电电子学的先锋。1931年获得博士学位到山东大学任教后讲授近代物理、光的电磁理论和初等量子化，但在山东大学所长难以发挥，学校又不肯放人。叶企孙想出的办法是让自己刚从德国回来的弟子王淦昌到山东大学去讲任之恭所讲的课，就这样把合适的人放到合适的岗位上，从而发挥更大的效用。

1935年，物理系毕业生有：徐昌权、许南明、顾汉章、王遵明、钱伟长、赫崇本、熊大缜、李鼎初、彭桓武、孙德铨（女）。

1936年，物理系毕业的学生有：陈亚伦、钱三强、何泽慧（女）、谢毓章、许孝慰（女）、戴中扆（黄葳）（女）、王大珩、杨镇邦、杨龙生、郁钟正（于光远）。霍秉权升任教授。

---

[1] 国立编设馆辑：《教育部天文、数学和物理讨论会专刊》，1938年教育部印行，第155页。

1935年清华大学物理系部分师生在大礼堂前合影。第4排左起：赫崇本、熊大缜、戴振铎、林家翘；第3排左起：郁钟正（于光远）、□□□、杨镇邦、□□□、谢毓章、□□□、孙珍宝、刘庆龄；第2排左起：杨龙生、彭桓武、钱三强、钱伟长、李鼎初、池钟瀛、秦馨菱、王大珩；第一排左起：戴中扆（黄葳）、周培源、赵忠尧、叶企孙、萨本栋、任之恭、傅承义、王遵明。这些师生中有11人后来成为中国科学院院士，多人为大学校长。

1936年物理系部分师生在科学馆门前合影。第5排左起：秦馨菱、戴振铎、郑曾同、林家翘、王天眷、刘绍唐、何成钧、刘庆龄；第4排左起：方俊奎、池钟瀛、周长宁、钱伟长、熊大缜、张恩虬、李崇淮、沈洪涛；第3排左起：赫崇本、张石城、张景廉、傅承义、彭桓武、陈芳允、夏绳武；第2排左起：周培源、赵忠尧、叶企孙、任之恭、吴有训、何家麟、顾柏岩；第1排左起：陈亚伦、杨镇邦、王大珩、戴中扆、钱三强、杨龙生、张韵芝、孙湘。内有13人后来成为中国科学院院士，4人获"两弹一星"功勋奖章。

1937年1月，叶企孙辞去理学院院长职，举荐吴有训任该职。本年清华物理系本科毕业学生有：葛庭燧、池钟瀛、秦馨菱、方俊奎、黄香珠（女）、林家翘、刘庆龄、刘绍唐、戴振铎。原燕京大学物理系副教授孟昭英受聘为清华大学物理系副教授。

叶企孙对国内掀起重视、跟踪国际近代物理学的发展起了重大作用，影响了一批年轻有为的科学家追踪世界近代物理学发展的前沿。

任之恭是1926年秋去美国麻省理工学院深造的，他在这一年夏尚未离开清华学校时听到叶企孙的一次公开演讲，叶企孙强调、预言说，刚萌芽的波动力学（Wave Mechanics）必将成为将来的主流物理学，这让准备去美国留学的任之恭产生了深刻的印象。其时，波动力学的创建人薛定谔刚刚于这一年的1月、2月、5月及6月在《物理年鉴》上共发表四篇论文，第一篇是与时间无关的薛定谔方程，第二篇建立了含时间的薛定谔方程，第三篇详细叙述了与时间无关的薛定谔微扰理论，第一次提出"波动力学"一词。当时波粒二象性尚未获得欧美科学界的普遍接受，这一领域的前沿研究者A. H. 康普顿1927年获诺贝尔物理学奖、德布罗意（L. V. de Broglie）1929年获诺贝尔物理学奖，而薛定谔迟至1933年才获诺贝尔物理学奖。这些有关微观世界的基础论以后被合起来称为量子力学，成为20世纪各种自然科学现代理论的最重要的基础，因为整个物质世界无不是由分子、原子、电子等微观粒子组成。从这一事例可见：叶企孙虽身在国内，却时时关注着世界科学的最前沿，显示出他对科学理论超群的敏锐性和预见性。

余瑞璜回忆他于1927年在南京中央大学物理系读四年级时，叶企孙到那里作《光与物质》的学术报告，所讲光和物质粒子都具有波粒二象性，引起他极大的兴趣，因此在毕业前写信给从前教过他的清华大学物理系吴有训教授，表达想到清华物理系工作的愿望。吴接信后即刻征求叶的意见，叶当即表示同意。余瑞璜就到清华大学物理系报到任助教，由此走上科研道路并取得研制中国第一台盖革计数器等标志性的科研成绩。

叶企孙罗致了一批造诣深厚的学者。他为数学系聘请杨武之、熊庆来，为物理系聘请吴有训、萨本栋、周培源、赵忠尧、任之恭、霍秉权，为化学系聘请张子高、萨本铁、黄子卿、李继侗，以充实理学院的师资，以实际行动落实了梅贻琦"大学者非有大楼之谓也，有大师之谓也"。那些从国外回来任教的教授都能继续从事他们在国外从事着的课题研究，并带研究生。赵忠尧从美国回到清华后，叶企孙就安排龚祖同任他的助教，继续完成他在美国和德国所做的"电子对产生和湮灭"的第四个实验，所写论文《硬r线与原子核之相互作用》1933年发表在英国头等的科学杂志《自然》周刊上，它是一篇涉及电子对湮没辐射的重要论文，第一次在中国的大学里用自己的仪器设备做出属于世界近代物理学前沿的科学成果。

叶企孙还积极延聘国外学者到清华讲学。1929年4月，叶企孙分别致函邀请李比希大学物理系教授特培（Debye）（今译德拜）、慕尼黑大学物理系教授索末菲（A. Sommerfeld）和法国数学家哈达玛（J. S. Hadamard）来讲学，并在他们抵达时与梅贻琦、熊庆来一起到北京站迎接。

一直以来，清华物理系对学生教育方法得当而又严格，突出了"因材施教""重质不重量"的原则，重基础、重教学、重科研开展，重实验室建设，培养出一大批优秀人才。一次，化学系学生汪德熙考叶企孙教的热力学，有一道题原理和计算都对了，因粗心大意弄错一个符号，使答案很荒唐。一般老师扣点分就行了，叶企孙却把整道题的分数全扣了，还把汪德熙叫去严厉批评了一顿。这件事让汪德熙终身难忘，不仅改掉了一直以来的粗心毛病，还与叶企孙建立了深厚情谊。

清华当时就实行学分制，物理系的学生选课时，必须选一门文法方面的课，所以不少物理系的学生，不仅会写文章，还能写诗填词。

关于叶企孙教学的特点，1935年听他讲多门课的学生胡宁作了比较准确的记叙：

　　他不带讲稿，在黑板上写的字和公式也不多。他话说得很慢，部分原因是他稍有些口吃。他慢慢讲解课的内容，斟酌着每一句话里的每一个字，在讲课的同时不断地对他所讲的物理问题仔细地分析和推敲，就像他也是和我们一样初次接触到这个课题，听课的同学也自然地受到他的感染而跟着他一起思考。当叶老师每次得出一个重要结论或导出一个重要的公式时，我们都有像是首次共同发现这些结果那样的新鲜感。他的讲解总是非常清楚并且重点突出，有时他站在窗前无言地思考一段时间，同学们也都鸦雀无声地等待着……偏微分方程是热力学课所用得最多的数学，但听叶先生讲热力学并不使人觉得讲了很多，相反，我关于偏微分方程的主要概念却是从叶先生的热力学课中得来的……叶先生作为一个实验物理教师，却在讲课中显示出对理论有很深的修养，讲得既生动又有启发。他在讲完一个课题后总是指给我们有关的参考书，使我们感到像是被叶先生引进一个胜境之中，看到里面很多美的东西，但是更美的东西还在更里面。叶先生只是指点一下，要让我们自己进去探求。这种启发我们进一步追求真理的身教和引导，是叶先生教学思想中最宝贵的部分。[1]

　　叶企孙在物理系真的是什么课缺人教，他就教什么，而且教得很好。他课教得好是由于学问渊博，在备课上下了大量功夫，对所讲课程内容从容选择，把最近发展的例子、最前沿的发展成果放进去，并发挥自己的见解，同一课程同一原理，前后年级所讲内容及例证皆不同，但异曲同工，循循善诱，都能使学生对物理规律有正确的理解，并在应用上有所启发。一次讲热力学课，正好他

---

[1] 胡宁：《怀念叶企孙先生》，《一代师表叶企孙》，上海科学技术出版社2013年版，第96～97页。

头一天晚上看《梦溪笔谈》时有了新的领悟和见解，第二天便在课上和学生分享。同一门课他常讲常新，不会有太多的重复。对于理论力学课，叶企孙并不主张学生做很多难题，他认为真正的难题在科研实践中，而一个只会做题、考试的人不一定是好的物理学家。

在实验上，叶企孙要求每个学生从借用仪器设备开始，独立自主地做实验，每个教师也都有自己的实验科研课题，并自制实验仪器。他直白地告诉学生："我的学生是不给好仪器的。"不是怕学生损坏仪器，而是要给学生训练实验技巧的机会，不只做个按钮操作者。按照叶企孙的设想，为保证高质量的教学，每班不超过14人，或者说每年有10个这样的学生，则10年就有100个优秀的、甚至可站在世界科学前沿的高材生。这样培养人才的价值是以倾国之财也无处购买的。

在毕业论文环节，叶企孙更是下足功夫。他指导钱伟长做的毕业论文题目是《关于北平大气电的测定研究》，从大三第二学期开始，钱伟长就自己动手制作测量仪器，连续九个月在室外进行测量工作，且要每天24小时日夜不断测量大气电强度。钱伟长和顾汉章两人分工合作，很多时候叶企孙都亲自参加，和他俩一起从深夜工作到清晨，帮他们分析研究各种各样的具体困难。最终钱伟长写出两百多页、内有七十多幅图表的学士毕业论文，并在1935年青岛召开的中国物理学会上宣读。叶企孙指导王大珩的毕业论文一开始选题为《Lumer-Gercke干涉仪演示塞曼效应》，后因需要使用的那块大磁铁先行南迁，便改作《汞谱线的超精细结构》，做出的结果与国际文献发表的一致。叶企孙就这样让学生既掌握了专业的知识和方法，又锻炼、培养了能力和耐心，更是对中国教育长期缺少实验的修正。

叶企孙怀抱这种教学理念，与理学院诸教授团结同心，实实在在地培养出一批批科学家。从1929年到1938年的10届，物理系共毕业本科生71人，后来他们个个都成为社会中坚、国家栋梁。其中当选中国科学院院士的超过20人，当选美国院士的两人，成才率之高，实为罕见。代表人物有：世界上第一个发现反西格马超子、并在国家需要的时候毅然说"我愿以身许国"的两弹一星功勋王淦昌，中国卫星头号功臣、地理学家赵九章（华罗庚曾以钱三强和赵九章的名字拟了一副脍炙人口的嵌名联：三强韩魏赵，九章勾股弦），中国原子弹氢弹理论奠基人之一彭桓武，"中国原子能之父"钱三强和力学家钱伟长（中国科技界"三钱"之两"钱"，另一是钱学森），有"中国居里夫人"之美誉的才女、核物理学家何泽慧，中国现代光学技术与工程先驱王大珩、周同庆，世界应用数学大师、美国国家科学院院士林家翘，世界电磁场理论一代宗师、美国工程科学院院士戴振铎，中国统计物理奠基人王竹溪，中国受控核聚变装置总设计师李正武，中国卫星测控第一人陈芳允，国际光学最高奖获得者龚祖同，还有理论物理学家张宗燧、胡宁，核物理学家施士元，固体物理学家葛庭燧，地球物理学家翁文波、傅承义、秦馨菱，以及后来从政的郁钟正（于光远）等。还有1933年至1939年毕业于清华理科研究所物理学部的研究生，如晶体学家陆学善、胡乾善、谢毓章等等。理学院其他系毕业生中获上述同类称号的有许宝禄（美国科学院院士）、柯召、段学复、陈省身（美国科学院院士）华罗庚、袁翰青、张大煜、汪德熙、曹本熹、张青莲、冯新德、朱亚杰、严东生（肆）、萧伦、时均、陈冠荣、武迟、高振恒、王世真、王伏雄、王志均、娄成后、张伯声（旧制）、徐仁、黄绍显、程纯枢、谢义炳、王鸿祯、叶笃正、池际尚、关士聪、杨遵仪、宋叔和等。他们都成为20世纪下半叶中国科学发展的中坚力量。

　　与成才相对应的是清华物理系的淘汰率非常高。1929年考入清华物理系的11人，仅毕业5人，淘汰率54.6%；1930年入学13人，淘汰率为69.4%；1932年入学28人，淘汰率为82.8%。于是有人以此为借口批评叶企孙"重质不重量"，是用大量淘汰的办法选拔少数天才，并在1952年后上升为政治批判。其实际情况是，清华学生入学根据自己的志愿选系，凡选物理系的都要经过叶企孙面试考查，不适合的就指点他们另选其他适合的系。经过一年攻读，凡是大学普通物理成绩不及中等的都不得留在物理系。陈新民就是被吴有训看出更适合学化学而转入化学系；葛庭燧患病，疗养两年后才毕业；顾汉章未及毕业而病故；胡乔木（鼎新）因更喜欢文史而转到历史系……当然，也有钱伟长、王淦昌、施士元这样从其他系转入物理系的，戴振铎还是在浙大读了一年级后转到清华物理系插班的。可以看出，所谓被淘汰的学生，并未逐出学校，而是从一系转到另一系，有出又有进，由此恰恰实现了人尽其才、因材施教，是出于遵从天性、对学生的爱护，正如叶企孙所强调的"其原意在不使青年徒废其光阴于彼所不能学者"，也正因此才能培养出杰出人才。

即便这样做，也不能让所有人满意，何泽慧当时就对叶企孙有些微词。因为1932年与她同年报考物理系的学生有45人，经叶企孙面试后录取24人，其中女生仅何泽慧、戴中扆和许孝慰三人。何泽慧感到叶似乎认为女孩不适合学物理。

1941年，清华在昆明举行建校30周年纪念，西方一所著名大学拍发的贺电有言："中邦三十载，西土一千年"，实际上这"三十载"的成就（尤其是学术上的成就）主要是从1925年叶企孙返校任教到1937年抗日战争爆发、清华举校南迁的大约十年取得的。曾和叶企孙共事的清华元老陈岱孙评价叶企孙这一段的工作时说："他是清华大学物理系的创建者，同时又是清华大学理学院各系发展的奠基者。他为清华大学在短期内跻身于名大学之林，做出了贡献……在短短几年时间里，清华从一所颇有名气而无学术地位的学校，一变而为名实相副的大学。在这一突变的过程中，应该说，理学院是走在前列的，而物理系是这前列的排头兵。"[1]叶企孙是前列和排头兵的领导者，自然作出了巨大的贡献，使清华理学院和物理系在十年不到的时间均排名全国第一。

---

[1] 陈岱孙：《中国科技发展的真正开拓者，真诚的爱国者》，《一代师表叶企孙》，上海科学技术出版社2013年版，第3～4页。

1937年，叶企孙陪波尔夫妇游北平古迹。

　　钱伟长说："物理系在叶企孙、吴有训老师的倡导下，鼓励自学，鼓励在学术问题上自由争论，鼓励选读化学、数学，甚至机械、电机、航空等外系课。系内学术空气浓厚，师生打成一片，学术讨论'无时不在也无地不在'，有时为一个学术问题从课堂上争论到课堂下。系里经常有学术研讨会，有时还有欧美著名学者的短期讲学、学术访问，如欧洲著名物理学家玻尔（N. H. D. Bohr）、英国学者狄拉克（D. A. M. Dirac）、法国学者郎之万（P. Langevin）、美国信息论创始人维纳（N. Wiener）、欧洲航空权威冯·卡门（T. Karman）等都在1934年至1937年间在清华讲过学，使同学接触到世界上科学发展第一线的问题和观点：从玻尔原子模型观点引发了核外电子间的相互作用；从狄拉克的正电子假设联系到赵忠尧教授的伽马射线实验结果的理论假说问题；从维纳的信息论看到了科学的交叉发展问题；从冯·卡门的湍流方程问题引起对流体力学湍流问题本质的讨论等。从而引发一群年轻学者间更热烈的争论和探索,在这样的环境中成长着我国新一代的物理学者……那时的清华理学院,尤其是物理系,可以说是盛极一时。我就是在这样的环境下,得到了终身难忘的良好教育,而这种教育的缔造者,应该说是叶企孙老师。"[1]

在当时动荡不安的中国,叶企孙放弃自己的专业研究而做服务工作其实是一种牺牲。他做物理系主任时,是把聘任第一流学者到清华任教列为头等大事;1929年组建清华理学院后,他又同时兼顾包括算学、物理、化学、生物、心理、地学六系的发展。

叶企孙这颗中西科学文化孕育的种子,就在中国科学研究停滞数百年的艰难环境中,挤出一点点空间生长,依靠自己的理性、见识和雄心,造就科学致用人才、树立科学研究中心,跻身世界科学研究前沿,以求中国之学术独立。

[1]　钱伟长:《怀念我的老师叶企孙教授》,《一代师表叶企孙》,上海科学技术出版社2013年版,第10~11页。

四　　科教兴国　开辟新境

　　1932年郎之万访华。前排左1吴有训、左3郎之万、左4梅贻琦、左5叶企孙、左6严济慈。①周培源、②萨本栋。

通过科学和教育去振兴民族和国家是20世纪众多先贤经过人生坎坷后获得的共识，然而它不是一条现成的通道，而是需要每个人依据自己的现状、问题和当时的社会条件及需要去探索出适合自己的路径。叶企孙以其开阔的视野，既知世界科技前沿、又晓弟子们的个性与天赋，然后为他们指引学术深造的方向、为中国科学事业的发展指引方向，以其独特的方式开辟出中国科学事业发展新的境界。

创建中国物理学会

叶企孙常被人看作是性格内向的人，但由于他内心丰富并热心事业，一遇到和丰富内心相通的人和事，他就变得开放、炙热。1915年创办清华科学会、留学时举办谈话会、后来参加中国科学社都是这一特征的体现。

1925年9月，叶企孙刚回清华任教不久，就受清华科学社社长陶葆楷之请与陈桢、郑之蕃等人分别任物理、生物、数学组顾问。

1931年10月，清华大学与北京大学联名邀请"国际联盟"中国教育考察团成员之一——法国物理学家郎之万教授北上讲学。叶企孙在南河沿欧美同学会（现东安门南街111号）主持郎之万报告会，他介绍说，"郎之万教授的报告，敢信会如磁铁般吸引我们每一位"，引发与会者大笑。原来郎之万是经典磁学理论的集大成者，叶企孙的一语双关打破了人们对他似乎不会幽默的刻板印象。郎之万建议中国物理学工作者联合起来成立中国物理学会，还建议中国物理学会加入国际纯粹与应用物理学联合会并参加1933年在芝加哥召开的世界物理协会年会。叶企孙是这项建议的最深刻的认同者，他认为有相聚切磋及互通声气的必要，便开始积极筹备成立中国物理学会，并为它的诞生忙了整八个月。

11月1日，叶企孙等13人被北平物理界同人推选为中国物理学会发起人。他们拟定中国物理学会章程草案12条并征求意见。11月底，章程草案获北平、上海、南京、武昌、杭州、山东、广州、天津及成都各地复信赞同者共54人。

12月13日，中国物理学会发起人在北平第二次集会，讨论修改章程草案，并通函各地，以通信票选方式，选举临时执行委员，以处理成立大会未开前一切事务。夏元瑮、胡刚复、叶企孙、王守竞、文元模、严济慈、吴有训七人当选为临时执行委员会委员。

1932年3月29日，中国物理学会发起人举行第三次会议，公布通信选举结果。

7月9日，中国物理学会临时执行委员会开会议决于8月22日至24日假清华大学召开成立大会，并组成大会筹备委员会，清华大学校长梅贻琦被推选为筹备委员会委员长，筹备委员会成立则临时委员会宣告结束，正副会长选出则筹备委员会使命完成。

8月22日，来自全国的代表在清华大学科学馆举行中国物理学会第一次年会。年会选举产生中国物理学会第一届理事会，它是大会会章确认的中国物理学会的领导机构；理事会又推选职员：会长李书华、副会长叶企孙、秘书吴有训、会计萨本栋，并选出李书华、梅贻琦、夏元瑮、颜任光、丁燮林为董事；会长、副会长、秘书、会计为当然评议员,另选出王守竞、严济慈、胡刚复、张贻惠、丁燮林为评议员。8月23日,叶企孙代表临时执行委员会作题为《关于成立中国物理学会筹备经过的报告》,并宣布临时执行委员会和筹备委员会工作结束,正式的中国物理学会开始运行。其后,代表作论文报告。会后,全体与会人员到鹫峰地震台参观,叶企孙弟子李善邦向大家作介绍。

1933年8月,中国物理学会第二届年会在上海交通大学举行,叶企孙参会并再次当选为副会长。这次年会期间,正好施士元从欧洲经苏联回到上海,叶企孙就请他向与会者报告了跟随居里夫人所做研究工作的情况,其中对锕系元素的核能级的确定在当时是最前沿的。

为了促进国内外同行交流,中国物理学会主办的《中国物理学报》于1933年创刊。当时规定学报用英、法、德三种外国文字印行,但附有中文摘要。1933年夏,物理学名词审定委员会在当时上海的中央研究院物理研究所内开展工作,该委员会的首次审查结果于1934年刊印公布,规范了物理学的英译名词。是年,叶企孙还加入中国天文学会并当选为理事。

1934年8月,叶企孙参加了在南京金陵大学举办的中国物理学会第三届年会。1935年第四届年会在国立青岛大学举行,未见到叶企孙参会的消息。是年,李书华与叶企孙联名发表《中国物理学会关于度量衡标准制单位名称与定义问题呈教育部文》,指出当时使用的度量衡标准制存在定义不准确、条文疏误、单位名称不妥等违背科学精神的问题,提出改进意见[1]。在此期间,中国物理学会还就大、小数的命名提出建议,《东方杂志》即于1934年出专号刊载有关的讨论,此项建议为当时中国科学界所采纳。

第五届年会于1936年8月在北平燕京大学和清华大学举行,叶企孙当选为

[1] 李书华、叶企孙:《中国物理学会关于度量衡标准制单位名称与定义问题呈教育部文》,载《建筑月刊》1935年第3卷第4期,第51~56页。

1935年7月，中国物理学会欢迎狄拉克教授来访。前排左3起：吴有训、狄拉克、李书华、熊庆来、严济慈。

中国物理学会会长。

　　中国物理学会的成立和学术活动的展开促成了1934年朗缪尔、1935年狄拉克和1937年玻尔的来华访问，他们分别在北平、上海等地进行学术交流活动，加强了中国物理学界与国际物理学界的联系。

　　抗日战争开始后，各方面条件都异常艰苦，但中国物理学会的活动没有停止。1939年至1944年间共召开年会六次。由于战时交通甚为不便，自1942年开始，年会分散在各处举行。1942年和1943年的年会分别在昆明、重庆、成都、兰州、贵阳、桂林等六个地方举行。1942年，中国物理学工作者还分别在重庆、贵阳、昆明和福建的永安等地举行了牛顿300周年诞辰的纪念大会。《中国物理学报》出版至第3卷第1期后因战争爆发曾停刊两年，1939年至1945年在异常困难的情况下一共出版了五期。其中有些用粗糙的土纸印刷，印制质量低劣，但论文质量却没有削减，凝聚了当时不少中国物理学者的心血。

1946年和1947年叶企孙都当选为中国物理学会年度理事长，他在学会活动中实事求是、一心为公的优良作风给同行留下深刻印象。

在1949年7月召开的中国自然科学工作者代表大会筹备会议上，物理学家中严济慈、叶企孙、吴有训、钱三强、钱伟长等被选为常务委员。

中国人民政治协商会议通过的《共同纲领》使原有的中国物理学会章程已不适用，因而推举了五人起草新的会章。1950年8月18日，中华全国自然科学工作者代表会议在清华召开，物理学会参加者有25人，叶企孙当选中华全国自然科学专门学会联合会（简称"科联"）常委兼计划委员会主任。

这年叶企孙参加的会多起来了，其中包括中华全国自然科学普及学会，当选科普协会委员；参加中苏友好协会，任北京分会理事；参加中国人民保卫世界和平反对美国侵略委员会，任北京分会理事。参会形式和荣誉成分大了，自主性反倒小了。

1951年8月，中国物理学会在北京举行新政权建立后的第一届会员代表大会。大会所通过的新会章规定："本会的宗旨在团结全国物理学工作者，从事学术研究，交流工作经验，谋物理学知识之普及、提高与应用，为新民主主义文化、经济及国防建设而服务。"叶企孙在会上作了《现代中国的物理学成就》的报告，主要内容是1900年至1950年间中国物理学的成长、发展，物理学工作者在国外发表的重要论文和取得的成果，他的初心是讲讲现代中国物理学史。在准备这个报告过程中，他还请王竹溪、钱伟长帮助收集并统计1900年至1950年中国物理学家撰写并发表的论文（文章）题目和数量（据报告有七百余篇）。报告的内容也是他这个为中国科学事业奋斗了三十多年的科学工作者的亲身经历，因为取得的这些成就中不少是他亲自参与的，听其报告的与会者为之振奋。不料，该报告为其时已经政治化的相关管理部门所不容，称："刚诞生的新中国如何颂扬旧社会的成就。"为此，原拟定刊发该报告的《中国物理学报》不得不撤销报告稿清样，整理出来的论文目录也成了敏感对象而付之一炬。大会选出的理事会由21人组成，其中九人为常务理事，周培源为理事长，钱三强为副理事长。叶企孙已然被自己创立的中国物理学会边缘化。

中国物理学会是与国外物理学家联系的纽带。1932年的成立大会之后不久，即推举法国物理学家朗之万为中国物理学会名誉会员。到1948年为止，被选为名誉会员的外国物理学家有印度的C. V. 喇曼，美国的R. A. 密立根、K. T. 康普顿、A. H. 康普顿和英国的P. M. S. 布莱克特、W. L. 布拉格、P. A. M. 狄拉克，法国的C. 法布里、F. 约里奥·居里。1949年后又推选苏联物理学者С. И. 瓦维洛夫、А. Ф. 约飞和Д. В. 斯柯伯耳琴为名誉会员。

此后，中国物理学会1963年8月在北京召开了第二届会员代表大会，周培源为理事长，钱三强、施汝为、王竹溪为副理事长；1966年后中国物理学会的活动被迫中断，学术刊物被迫停刊，有关中国物理学会活动等资料大量散失；1976年以后中国物理学会才得以恢复工作。虽然这与有擘画和创建之功的叶企孙已然无关，但却不能不让后人去对比、评论和感慨。

主持公费留学生考选

叶企孙深感发展中国科学事业非一己或少数人之力所能成，所以回国后他就竭力瞄准世界各门科学发展的前沿，发现和培养合适的人才。同时也会看到中国在学科方面的薄弱和空白，鼓励、引导学生，将他们送到走在那个学科前沿的大学和科研机构去研修或工作，从而让中国的科学工作尽快跟上世界发展的步伐。

叶企孙自己经常阅读英国出版的《自然》杂志, 盯着科学技术的最新发展, 结合中国的学科缺门在自家的客厅里与常来的学生交谈, 引导学生注意和讨论, 鼓励他们依据自己的兴趣去补缺。学生们就是从他那里得悉海洋学、地震、地球物理、地质板块学说、航空和高速空气动力学、湍流、金属学、金相热处理、无线电和电真空、气象学、大地测量、水文学、信息论、天文望远镜、矿物学、潮汐和海浪、酶和蛋白质、生物化学、遗传学和物种变异、植物保护、森林和沙漠、地下水等新的概念和科学技术问题。

1931年, 叶企孙与饶毓泰联名为吴大猷出国深造向中华文化教育基金写信推荐并申请资助。吴大猷获每年1000美元资助顺利出国学习。当时美国密歇根大学每年学费100美元, 芝加哥大学每季学费100美元。有了这笔款项, 吴大猷于1931年至1933年偕同夫人赴密歇根大学进修, 两人共享一份奖学金。在获得硕士和博士学位后, 吴大猷又在美国做了一年光谱学、原子和原子核物理学方面的研究。后来吴大猷成为在世界物理学界享有盛誉的物理学家, 此事令他终生难忘并感谢两位恩师。

1932年夏, 清华大学成立以梅贻琦为首的美国庚款公费留美招考委员会, 考选工作由叶企孙负责。这个难得的机会使叶企孙有可能高瞻远瞩地为中国设置学科规划、培育人才, 他在这方面的尽心工作也成为他一生中最重要的成就之一。

叶企孙总结了晚清以来中国数以万计出国留学生的历史经验, 展现出他在培养人才方面通盘考虑的长远谋略和宏图大计, 极大提高了留学生深造的效益, 使清华公费留学考试在中国选拔和培养人才上起了极大作用。钱学森、赵九章等当时中国众多科技领军人物就是通过这种途径选拔出来的。通观中国一百余年的留学史, 叶企孙主持的留学工作是付出最少、成才最快、发挥作用最大的, 可以说是空前绝后。

首先，他精心挑选出国深造的项目，用他广博深厚而又细致入微的知识积淀做基础，广泛征求各方面专家的意见，根据科学发展的趋势和国家的急需，兼顾纯科学、应用技术和人文科学，高瞻远瞩地提出中国当时急需的科技方向，引导学生报考空白或薄弱学科。然后又通过设置科学的程序，制定严密的考选计划，面向全国所有大学公开招考，坚持公开、公平原则，择优录取，有意识挑选有潜力的苗子。再就是尽可能节省费用，提高留学深造的效率，要求所有录取的公费生必须在国内对应专业水平较高的大学补修所考专业的基础知识一年后才予放行，由叶企孙为每个人选定补修学校及指导教师，以最小的付出获得最有利于国家的结果。由于当时不少招考的专业都是国际科学的前沿，国内高校尚无对应专业，叶企孙就亲自指导。

1933年5月，清华大学举行第一届公费留美考试。录取者有龚祖同、顾功叙、蔡金涛、林同骅、熊鸾翥等24名。"九一八"事变后，鉴于国家急需发展国防科技，叶企孙在1933年招选公费留学生名额中设了国防化学、飞机制造、兵工，还特别给人们不熟悉的应用光学设了一个名额。其中，国家需要的航空人才、国内又没有大学开设的飞机制造招三名学生。

当时应用光学因大家都不熟悉无合适人选，叶企孙很了解自己学生的长处和品德，就找龚祖同谈心说："应用光学在军事上很重要，强国都在研究，而中国还是空白，今年要选派一名学生到国外去学应用光学。"当时龚祖同刚与赵忠尧合作完成了一项正负电子对泯灭辐射的实验研究，论文发表在英国的《自然》杂志上，受到国际物理学界的重视，沿着这个方向发展，前途也无可限量。但龚祖同深知这是叶企孙对他的厚爱，也相信叶企孙的远见卓识，便激动地说："是空白我就去填补。"于是他改变专业方向，考取这个名额，补修一年后于1934年赴柏林工业大学攻读应用光学。两年后龚祖同毕业，获"优秀毕业生（Auszeichnung）"荣誉和特准工程师称号，此后即在该校攻读工程博士学位。1937年底刚完成论文却因抗日战争爆发，国内急需军用光学仪器，龚祖同便放弃答辩和博士学位，谢绝德国的高薪挽留，于1938年初回国参加了中国第一个光学工厂——昆明兵工署22厂（也称昆明光学仪器厂）的组建工作，为抗日战场赶制出第一批军用望远镜，也开创了中国光学工业和国防光学仪器研制、生产的事业。

1934年，清华大学举行第二届公费留美考试。录取者有王竹溪、赵九章、殷宏章、钱学森、夏鼐、张光斗等20名。叶企孙指引当时清华物理系学生赵九章学习海洋动力和海浪，后转入高空气象学领域，希望他将数学和物理理论及方法引入气象学研究，赵九章此后成为中国人造卫星事业的倡导者和奠基人之一。1934年毕业于上海交通大学机械工程系铁路工程专业的钱学森考上飞机制造专业，全国仅清华大学机械系有从美国回来的航空专家，于是就安排钱学森到清华大学进修一年。钱学森后来成为火箭技术和空气动力学方面的世界一流专家。

1935年夏，清华大学举行第三届公费留美考试，录取者有张宗燧、方声恒、王遵明、沈同等30位。叶企孙动员王遵明去美国学习铸工和热处理。

1936年清华大学举行第四届公费留美考试。6月3日的校评议会宣布了本项目再继续三年的教育部训令：确定20个专业方向各录一名学生，下年度起本校添设免除学费学额60名，从二、三、四年级学生中各选20名。本年录取者有马大猷、朱庆水、王铁崖、武迟、郑重等18名。马大猷当年考大学时由于成绩突出同时被北京大学和清华大学录取，但当时清华每年要交260元学费，北大每学期仅需10元学费，还可拿奖学金，家境很差的他选择了北大，但仍然得到了萨本栋、叶企孙、江泽涵、任之恭等老师的指导和培养。很巧的是，在马大猷读三四年级的时候，曾受叶企孙推荐的吴大猷学成回国在北京大学的物理系和化学系开设量子力学课，马大猷成了他的学生。为了国家基础科学全面发展，马大猷1936年从北京大学毕业考取清华留美公费生时，叶企孙引导他出国专修电声学，后来马大猷成为国际建筑声学的奠基者之一。

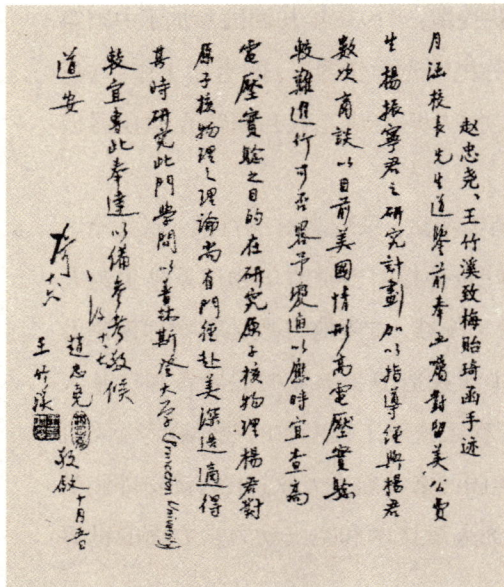

赵忠尧、王竹溪致梅贻琦校长涵手迹。

1937年后，清华公费留学生考选因战争停了三年。1940年继续招选第五届，准备招20人，在重庆、昆明两地考试，应考者四百余人，最终于1941年2月才确定录取汪德熙等16人，造舰、枪炮、水力发电、航空（发动机）四门因应试者成绩欠佳而缺如，说明在极度困难的抗战时期这一考选依然坚持宁缺毋滥的原则。这届学生经聘定教师指导一段时间后，于1941年夏赴美。后来授予"两弹一星"元勋的屠守锷和著名物理学家胡宁便是这届选录的。

1944年，清华进行第六届公费留学生考选，分成都、重庆、桂林、昆明四地考试，共370余人报考，准备在24门学科中共录取24人，最终选录22人。杨振宁便是在这届考取，入选的是物理学门高电压专业。由于杨振宁就读的清华大学物理系一贯重视实验物理，所以他到美国留学读博士的时候选的方向是原子物理的高压试验，在他出国前，叶企孙安排他在西南联大时的硕士导师王竹溪和在美国从事核物理研究的赵忠尧指导他。他们两人反复研究杨振宁在美国的状况，认为他的特长是理论，不宜从事实验物理，就联名给当时主管留美工作的梅贻琦写信建议改变他的科研方向。于是杨振宁听从了两位名师的指导，于1949年改赴普林斯顿大学高等研究院做理论研究，并于七年后与李政道同获诺贝尔物理学奖。

清华还在经费严重缺乏的1940年发放过一次"自费生奖学金"给10名学生、1944年招录过一批半公费留学生。叶企孙平时对学生都很宽厚，但对留学的任何一个环节都很严格，有一次和他很熟的学生汪德熙受人之托，想旁敲侧击探听点消息，他毫不给面子地说："汪德熙，这事你可不要打听。"

在20世纪三四十年代，叶企孙立足科学、全盘布局、心系国家发展，分别引导傅承义、顾功叙、秦馨菱选择地震、地球物理、物理探矿，赵九章、叶笃正选择气象学，马大猷选择建筑声学，施汝为选择铁磁学，王遵明选择冶金学，赫崇本选择海洋学，毕德显、戴振铎选择无线电电子学，钱伟长选择力学，钱学森选择空气动力学；而龚祖同、方声恒、王大珩先后赴德国、美国和英国研习应用光学和玻璃工业技术，此三人分赴三个国家深造是叶企孙的精心安排。他们在学成回国后各自成为其学科的拓荒者与奠基人，为中国的科学与工业现代化作出了重要贡献。1940年毕业于西南联合大学航空工程系的沈元成为北京航空航天大学创建人。

叶企孙深知综合性大学应该文理并重，所以也十分重视在公费留学生中考选人文学科人才，其中历史学家何炳棣、国际法专家王铁崖、戏剧家张骏祥都成为国际著名专家。由于文科学生缺少出国深造的机会，叶企孙在抗战胜利后与钱端升一起通过美国学者费正清为清华大学争取到两个留美名额，最后选定哲学系的王浩和外语系的李赋宁。王浩是金岳霖与王宪钧的学生，专攻数理逻辑；李赋宁是吴宓和吴连元的学生，研究英法文学，留美学成后回清华任教。

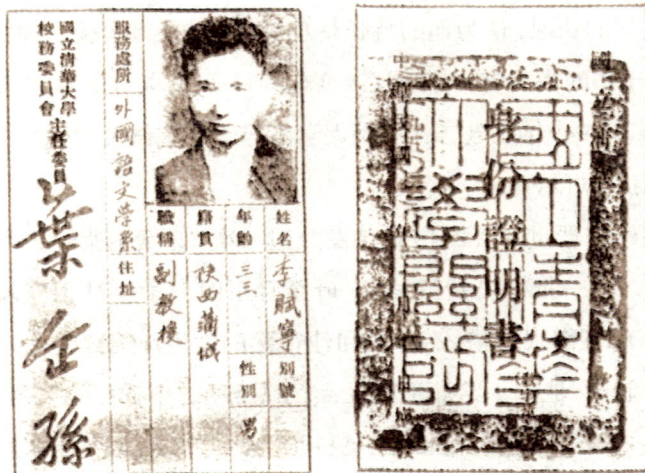

叶企孙签发的清华大学教员的身份证明。1950年李赋宁学成回国，叶企孙聘他为外语系副教授，这是他珍藏的聘书。

由于叶企孙在主持美国庚款留学工作中的成效卓著，1942年中英庚款留学的工作也请叶企孙参加。钱伟长、王大珩、彭桓武、林家翘、郭永怀、钱临照、余瑞璜等知名学者都是考上中英庚款出国留学的。主持考选工作的叶企孙并不只是等着学生来考，而是用他的慧眼搜罗人才，钱临照就是因为叶企孙问他为什么不考，并在叶的鼓励下报考且考上了。叶企孙对那些踏实做学问的青年人不但心里喜欢，而且大胆提拔，委以重任，经他鼓励、培养的青年成才者绝非一二例。

1946年春，华罗庚、吴大猷、曾昭抡受政府委托推荐两人到美国深造，在选定朱光亚后，另一名尚无法确定，便找到叶企孙。当时李政道正上大二，叶企孙与吴大猷一起破格选送他去美国芝加哥大学物理系研究生院留学做博士生。那年李政道才19岁，穿着短裤去办护照，办理人员惊讶到无法置信："怎么

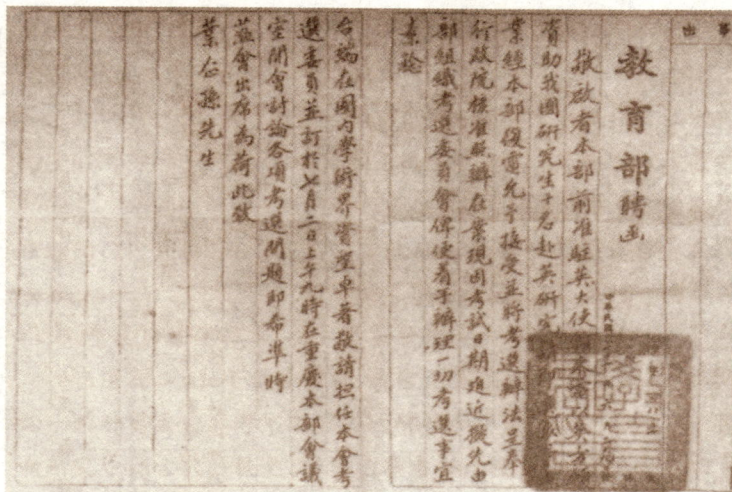

1942年6月国民政府教育部聘任叶企孙为留英公费生考选委员的聘书。

会是个儿童？"李政道后来说，"他决定了我的命运"。叶企孙是在上电磁学课的时候发现李政道已读过更深的电磁学书，就跟他说："你不必上我的课，期终参加考试就可以了，但是，实验你一定要做，实验是很重要的。"[1] 后来在电磁学考试中，李政道的分数只有83分，其中理论部分60分他得了58分，实验部分由于他在做实验时不小心把珍贵的电流计悬丝弄断了，总分40分仅得了刚及格的25分。这件事显示出叶企孙对学生既严格又关爱，而且慧眼识珠。几十年后，李政道仍记得叶企孙当时对他说的话："实验不行，理论再好，也不可给100分。"叶企孙一直珍藏着那份电磁学考卷，直到他去世后多年，亲属才发现当年写在泛黄的昆明土纸上的那份答卷。

[1]李政道：《大音希声　大象无形》，《一代师表叶企孙》，上海科学技术出版社2013年版，第162页。

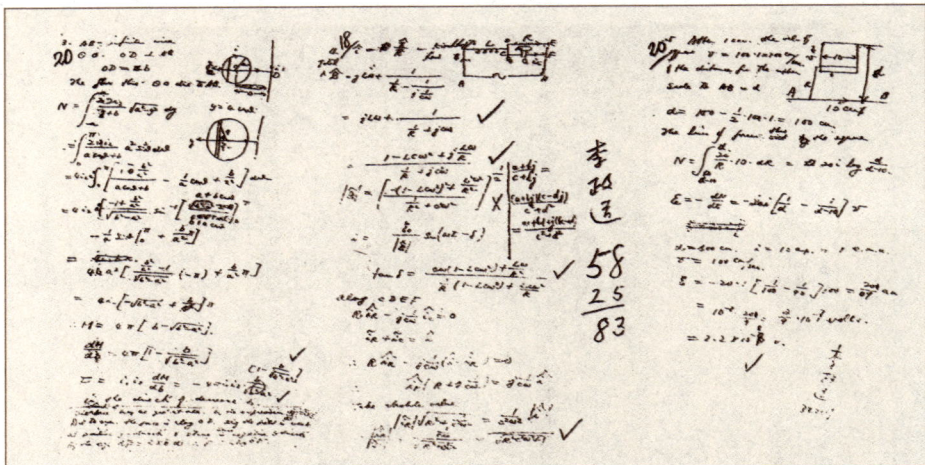
叶企孙保存的李政道在西南联大时的一份电磁学试卷。

　　许多非清华大学毕业生在出国留学、选择专业等方面也受到叶企孙的指引、帮助。早年东南大学毕业且曾任叶企孙助教的核物理学家赵忠尧，磁学专家施汝为，光学专家郑衍芬，地球物理学家李善邦、顾功叙，破格提升的数学家华罗庚，金属物理学家钱临照、余瑞璜，声学家马大猷，"两弹一星"功勋钱学森，计算机专家慈云桂，无线电和雷达专家毕德显皆在此列。

　　从1933年到1944年，中美庚款留学共录选234人，人数不多但成才率极高，半数以上都成为中国科学院院士，多数成为中国科技领域的开拓者和奠基人。他们引领中国部分科技领域进入世界前沿，对当时中国的抗战、世界反法西斯战以及1949年后中国的建设和"两弹一星"的发展都起到了不可替代的作用。

建设清华特种研究所

叶企孙充分利用自己的专长，为国家发展各种尖端技术殚精竭虑。

据空气动力学家冯·卡门《自传》[1]叙述：受清华理学院院长叶企孙邀请，他于1929年2月访问清华大学，并建议创办航空工程专业，设立航空讲座，强调航空科学和航空工业的重要性。这年来华"他在北平和南京的大学里，教授空气动力学"，冯·卡门在清华并未引起校长罗家伦的重视，连新闻报道也未见，而他在南京却有颇详行踪及学术活动新闻。当时的环境使叶企孙发展中国航空专业的愿望未能实现，却是历史上抹不掉的起点。

1932年，叶企孙任又做出惊人之举，托在法国留学的学生施士元向他的导师居里夫人购进50毫克镭，装配到赵忠尧的核物理实验室供实验使用，这是国内最早使用镭做实验。50毫克是个很小的数字，却显示了叶企孙远大的眼光。

1934年8月15日，清华大学呈文教育部："鉴于国内需要，拟即举办特种研究及理工特别设备"，内容涉及国情、航空、水工、工业化学。此计划经过几年实施，研究项目陆续有所调整。叶企孙辞去物理系主任，立即筹划几个与国防相关的特种研究所的建立工作。当时国民政府与清华大学有秘密协议，有特殊拨款，有明确的目标——就是阻止日本间谍和日本安插在中国政府内的汉奸搞破坏。这一协议仅有梅贻琦、叶企孙、顾毓琇等极少人知道，也就不为社会所知[2]。

---

[1] The Wind and Beyond,Theodore von Kármán:*Pioneer in Aviation and Pathfinder in Space*, by Theodore von Kármán and Lee Edson, New York: Little Brown and Company, 第1967页。

[2] 虞昊：《叶企孙》，金城出版社2011年版，第217～220页。

清华大学农业研究所同人合影。

第一个建立的是农业研究所。"希以研究所得，贡之农村实用，以为改良农业、复兴农村工作之一端。现先办病害、虫害两组"。[1]该所对河北、山东等省七十余县的庄稼、果树、林木的病虫害做过调查，采集了大量标本，并对杀虫药剂进行研究。

第二个建立的是无线电研究所。注重各种真空管的制造和测量，短波无线电的设计，短波军用无线电机、秘密军用无线电话的研究，还训练专门的电讯人才。清华大学档案中有一份1941年4月该所写的《工作概况（密存）》显示："本所于民国二十三年秋开始筹设，订购之制造真空管机器于二十四年秋运到北平校址。不幸装置甫毕，因冀察政局变动，乃将全部机器运至汉口，于二十六年春借汉口广播电台地址装置机器，并开始试验工作。又于是年秋在长沙临时大学校址，设立电讯研究部分。"

第三个建立的是航空研究所。现有史料证明1936年建立，实际筹划可能更早。该所也是与国民政府秘密合作，设在南昌，研究飞机构造、飞机材料实验、风洞实验、航空气象等问题。当时蒋介石依据他对日军侵华谋略

---

[1] 梅贻琦：《梅贻琦教育论著选》，人民教育出版社1993年版，第72页。

1938~1943年昆明清华无线电研究所同人合影。前排左2叶楷、左3任之恭、左4范绪筠、左5张恩虬；后排左2孟昭英、左3陈芳允、左4戴振铎。

的判断，在南昌秘密建立抗日急需的空军部队，不许任何外国人进入该地区，借清华大学的名义请美国最著名的航空专家冯·卡门作中国空军的秘密参谋。1935年，梅贻琦请冯·卡门推荐航空专家，冯·卡门复函推荐毕业于哈佛大学和麻省理工学院的华敦德。华敦德曾跟随冯·卡门在德国哥廷根大学和亚琛大学做研究，1936年2月到清华任教，开展航空研究和教学工作，并秘密协助国民政府建设空军。他指导清华师生先后在校内和南昌建造风洞，南昌建造的风洞比当时世界最大的风洞还大50%。航空研究所搬到昆明后分为空气动力学组，由冯桂连负责；高空气象组，由赵九章负责。

　　第四个建立的是金属研究所。注重以X光研究金属及合金的质性及微观结

清华大学建造的15呎直戏之风洞。

构，以辅助国家工业机关解决所用钢铁及其他金属质料各问题，1936年建于长沙。根据该所保存在清华的档案《1938年度工作报告》介绍："民国二十五年，本所拟在长沙新建校舍，筹设特种研究所。"表明早在日本入侵三年前，叶企孙等人已在长沙进行未雨绸缪的奠基工作，这才是1937年清华、北大、南开三所大学搬迁首选长沙的真实原因。

史料显示，1935年6月9日《何梅协定》签订后，华北即显危急。清华学生开始争论要不要迁校，梅贻琦与叶企孙、陈岱孙商定，一方面维持教学秩序和环境的稳定，不到万不得已不可有影响教学的轻举妄动；另一方面做好应变之策，组建长沙分校筹建委员会，由叶企孙主持工作。

1936年2月27日，清华校务会议议决，设置特种研究事业筹划委员会，由叶企孙召集。此后在3月18日、7月18日、11月25日和12月9日，分别在校评议会上报告特种研究事业赴湘筹备情形或研究相关事宜。在12月29日的评议会上，列出了在湘的特种研究计划包括农业研究、金属研究、应用化学研究、应用电学研究、粮食研究、农村研究六项，经费与预算第一年15万，第二年20万，第三年后每年25万[1]。叶企孙在长沙确定校址建新校舍后，便将图书馆大部分珍贵书刊及各系贵重仪器设备选出一部分交由火车运到长沙，物理系由讲师张景廉主办装运事宜，选派杨镇邦、陈亚伦两位身强力壮的学生襄助。"一二·九"后形势有些缓和，任之恭又从长沙选了部分仪器运回清华以保证教学所用。直到1937年南开被炸，北大物理系仪器一时难以搬运落入敌手，三校才一起到长沙利用清华的校舍、图书和设备继续教学。叶企孙等人强烈的责任感和深刻洞见的价值方才显现。

1939年9月，在昆明组建清华特种研究所委员会（独立于西南联大）。此时的"特种研究所"包括农业研究所（成立于1934年8月，所长戴芳澜），航空研究所（成立于1936年，成立时所长为顾毓琇，后任所长庄前鼎），无线电研究所（成立于1934年秋，所长任之恭），金属研究所（成立于1936年，所长吴有训），国情普查研究所（成立于1939年8月，所长陈达）。特种研究所委员会由叶企孙任主席，委员有：梅贻琦、陈岱孙、施嘉炀、李继侗、李楫祥、戴芳澜、庄前鼎、任之恭、陈达、吴有训。

西南联大时期，农业、无线电和金属三个研究所集中在昆明西北郊大普吉，这里还设有校医室和图书馆，原是云南省农业厅实验场。当时关注学术的人都把"大普吉"当作学术中心的同义语。即便1941年叶企孙去重庆任中央研究院总干事，特种研究所也始终由叶企孙主持和独立管理，在行政管理与经费支出方面与西南联大无关，所属人员最多时不过二三百人，因其保密性也少见报刊史籍记载。但它开了中国大学科研与实际应用密切结合的先河，对抗日战争和中国各项先进技术的发展发挥了罕可能比的作用。

---

[1] 清华大学校史研究室：《清华大学一百年》，清华大学出版社2011年版，第98～99页。

约在1939年，位于昆明郊区大普吉的清华大学特种研究所部分人员与来宾合影。第1排：左2余瑞璜、左6吴有训、左7严济慈、右1孟昭英、右3范绪筠；第2排：左1赵忠尧、左4叶企孙、左5梅贻琦、左6饶毓泰、左7李书华、左8吴大猷。

　　特种研究所在极为艰苦的条件下也取得了较高水平的研究成果。1942年，金属研究所将余瑞璜的三篇论文送到英国《自然》杂志并全部发表，其中《从X光衍射的相对强度计算绝对强度》一文发表时，还发表了英国皇家学会会员、伯明翰大学物理系教授威尔逊（A. J. C. Wilson）的同一题目的文章。

　　1943年，叶企孙辞去中央研究院总干事，回西南联大任教的同时，继续专心主持清华大学特种研究所工作，此时五个研究所事实上包括七个单位，共六十余人。

　　特种研究所的特就特在服务于国家最急迫、最重大的需要，定位于用尖端技术解决现实中急需解决的重大问题，而非关在象牙塔中闭门造车。特种研究所不招收研究生，招的是大批青年助教，要求是理工会通。他们不担任教学工作，专心做研究，学理和学工的专家一视同仁，混合在一起工作，以便相互启发，取长补短，还常邀请一些大学知名专家参加特种研究所的活动。但各研究所的所长和专家都在大学中任教。

在研究所工作的专家都是叶企孙利用自己广博的知识和前卫的见识精心挑选和配置的。

无线电研究所所长任之恭曾在麻省理工学院学机电工程学，毕业后改学无线电，后又到哈佛大学攻读物理学博士，是典型的理工结合人才。

所聘教授中孟昭英则是燕京大学物理学毕业后又获物理学硕士，然后去美国加州理工学院专攻无线电技术的博士。由于他的动手能力极高，1936年他在博士论文写作过程中研制出能产生波长仅为1厘米的真空管，创造了制作最小真空管和产生最短波长的微波两项世界纪录。1937年冯·卡门在庐山会见蒋介石夫妇时，称赞美国有这样一位杰出的华人，蒋当即表示要聘用他，在座的翁文灏插话道："不用了，此人已被清华大学无线电研究所和物理系合聘了。"

该所教授叶楷也是哈佛大学博士，曾任西门子弱电研究室工程师，专长工科，后长期任清华大学电机工程系主任，1949年后去美国密歇根大学电机工程系任教授。

另一位教授范绪筠也是麻省理工大学博士。

这四位教授带出的年轻研究助理戴振铎、陈芳允、王天眷等人在1949年后中国高科技领域作出了卓越的贡献。

据当时在农业研究所工作的汤佩松《为接朝霞顾夕阳》一文回忆，1940年初到1946年的大普吉的生活和工作因为越来越艰苦也就越来越团结，意志越坚强，在为国效忠和为国储才上这也是一个最集中和最高潮时期。他描述道：

大普吉期间的一项重要活动是三个研究所人员之间在业务上的交流合作。由金属研究所余瑞璜发起组织在这三个研究所工作的部分朋友，每月定期（星期天）在大普吉和梨园村之间的一家茶馆会晤，由每人轮流作自己的工作报告或专题讨论，学术空气十分浓厚。集会是在无拘无束形式下进行的，既无正式组织形式，也无正式负责人，只是在每次会后推举出下次集会的召集人和主持人。参加者据我能记忆的有：吴有训、任之恭、余瑞璜、范绪筠、孟昭英、赵忠尧、黄子卿、华罗庚、王竹溪、赵九章、殷宏章、娄成后和我，似乎有张文裕和天文学家戴文赛共15人左右。人数虽少，抱负颇大。余瑞璜（不久前在英国留学回国）在首次集会上称：英国皇家学会就是由少数几位热心的科学家以友谊集会学术交流的方式开始的。当然我们这个学术交流会的目的和抱负也就不言而喻了。我们这些人中，虽然有的在不久后（1948）被选为中央研究院院士，乃至建国后几乎都被选为中国科学院"学部委员"。但最使我高兴的还是我们这个集体里的物理学成员们的学生中出了两位比我们成就更高的人物：杨振宁和李政道！[1]

　　另有姜广正回忆道：

　　大普吉的周末常有学术报告会，都是在豪华会议室举行。经常有学者名流如楚辞学家游国恩先生，经济学家戴世光先生和昆虫学家陆近仁先生到会作专题报告。报告后进行讨论，情绪十分热烈，真是百家争鸣，百花齐放。每次讨论会总延续到深夜。

　　此外，还有普吉体育会的组织。从来没有进行过改选，也从来没有停止活动过。大家默认会长是汤佩松先生。普吉体育会的活动可分为两项，一种是集体远游，另一个是打排球。集体远游记得曾有三次，石林、安宁和龙园村。

---

[1] 汤佩松：《为接朝霞顾夕阳》，《校友文稿资料》（第1辑），清华大学出版社1991年版。

……

在大院的北部是无线电研究所和金属研究所。两排北房分别是研究室,东侧房为食堂和叶企孙先生的宿舍,西房是七间房的图书馆……叶企孙先生1918年毕业于清华学堂,在大普吉有不同的地位,在院里有一间一般结构的住房。因为工作较忙,较少到大普吉,即使是研究工作,据我们所知也是到观亭先生家中谈,与现在开汇报会不同。[1]

1945年8月15日的深夜,住在附近的美国兵开着吉普车带着扬声器来到研究所大声广播日本无条件投降的消息。1946年春,研究所接到复员通知,4月14日离开生活多年的大普吉回到西南联大,4月16日晨在操场上和学生们集合编队乘坐"联大复员专车"上路。

1945年8月22日召开的清华大学第29次评议会的校长报告提到,"本校特种研究所宜于复校后改组,除因得有特别补助另行设置外,其研究工作以并入相关系为原则"。这点与当时各研究所工作状况相关,也体现了叶企孙教学研究一体的思路,复原后基本依此而行。

然而,叶企孙关注的特种事业并未因此中断,他对中国近代物理学的奠基工作突现在他培植了广阔宽厚的基础。清华物理系首届毕业生王淦昌去德国、施士元去法国、周同庆去美国深造,都是由于叶企孙在教学和谈心的过程中经常介绍国外近代物理学发展的情况及一流科学家的事迹,鼓励学生日后出国深造,向这些顶尖的科学家学习。

叶企孙和他的同人及弟子们与世界前沿物理学界作同步的追踪研究,对核物理学的全部理论和实验有充分的了解,对相关发展动态高度敏感。

1946年,萨本栋任中央研究院总干事,正巧此时发生一件在政府和军队官

---

[1] 姜广正:《在大普吉的日子》,清华校友网2009年6月8日。

员看来不起眼，而在萨本栋眼里却是至关重要的事。一天，国防部一位福建籍官员听说原厦门大学校长来当中央研究院总干事，就主动打电话给萨本栋来攀同乡。两人电话中相谈甚欢，说到战争形势，这位同乡长官不经意间透露美国发函给英、法、苏、中四个盟国，邀各国派代表到美国的比基尼岛附近海域参观一次杀伤性武器演习，时间是1945年6月30日。国民政府国防部收到邀请函后开会研究认为美方此举实为炫耀，对中方战争无多大实际意义，就没有当一回事，也不打算派人去。但萨本栋闻知后，认为这件事不一般，杀伤性武器可能就是"曼哈顿计划"所制造的原子弹！是中国跟踪原子能研究前沿的好机会，于是打报告给国防部竭力说服派人参观，并推荐最合适的人选即中央大学物理系主任赵忠尧前去考察原子弹爆炸实况，得到国防部的同意。

1945年6月30日，赵忠尧与其他国家的科学家一起登上美军"潘敏娜"号驱逐舰，秘密驶向离比基尼岛15哩的海面，实地观看了这次原子弹爆炸试验，并根据自己多年的研究将目测数据深深记在脑海里，推测出这颗原子弹为钚弹，当量大约两万吨，与多年后解密的数据基本无误差。当各国代表返回到美国本土后，美联邦调查员发现中国代表失踪了。原来赵忠尧悄悄离开人群准备用萨本栋从国内秘密汇来的12万美金替中央研究院购买原子能研究的仪器设备。可是当时一台200万电子伏特的静电加速器最低价就是40万美元，而且美国是禁止这类高科技设备出口的。于是，赵忠尧就决定用自己的专长自行设计，只购买国内尚无能力制造的关键零部件运送回国自己组装，既可掩人耳目，又可大大节省费用。但12万美金还是远远不够，他不得以就用自己的专业和关系悄悄在美国大学里打工挣钱。加州大学劳伦斯教授以月薪500美金聘用他，却被美国原子能委员会发现，下令任何外籍科学家不能到核物理实验室工作，否则以"危害美国利益"论处。赵忠尧不得不离开那里，被迫在洛杉矶、芝加哥等地的科研机构充当"临时工"，每天工作16小时以上。

1945年8月6日，日本广岛原子弹爆炸后，叶企孙和他的弟子们立刻就明白是怎么回事了，王淦昌10天之后就向浙江大学全体师生作了关于原子弹原理的报告。

叶企孙日记中有几条或许一般人不关注的消息——1947年4月11日：月涵电钱三强，允拨美金五万元为原子核物理之设备；6月7日：偕培源、重衡进城访树人，谈北大清华及北研关于原子核物理实验室之合作可能；1950年1月19日：美政府进行关于生产氢原子弹之初步试验工作；1月30日：美总统命令发展超级原子弹（氢原子弹）。

事实上，钱三强和他的夫人何泽慧1948年夏一同回国后就住在老师叶企孙家中。钱三强一面在清华物理系任教，一面利用中美基金委员会的资金在北平研究院与何泽慧一起筹建原子能研究所，并兼任所长。钱三强曾在法国担任约里奥·居里夫人的助教，与夫人何泽慧一起在居里夫人实验室工作，因合作发现放射性元素铀的三分裂和四分裂现象而轰动欧洲，两人的照片被各大媒体竞相刊登。钱三强在抗战前就曾写一封四千多字的长信给叶企孙，其中包括一些秘密提取以及获得放射源的机密，并表示将来想带回中国工作。但这个心愿却因为战争延迟了10年。

1950年8月底，赵忠尧终于完成了购买零部件的计划，并把它们混装进二十多个箱子，带上了"威尔逊总统号"客轮，准备以去欧亚旅行的名义从洛杉矶去往香港。9月12日，赵忠尧、罗时钧、沈善炯三人所乘客轮经日本横滨时，又被驻日美军第八军扣留并关入秘密监狱。消息传出后，引发中国政府和人民团体的抗议，国际舆论和包括美国科学界与赵忠尧相熟的科学家们也提出强烈抗议，美军不得不于11月下旬释放赵忠尧三人，他们于11月27日抵达香港。美联社香港11月28日电：中国原子能权威赵忠尧教授昨日自日本抵达香港。这就是叶企孙从事特种研究的特种学生。1955年，中国科学院近代物理研究所就是在赵忠尧的支持下，利用他带回的零部件建成了中国第一台加速器，中国开始培养出一批又一批年轻的科技人员，并由他们在王淦昌、彭桓武、钱三强等专家带领下成功制造出中国的原子弹和氢弹。

当时的特种研究所获得不少世界前沿性的科研成果，不少人成为此后中国各学科领域的奠基人。叶企孙则是他们及中国多个领域现代科学事业的铺路人，叶企孙和他志同道合的自然科学家们及其弟子们共同奠定了中国的现代科教事业，他们人数不多，但由于正确的方向和顽强的团队拼搏精神而创造了奇迹。正因为此，若从生产力水平和国民经济状况看，当时的中国与欧美等发达国家相比落后很多，但从高科技领域考察却与当时最先进的国家差距不大。正是留住了这些青山，才保障后来研制"两弹一星"时有柴可烧。

1959年，彭德怀问王淦昌，在美苏严密封锁一切科技信息的情况下，中国自力更生实施"596工程"有没有把握，王淦昌充满信心地给予肯定回答。这样回答的底气就在于经过叶企孙多年的经营，王淦昌与美国"曼哈顿工程"的技术主持人、后来被誉为"美国原子弹之父"的奥本海默（J. R. Oppenheimer）都是量子力学奠基人玻恩（M. Born）同时期的学生；而彭桓武30年代师从波恩时，量子力学已经大有发展，更有条件后来居上；还有程开甲与杨立铭1946年师从玻恩；西南联大毕业的黄昆1947年到爱丁堡大学跟玻恩做研究。由此可以看出，叶企孙早已为这些筹划奠定了基础。

出任中央研究院总干事

中央研究院（下简称中研院）于1928年6月9日在上海成立，时任国民政府教育部长的蔡元培主持了第一次院务会议并出任院长，杨杏佛（原孙中山先生的秘书长）任总干事。下设各研究所及首任所长名单如下：地质所李四光、天文所高鲁、气象所竺可桢、物理所丁燮林、化学所王进、工程所周仁、社会科学所杨端六、历史语言所傅斯年、心理所唐钺、动物所王家楫、植物所罗宗洛、数学所姜立夫。中研院是民国时期中国最高的学术研究机构，其辉煌成就为世界所瞩目，开创了"科学的东方学之正统在中国"的局面。由于创办中研院的主要成员是中国科学社社员，中研院成立后替代了中国科学社在国际上作为中国科学界官方代表的地位，叶企孙因是中国科学社社员就与中研院有较近学缘。

1935年6月，叶企孙当选中研院第一届评议会数理组评议员，这是可查到的叶企孙第一次与中研院的直接联系。

1936年4月，叶企孙出席中研院第一届评议会第二次会议。

1940年3月5日，中研院院长蔡元培病逝，根据中研院拟宣的章程，先由评议会推举出翁文灏、朱家骅、胡适三人为院长人选，最后由蒋介石从中选定朱家骅为中研院第二任院长。时逢中研院总干事叶鸿隽辞职，朱家骅就向梅贻琦表示，有意聘叶企孙担任总干事。梅贻琦表示可以是可以，不过清华的事业也离不开叶企孙，最好是不要完全脱离清华而两边兼顾，但中研院对各职专任之原则也有明确的规定，故一时未能谈妥。于是，中研院历史语言研究所创建者傅斯年兼任了总干事。这年叶企孙被选为中研院当然评议员。

1941年6月，朱家骅再次致函梅贻琦，盼叶企孙出任该院总干事，并接受了叶企孙继续兼任清华大学特种研究所职务的条件。9月3日，叶企孙致函梅贻琦，认为"因该院之发展与全国学术前途之关系甚大，亦未尝不可尽其绵力，逐渐使该院之研究事业更上轨道"，并表示自己"爱护学校之心，与时俱进，一旦他就，实不免徘徊瞻顾。余力所及，自当在不支薪之条件下为母校稍尽义务"[1]，要求从10月起停止支薪。

梅贻琦9月11日回涵叶企孙，表示"足下之去中研院，在清华为一重大损

---

[1] 《1941年9月3日为中央研究院总干事职致函梅贻琦校长》，《叶企孙文存》，首都师范大学出版社2013年版，第237页。

失，在琦个人尤感怅怅，但为顾国内一重要学术机关之发展起见，不应自吝，乃不得不允君请假，暂就该院职"。并以同时兼任清华大学特种研究所委员会主任委员为条件，同意叶企孙去中研院任总干事。其时中研院只设院长一人，无副院长，朱家骅还是兼任，总干事实际负责全院行政和学术研究事务。

1941年9月，叶企孙赴重庆就任中研院总干事。叶企孙自认为"中央研究院要吾担任总干事的理由，是因为吾对于各门科学略知门径，且对于学者间的纠纷，尚能公平处理，使能各展所长"。院长朱家骅由于忙于党务，少有时间在中研院，叶企孙就向朱家骅表明自己不愿到他的党务机关去商讨中研院的事务，希望他每星期到中研院两小时，以便商讨院务，朱家骅也同意了。

叶企孙出任总干事时正是抗日战争处于极度艰难的时期，他力主研究院各所应为抗战急需服务，并为研究院争取经费，维持各研究所出版刊物、开展与国防相关的研究课题，搜罗各国学术期刊，延聘研究人员等，在这特殊时期他为中研院乃至全国的科学发展发挥了重要作用。

中研院除了以刊载研究论文为主的《中央研究院科学记录》（以西文出版，吴有训主编）刊物之外，1942年叶企孙主编的《学术汇刊》第一期出版。该刊编辑委员会委员有叶企孙、翁文灏、李书华、曾昭抡、王家楫、傅斯年、汪敬熙，主任编辑为叶企孙，是以中文出版的"综合性之学术期刊，将本国学者重要工作之推进情形及所得结果摘要撰述；外国学者之工作对科学进步及中国材料有宏大关系者亦撷其要领，俾读者手此一编，对于学术工作之进行得明纲要"[1]。由于当时经费困难，《学术汇刊》只出版了两期，都是叶企孙任总干事期间编辑而成。

1942年，叶企孙出席在重庆召开的第一届国防科学技术策进会，当选为理事。

---

[1] 中央研究院：《学术汇刊发刊词》，载《学术汇刊》1942年第1期。

　　1942年,英国生物化学家李约瑟博士(Dr. J. Needham)作为英国皇家学会代表,受英国政府派遣,肩负援华使命到重庆,推动有关英中两国文化科学合作事宜,探讨英国能为受日本封锁的中国科学家提供什么帮助。叶企孙为此向李约瑟提出诸多真诚的建议,并详尽介绍中国古代科学,竭诚鼓励其从事相关研究,引发其对中国科学史的兴趣。应叶企孙之请,李约瑟给中国运送了大量的学术刊物,以及当时中国急需的研究仪器和设备,两人就此成为知交。

　　作为中研院的实际负责人,叶企孙也应各方之邀,曾在重庆为中央训练团、国防科研委员会、重庆广播电台作过科普讲座。在当时叶企孙的心中,普及科学知识,让更多人认识科学的重要性,也是科学救国的一件大事。

　　叶企孙凡事运筹帷幄,待友朋推心置腹,度艰难沉着稳重,只是自觉对学者间纠纷尚能公平处理的他却遇到了自陷其中的麻烦。叶企孙与陈寅恪是挚友,当得悉陈携家由港抵达桂林时,便以极大的热情和爱心关注着这位国学大师的命运,并单方面为陈的未来生活做起盘算。1942年6月9日,他致书李庄的傅斯年询问:"陈寅恪已到桂林,史语所是否有聘其为专任研究员的打算?月薪多少?"又说:"以寅恪夫妇之身体论,住昆明及李庄均非所宜,最好办法,似为请彼专任所职,而允许其在桂林工作,不知尊意如何?亦请示及。"[1]

　　傅斯年当然知道陈寅恪的价值,但不同意叶企孙让其住在桂林兼职的想法。他在复叶信中说:"陈寅恪来史语所任专职,则是傅氏本人及全所同人渴望日久之事,但由于中央研究院和本所有严格的制度和服务规程,故陈寅恪不能常住在桂林而遥领本所专任研究员之薪水,必须来李庄住在史语所租赁的房中办公,才可以拿专任之薪。若陈果能来李庄,其薪金自应为六百元又临时

---

　[1] 岳南编著:《陈寅恪与傅斯年》,陕西师范大学出版社2010年版,第199~212页。

加薪四十元。否则，不能为之。"

叶企孙觉得傅所言有理，在6月30日回信中说："关于寅恪事，尊见甚是，请兄电彼征询其意见，倘彼决定在李庄工作，清华方面谅可容许其续假也。寅恪身体太弱，李庄昆明两地中究以何处为宜，应由彼自定。"傅斯年接信后没有按叶所说的做，理由是"以前此已两函与之商榷此事，而电文又不能明也。然寅恪来信，未提及弟信，来信嘱弟托杭立武兄设法在广西大学为彼设一讲座"。

傅斯年想，既然自己两次写信问陈寅恪来不来李庄，何时来李庄，并把李庄的地域特点、风土人情都做了详细介绍，但陈氏回信除了说自己"正在著作，九月可完"外，"绝未谈及到李庄事"，这让他深感不解，索性把叶信扔到一边不再搭理。而叶企孙在不明就里的情况下热情不减，坚持聘陈寅恪为史语所专职研究员，并以总干事的身份和名义作主签发了给陈的聘书，这下可撞到了脾气刚烈的傅斯年的"老虎屁股"上。

7月下旬，中研院总办事处办事员刘次箫在致傅斯年的信中附一消息说："叶先生函商院长聘陈寅恪先生为专任研究员，月薪六百元外暂加薪四十元，院长已批准照办。俟叶先生将起薪月日函复核，聘书即当寄贵所转寄桂林也。"

这一突然的消息令傅斯年"甚为诧异"，尽管心中不甚痛快，但想到信中有"寄贵所转寄桂林"一语，便打算待聘书到李庄即将其压下，而后再与叶企孙理论不迟。大出他意料的是，7月31日又突然接到中研院办事处职员王毅侯信道："发寅恪兄聘书已办好，企孙兄函嘱径寄桂林，免得转递之烦。并云一月至五月领薪由院保留作抵消旅费之一部，弟本日寄寅恪一函，征其同意（函稿另纸抄奉）。"傅斯年看罢此信如同挨了一记闷棍，觉得叶企孙公然蔑视自己，当场把信摔在地上大喊："他凭什么！"并于8月6日满怀悲愤地写信向叶企孙发出了一阵连珠炮式的"声明"，同时为了最快地打消陈寅恪的念头，便给陈"总处所发聘书，乃假定兄到李庄者"的电文，请管理图书的助理员兼事务秘书那廉君连同信件分别发了出去。

8月14日,傅斯年怕陈寅恪接到电报后产生误会,又修书促陈寅恪尽速迁川,"瞻念前途,广西似非我兄久居之地","若不早作决意,则将来更困难矣"。然后对自己不满叶发聘书的事向陈寅恪解释:"此事在生人,或可以为系弟作梗。盖兄以本院薪住桂,原甚便也。但兄向为重视法规之人,企孙所提办法在本所之办不通,兄知之必详。本所诸君子皆自命为大贤,一有例外,即为常例矣……此事兄必洞达此中情况。今此事以兄就广西大学之聘而过去,然此事原委就不可不说也。"

陈寅恪不是"书呆子",8月30日复信道:"弟尚未得尊电之前,已接到总办事处寄来专任研究员聘书,即于两小时内冒暑下山,将其寄回。当时不知何故,亦不知叶企孙兄有此提议。(此事今日得尊函始知之也,企孙只有一书致弟,言到重庆晤谈而已。)弟当时之意,虽欲暂留桂,而不愿在桂遥领专任之职。院章有专任驻所之规定,弟所凤知,岂有故违之理?今日我辈尚不守法,何人更肯守法耶?此点正与兄同意也……以大局趋势、个人兴趣言之,迟早必须入蜀,唯恐在半年以后也。总之,平生学道,垂死无闻,而周妻何肉,世累尤重,致负并世亲朋之厚意,晞已。"

陈寅恪以这种一切尽在不言中的方式,疏解了傅斯年与叶企孙的分歧。

叶企孙迫于压力也来信向傅斯年做了道歉式解释:梅贻琦在得知陈寅恪抵达桂林后,欲出川资招回这位史学大师继续服务于联大,以保存实际上的清华实力。叶企孙得知这一消息,既为中研院总干事,自然要为中研院的兴亡出谋划策,为抢在清华之前聘到陈寅恪,才与朱家骅紧急协商,在得到朱的同意后,顾不得繁杂的典章制度,于匆忙中直接从重庆向陈寅恪发出了聘书。

傅斯年对叶企孙的所作所为表示"盛意可感"之后,却没有就此打住,而是在复信中不厌其烦地大谈清华、北大与中研院发聘书之不同,谓"此次清华

叶企孙（左）和陈寅恪（右）1948年摄于北平清华大学。

发聘，系继续旧办法；本院发聘，是更改旧办法"。言外之意是中研院的办法要比你们那个清华大学先进和高明得多，你作为现任中研院的总干事何以不明二者之高下？又谓"若当时兄嘱毅侯兄去信时，末了写上一笔'盼大驾早来李庄，为荷'，弟亦不至着急矣"。最后，傅斯年表示"为国家保存此一读书种子"，还是要聘请陈寅恪就任史语所职，并以长辈口气指令叶企孙再给陈寅恪发一聘书。

叶企孙接到傅斯年的指令，甚感不快，觉得傅斯年有"太上总干事"之嫌，尽管傅斯年在别人看来是"历来的总干事，都敬重他而又多怕他"（董作宾语），但这与叶企孙经年养成的性格不相符，他敬傅而不惧傅，见傅斯年来势凶猛，大有不依不饶之势，就理智地选择退出，并按傅意给陈寅恪寄发了"兼任"的聘书。

由于当时国难当头，研究经费以及研究员薪金都不能按时足额发放，这与叶企孙的为人秉性极不相谐，他总是企求为属下创造一个好环境、好待遇，否则宁可自己一人去穷教书；再则在延聘人员与待遇上往往与他人想法相左，重金聘人才是他长期办学、办所之良方，宁亏自己不亏他人是他的为人准则。他敢于突破中研院院规全薪聘请陈寅恪为史语所专任研究员，并容许陈寅恪不到史语所上班，本为新创，却不能与傅斯年达成共识。遇此两难处境，有自知之明且温文谦让的叶企孙下决心辞职。

1943年1月16日，叶企孙借梅贻琦来重庆公务之机与之进行了商谈，二人商定叶可于夏秋离渝返昆。当天的梅氏日记有"午饭后与企孙久谈""特种研究所将来并入各系。企孙秋可返校"之语。

1943年8月，叶企孙不顾朱家骅再三挽留，坚决辞去中研院总干事职，返回西南联大任教授，并继续兼任清华特种研究所委员会主任委员。叶企孙辞职的公开理由是自己"觉得长期脱离教书，不合适"，"当初离开昆明时，是向联大（按：应是向清华）请的假，按当时规定不能超过两年"，但真实的原因是不太理性的人际关系让他感到为难。他在中研院的助手何成钧回忆道："叶企孙有东南大学（后并为中央大学）、清华大学与美国学术机构的人脉背景，当时的中研院十几个研究所，人员大多都是这个系统的。叶人缘好，处事公道，很得这些所长与研究员的人心。而傅斯年是北大与欧洲系统的人物，这个系统在中研院的人数并不多，傅之所以能在此立脚，还有些作为，就是靠他性格中具有的山东响马与水泊梁山好汉们那股敢打硬冲的狠劲。但他那一套不是很受人欢迎，叶先生就曾亲自跟我讲过傅斯年太过于high-handed（霸道），不能跟他共事等话。"

那期间，叶企孙对政治抱冷漠态度，他对中研院的一些人政治色彩太浓也看不惯。例如那时何成钧思想比较进步，常阅读《新华日报》，一个星期天早上，报纸迟到了，何就几次到楼下查看，叶见此对何说："你好像把天下的事都放在心上。"再有，当时知识分子要想出国研究，先要到当时国民党办的"中央训练团"受训，有一次，正受训的几位清华知名校友穿着训练团的军服来看他，走了以后，叶企孙便对何成钧说："现在的科学家对政治的兴趣都太大了。"[1]言下颇有不满之意。

叶企孙辞职后，由李书华继任中研院总干事。1945年，李辞职，朱家骅聘请萨本栋出任中研院总干事兼物理研究所所长。

1946年10月21日，叶企孙致函朱家骅，为中研院评议会第二届第三次年会请假，因梅贻琦校长催促其本月28日上课前到校。同时给评议会建议，鉴于各大学聘请良好教师之困难，可讨论中研院与各大学的合作办法，以改善当前各大学教授人才不足的现状。此建议获本次评议会通过，11月7日中研院总干事函复经大会议决："允许专任研究员在大学任有关其所研究之学科一门，每周授课不超过四个小时为限，并于必要时得由各大学商借专任研究员对于其专

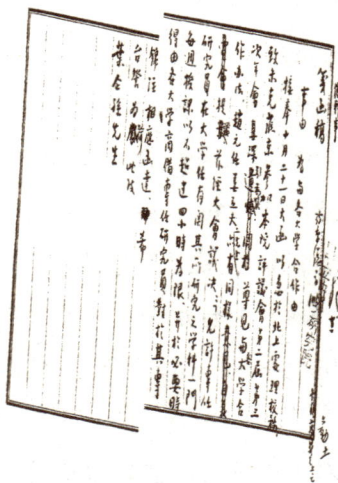

中央研究院总干事复函叶企孙原件。（南京中国第二历史档案馆存）

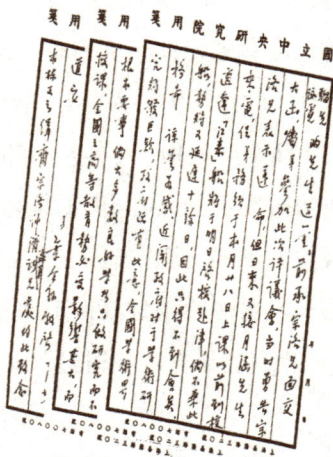

叶企孙致函朱家骅、翁文灏原件。（南京中国第二历史档案馆存）

[1] 虞昊、黄延复编：《中国科技的基石》，复旦大学出版社2008年版，第386～387页。

长学科担任一学期或一学年之教课。"

1948年3月，中研院首次评选院士，经过几番推荐和评议，共选出81名院士。其中物理学院士有叶企孙、李书华、饶毓泰、吴有训、赵忠尧、严济慈、吴大猷七人，萨本栋为工程技术院士。

1948年9月，叶企孙赴南京出席中研院第一届院士会议，并当选中研院第三届评议员，这也是叶企孙与中研院的最后一次接触。

1948年9月于南京北极阁举行的中央研究院第一次院士会议，出席人数共48人。
左起，第1排：萨本栋、陈达、茅以升、竺可桢、张元济、朱家骅、王宠惠、胡适、李书华、饶毓泰、庄长恭；第2排：周鲠生、冯友兰、杨钟健、汤佩松、陶孟和、凌鸿勋、袁贻瑾、吴学周、汤用彤；第3排：杨树达、余嘉锡、梁思成、秉志、周仁、萧公权、严济慈、叶企孙、李先闻；第4排：谢家荣、李宗恩、伍献文、陈垣、胡先骕、李济、戴芳澜、苏步青；第5排：邓叔群、吴定良、俞大绂、陈省身、殷宏章、钱崇澍、柳诒征、冯德培、傅斯年、贝时璋、姜立夫。当时吴有训不在国内。

播撒科学精神与方法的种子

叶企孙热爱科学是由于受科学精神的感染，哥白尼、伽利略等人追求真理、不畏强暴的精神深深扎根在他的心中，他认为欧美近两百年迅速超越中国的主要动因是崇尚科学精神。所以，叶企孙的一生时时处处都彰显出科学精神，并把培养学生的科学精神始终放在心上。

叶企孙深知自然科学的基础是实验，所以在回国任教后一直非常注重实验积累，并于1929年与郑衍芬合作编著《初等物理实验》，由清华大学刊行，以解决当时高中物理课仅仅背课文、背公式却无实验的问题。在"编者自序"中坦言，若开不出物理实验，"与其徒设此科，实不如暂缺之为愈"。该书选取40个最基本的物理实验，既讲清物理概念，又说明实验操作方法，列明所用仪器，提醒记录、制图、计算和结论上的注意事项，以引发学生对物理科学的兴趣，真切理解科学的基本观念，导引他们扎实地走进科学殿堂。

当然，叶企孙并不仅仅是个一般的实验物理学家，由于他很重视研究科学史与哲学思辨，所以他同时也是个眼光敏锐的理论物理学家。1925年至1952年，叶企孙在清华大学、西南联合大学讲授力学、普通物理、热学、电磁学、统计力学、光学、分子运动论、大气物理、物性论、光谱及原子构造等课程。1952年后，在北京大学物理系除讲授光学、普通物理等基础课外，主要开设铁磁学课，建立磁学教研室，指导该科毕业生和研究生的论文。

叶企孙虽操上海口音普通话并稍有口吃，却不影响他讲课的逻辑性和层次分明的吸引力，除了对物理概念和原理讲解深入透彻之外，每一门课往往以中国传统文化知识开题，涉及实验时又常常讲清其中实验仪器、步骤、技巧，增加不少当年最新进展,展望未来应用,在课末总忘不了鼓励学生去开拓。他一字一句慢慢道来,往往课时不足,学生们又爱听,于是他会邀上学生在课余或假日去散步、游园或在自己家中茶叙,趁此将未讲完的内容或某门学科的新知识讲给学生听。时常拿出书架上各种外文杂志,指出某文某页某段文字的概念、意义或价值所在,无形中培养了学生查阅文献、辨识成果的习惯与技巧,引导学生跨入科学探索的途径。

叶企孙这样做不仅是教学生科学知识,而且意在播撒科学精神的种子,引导学生掌握科学方法,获取知识、坚持真理、有所创造,进入科学的人生。

1939年,叶企孙因事把他任教的物理系二年级的热力学课交给了钱伟长,钱想自己当年听叶老师讲这门课时学得不错,就满口应承下来,同时接下叶交给他的五堂课的讲课笔记。待钱伟长讲课时才发现,虽然基本原理部分还是热力学的第一、第二定律,但所引用的实例完全是金属的热力学性质,不再是当年主要讲的气体问题。这显示出叶企孙即便讲基础课也紧跟科学发展前沿,与时俱进,不断求新。

1943年初春,叶企孙在西南联大物理学会演讲"物理学及其应用"[1]。这次演讲的内容要点有四:一为理论与实验的关系;二为纯粹科学与应用科学之不可分性;三为学物理的人应决定工作方向;四为需要与时代性。前两点偏重于物理学本身,后两点则偏重于学物理者应有的态度。

在演讲的具体内容中,叶企孙打比方说:实验的许多事实为物理的基础及材料,物理的理论则为屋上门窗、墙壁等等。房屋的门有两种:一是沟通屋内各部分,一是沟通屋之内外。物理学里也有这两种性质不同的理论。理论与实验的关系则有多种,包括:见解+实验→定律→理论,见解→实验→理论,实验→定律→理论,理论→实验,并一一举出实例加以说明。鉴于"我们民族的观察

---

[1]《叶企孙文存·物理学及其应用》,首都师范大学出版社2013年版,第247～252页。

力好像很不好"，他要求学生改正不肯多用时间做实验的缺点。

对于纯粹科学与应用科学的不可分性，他将它们之间的关系分为如下几种：好奇心→纯粹研究，好奇心+环境需要→改良仪器→纯粹研究，纯粹研究→应用，似乎不重要的效应→大定律的发现或重要的应用，提出新的应用不只依靠狭义的应用研究，还依靠不断的纯粹研究。

接着他对每个学物理的人应如何决定自己究竟是从事于理论还是实验工作给出意见，认为理论与实验都好的人，在19世纪尚不乏其人，现在已经几乎是不可能了。决定从事实验的人，数学功课不必学得太多，学到微分方程论已够，做实验的人，如果碰到算学上问题，不妨请教数学家。做实验的人，应讲究量得准。至于人数的比例，假设一班有40人，预备从事理论的10人，从事实验的30人，也许是很恰当的分配。

他还主张应该注意到需要与时代的关系，太忽略时代也是危险的。提倡大家学学居里夫人在欧战时中断她长期从事的对放射性镭的研究，而到医院去为伤病员作X射线的诊断、治疗的精神。最后在讲应用研究与民族生存的关系时，他呼吁："以我们科学本来落后的中国，处于当今这种危险关头，怎么可不加紧努力，迎头赶上！"

1943年中，叶企孙应重庆中央训练团之邀，以中研院总干事的名义作过题为"科学与人生——自然科学对于现代生的贡献""科学概论——物理学对近代文化之贡献"的演讲，主旨都是在普及科学知识的同时传播科学精神。面对大多是官员的听众，叶企孙在"科学与人生"[1]的讲演中主要阐述了自然科学对于现代人类的贡献：一是运用算学上的原理、定律对时间及距离加以正确的计算，对于人类的幸福具有莫大的价值，实为人类文明进步的基础。二是科学家发现了光线的原理后，便有了眼镜、望远镜、显微镜（放大二万倍），

---

[1]《叶企孙文存·科学与人生》，首都师范大学出版社2013年版，第241～246页。

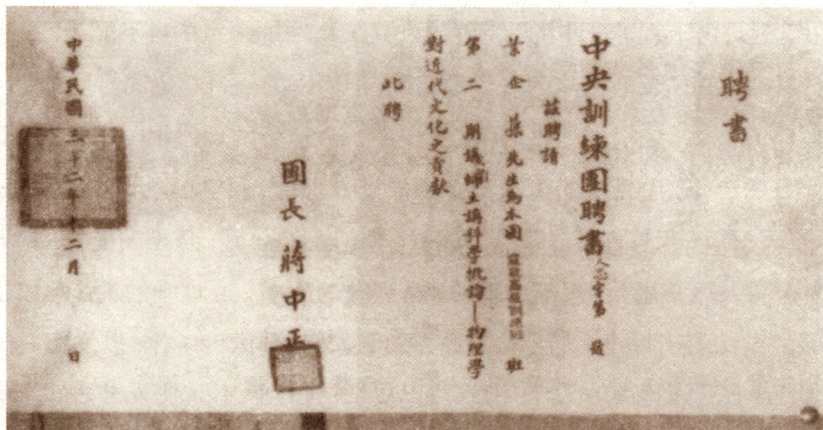

蒋介石签署的中央训练团聘书。日后在"文化大革命"中竟成为叶企孙是"CC特务"的证据。

增大了人们的视觉能力；照相术、电影的发明，更能推广人们视觉的时间限度；发明了无线电、放大器、留声机、有声电影以后，人们听觉与视觉的能力都增强了。三是科学能增加知识、提高工作效率，可由"说、写、读、算"四方面来看。"说"的方面，无线电的发明可以使我们的声浪广播在很辽阔的场所；"写"的方面，打字机的发明可以节省我们许多写字的手续与时间；"读"的方面，贡献最大的便是用于瞎聋残疾人的一种机器，它能帮助他们识字读书；至于"算"的方面，过去开方、解微分方程式等都是最繁难的事，现在都能用计算器具来解决，因此人们便可抽出更多时间与精力来从事其他的研究。四是利用各种机器代替人力增加农工生产的效率，而且产品较手工出产品完善得多。五是使人类了解了宇宙的伟大及人生的意义，天文学发达以后方渐渐知道宇宙的伟大，若以人有限的生命与伟大的宇宙相视实在渺小可怜，而宇宙之所以有人类诞生，创造建设意义极为重大，人生于宇宙之中应该认清自己的责任，以发挥人生真正的意义与价值。六是在衣食住行、卫生医药等方面增加人类物质生活上的幸福。七是由于有了进步的、完善的自卫工具增加国家的自卫能力，一个国家的自卫能力必须要有进步的科学做基础，但不幸的是科学也同时增加了侵略者的侵略力量。八是增加国家的组织能力，一个进步的现代化国家，必须要有一种完备的组织，而完备的组织又必须仰于合理的、科学的、严密的管理。如无线电发达使民众教育可以普及实施；一个国家的强盛，必须要能做到"人尽其用"，要"人尽其用"便要有合理的、适当的"选任"；心理学的进步可以用种种测验的方法测定每个人的性格智力，便可适当安排人的工作，以发挥其天赋的能力，若有智力特高的天才，国家可以尽量培植，而不致使人才埋没。最后他总结道：科学对于人生有莫大的帮助。在一个现代国家中，每个人都应该重视科学，提倡研究的精神，使科学能够有日新月异的进步，那么这个国家没有不强盛的。"科学与人生"的问题，范围很大，至于如何配合应用，则是尚需有志之士加以精心研究的。

这些讲座立足现实、内容宏丰、道理浅近，显示叶企孙对当时世界科学前沿了如指掌，同时又感悟到科学非一日之功，要有持久的钻研与耐心。正是基于此感悟，叶企孙教导学生时每每劝他们要脚踏实地，学好科学才有本领救国；不要先急于写文章，写出来的文章要经得了30年检验才算本事。这些朴素而循循善诱的教导打动了一代代学生。

叶企孙不仅是科学家，而且还是教育家与事业家。他稍有口吃，不爱讲话，却与科学界各方人士有极广泛、友好的联系，靠的是什么呢？政界、商界交游拉关系靠请客吃饭、送礼等等，学术界则主要靠学术讨论和论文。叶企孙早年选择 h 值测定的触及面在20世纪20年代可以说是最广泛的，这个研究成果一公布，就得众多一流水平的科学家所认识，从而为以后与他们的交往递上了名片，为了解、学习当时国际上的前沿科学创造了条件。然而，仅仅以叶企孙测定普朗克常数值而称他是中国近代物理学的奠基人来评价他对中国近代物理学的贡献就太过狭隘了。叶企孙从青少年时期就开始组织科学会,寻求科学方法、传播科学精神才是他毕生的追求,他的终极目的是为了实现科学人生。

西南联大保育栋梁

　　叶企孙1938年11月底去昆明后,初期,他也像清华其他教授一样,以清华教授的身份兼任西南联大物理系教授。其间由于主管特种研究所和出任中央研究院总干事,在西南联大的时间相对较少,但仍在西南联大留下了深刻的印迹。

　　此期间的联大物理系,由原清华、北大、南开三校的物理系组成。历任系主任有饶毓泰、郑华炽和霍秉权。教授阵容十分可观,主要有清华的叶企孙、吴有训、周培源、赵忠尧、任之恭、霍秉权、孟昭英、范绪筠、王竹溪;北大的饶毓泰、郑华炽、朱物华、吴大猷、马士俊;南开的张文裕等。他们学术造诣深,了解当时物理学发展的前沿情况,并具有开创精神。叶企孙在联大物理系担任的课程是电磁学、热学、物性学、微子论等。

　　1939年1月7日,叶企孙出席第20次校务会议。(此为开战后叶企孙首次出席校务会议)校长报告第一条便是:"加聘本校研究所委员会主席叶企孙先生出席校务会议。"从1939年5月到1941年6月,叶企孙参加了几乎所有的校务会、教授会、评议会、聘任委员会的会议,并且是这段时间重大事件的决策者之一,权力仅次于梅贻琦校长。这以后,即从1941年9月到1943年秋,是叶企孙赴渝出任中央研究院总干事期间。

　　1940年8月,叶企孙赴川勘察西南联大分校校址,以备必要时迁川。10月,被西南联大校务会选为教授会代表。

1941年清华30年校庆时清华大学校领导合影，摄于昆明迤西会馆。左起依次为施嘉炀（工学院院长）、潘光旦（教务长）、陈岱孙（法学院院长）、梅贻琦（校长）、吴有训（理学院院长）、冯友兰（文学院院长）、叶企孙（特种研究所委员会主席）。

1943年8月，叶企孙从中央研究院回到西南联大。当时李约瑟提供了英国出版的《自然》及其他科学刊物的微缩胶卷，叶企孙联系并主持在昆明北门街清华教员宿舍内辟一暗室，供人们阅读这些放大后的微缩胶卷，以保持与世界科学前沿同步。

1945年8月15日，抗战胜利。8月22日，叶企孙出席西南联大第29次评议会，也是日本投降后的首次评议会，会上讨论了学校复员和发展规划问题。8月29日，叶企孙因吴有训调任重庆中央大学校长而接任西南联大理学院院长。从9

月上旬起，西南联大常委梅贻琦、傅斯年因筹备学校复员工作频繁往来于昆明、重庆、北平之间，叶企孙数次被委托代理清华校长和联大常委的工作，使他肩上的担子大大地加重了。

接着发生的"一二·一"学潮让学校的各项工作暂时中断，也让叶企孙处于风浪之中，责任和压力骤然加重。

早在1943～1944年间，中共地下党组织在包括昆明在内的后方城市掀起以"反独裁，争民主"为中心口号的学生运动。日本投降后，形势又起了新的变化。国民党为巩固其后方，在昆明发动了政变，即用武力改组了云南地方政府。共产党"分析了战后国内形势和云南政变后白色恐怖加剧的形势，认为在敌人进攻面前，民主力量决不能示弱，必须寸步不让地与之作针锋相对的斗争，利用有利时机，采用灵活方式，作坚决的进攻。"[1]从而提出了"中国走向光明或黑暗的歧除上，我们不能放弃自己的责任""是我们站出来说话的时候了"等口号。1945年11月25日，联大中共地下党组织决定通过联大自治会联合云大、中法、英专等校在云大举行反内战时事晚会。当地国民党军政当局闻讯后立即召开党政军联席会议，于当日发布"禁止一切集会游行"的禁令，禁止云大出借礼堂。大会组织者就把会场改在联大图书馆草坪上，会议进行中突然枪声大作，会场被军警包围，企图以枪声轰散会场，但大会仍在枪声中镇定进行。捣乱者又割断电线，企图以黑暗驱赶群众，大会组织者又燃起汽灯照明，会场情绪高昂。大会最后通过《昆明各大学全体同学致国共两党制止内战的通电》，时已晚上8时30分，包围会场的军警又阻挠与会者离开。直到10时左右，联大学生才绕道云大农场回到学校，大家群情激奋，一夜之间，联大民主墙上贴满了大字报，接着有达700名学生签名要求罢课。自治会根据同学意见宣布自11月26日起罢课。

---

[1] 清华大学校史编写组：《清华大学校史稿》，中华书局1981年版，第408页。

联大罢课第一天，国民党中央社竟以题为《昨夜枪声，西郊匪警》的消息诬称昨晚参会者为土匪，这更激起了同学们的愤怒。在中共地下党的组织发动下，昆明三十多个大、中学校的三千多名学生宣布总罢课。26日上午，联大教授会开会表示同情学生们的行动，并决定就25日晚事件向地方当局提出抗议。27日，昆明市大、中学生罢课联合会成立，推定联大、云大、中法、云大附中、昆华女中五校为常委，总负责者为联大。

11月29日，叶企孙以代理校长身份主持清华大学1945年第二次教授会议，傅恩龄等82人出席。叶企孙在会上报告"本校学生罢课事情发生及校务会议处理之经过"，并议决：（1）同人站在教育立场，对本月25日晚军警当局行为，认为重大侮辱，应依校务会议决议原则加强抗议。（全体通过）（2）召集全体学生训话，劝令即日复课，由全体教授出席。除代理主席叶企孙先生、教务长潘光旦先生外，另推代表三人发言。（通过）（3）抗议书起草委员八人，抗议书内容由起草委员全权负责。（通过）（4）推张奚若、钱端升、周炳琳三先生代表本会向学生训话。（5）推冯友兰、张奚若、钱端升、周炳琳、朱自清、赵凤喈、燕树棠、闻一多八先生为抗议书起草委员。（冯友兰先生为召集人）

这次会议的措施还没来得及落实，局势已陷入混乱。一方面，罢课的学生发表宣言，上街宣传；另一方面，当局29日召集五校三青团员开会，提出"以行动对行动"的口号，准备组织"反游行"。29日一天就发生25起学生遭毒打事件，30日毒打、逮捕学生的事件更多，局势一步一步恶化。

12月1日，中共地下党"分析了当前严重的局势，决定通知学生暂停对外宣传，以防发生不幸事件。同学们都留在校内，加强戒备"。但为时已晚，就在这时，昆明市各部门的特务打手、军官总队、鸿翔（伞兵）部队奉命全副武装分头攻打各校。上午8时先向云大进攻，10时左右百余人冲进联大校门，用石块、瓦片、木棍殴打联大同学，被联大同学还击打退。在第二轮攻打中，一个暴徒掏出手榴弹准备投掷时，路过的南菁中学教师于再上前英勇抱住暴徒，但被推倒在地，就在这时手榴弹爆炸，于倒在血泊中，送往医院后不治身亡。随后又有昆华工校17岁的张华昌、联大师院18岁的李鲁连（原名荀极中）、师院女生潘琰三同学被打死，史称"四烈士"。此外还有29人重伤，工学院教授马大猷路过联大校舍也遭殴打，另一教师手持电表路过、被施暴者指称是无线电发报机而被殴打……这就是震惊中外的"一二·一"惨案。

12月2日，叶企孙再次以清华大学代理校长身份主持召开本年第三次教授会，王龙甫等85人出席。叶在会上报告数事：（1）11月29日召集学生训话经过；（2）校务会议决议，分电教育部、蒋主席、宋院长，请派军政大员来昆彻查处理，并推代表三人赴渝接洽；（3）12月1日暴徒袭击本校师范学院、工学院、新校舍及附中等处情形。随后，查良钊训导长报告学生死伤概况，袁希渊报告新校舍受袭击及本人受伤情形，马大猷报告工学院被捣毁及本人受殴情形，张清常报告师范学院受袭击及学生被屠杀情形。会议议决：（1）推派周炳琳、汤用彤、霍秉权三先生参加死难学生入殓仪式，代表本会同人致悼。（通过）（2）请主席向地方军政当局交涉，万一学生坚持抬棺游行，请准予游行。（通过）（3）建议学生自治会，死难二同学在本校校园安葬。（通过）（4）接受助教28人建议书中关于法律部分组织法律委员会负责研讨。法律委员会由周炳琳、钱端升、费青、燕树棠、赵凤喈五先生及建议书具名之法律系助教二人充任之。（通过）（5）罢教问题延缓讨论。

12月5日，叶企孙主持召开第四次教授会议，王明之等88人出席。叶在会上报告梅常委来函，周炳琳报告法律委员会工作进行情形。会议议决：（1）法律委员会增加四人。（2）委托校务会议招待中外新闻记者，并以书面说明此次事件真相。（3）电请三常委即日返昆主持校务。（4）委托法律委员会搜集有关本次事件之史料。（5）自即日起本校停课七天对死难学生表示哀悼，对受伤师生表示慰问，并对地方当局横暴措施表示抗议。（6）校务会议迅速设法劝导学生复课。（7）促法律委员会加紧工作，务期早日办到惩凶，即取消非法禁止集会之命令。

为解决"一二·一"惨案善后问题，清华于12月10日、17日、19日、20日、22日召开教授会，分别由傅斯年、周炳琳、梅贻琦主持。在整个事件过程中，叶企孙代理西南联大常委会主席，亲自站在广场上主祭"一二·一"惨案中牺牲的烈士，并主持组织法律委员会，处理与惨案有关的控诉事宜；出面与云南省主席和昆明卫戍司令交涉，要求允许学生抬棺游行。

1946年5月4日，国立西南联合大学在新校舍图书馆举行了隆重的结业典礼，宣告完成自己的历史使命，北大、清华、南开三校分别恢复建制北返。梅贻琦主持典礼并讲话，三校代表汤用彤、叶企孙、蔡维藩相继致词，云南绅士马伯安讲话，冯友兰宣读联大纪念碑碑文。

在西南联大及清华特种研究所期间，叶企孙曾授业并学有所成的学生有张恩虬、陈芳允、何家麟、胡宁、李正武、王天眷、向仁生、张守廉、朱光亚、杨振宁、李政道、屠守锷等。西南联大物理系毕业生中后来成为著名科学家的还有黄昆、戴传曾、李荫远、萧健、徐叙瑢、邓稼先等。1955年至1957年间，中国科学院190位学部委员中有118人为西南联大校友。

培养了中国几代科学精英是叶企孙一生中最大的成就。倘若再加上1946年后叶企孙在清华、北大所培养出的学生，入其门的优秀人才迄今比国际上任何一个"物理中心"或"学派"都要多，他对国家、民族的贡献，不论是数量还是质量，都应该比肩历代任何一位教育家。

近代物理学虽开端于1900年，但普朗克、爱因斯坦和玻尔提出的新学说与当时的科学界格格不入，长期难以被接受；到20世纪20年代后经一连串的重大实验确证，才使这些新学说得到公认并迅猛发展、完善。正当此时，叶企孙、吴有训等少数中国有识之士出国深造，与当时大量赴欧、美、日的留学生不同，他们卓尔不群，不随大流，不走"学而优则仕"的道路或追逐经济利益，而是跟随现代物理学的名师作研究，站到了当代科学发展的前沿，不但

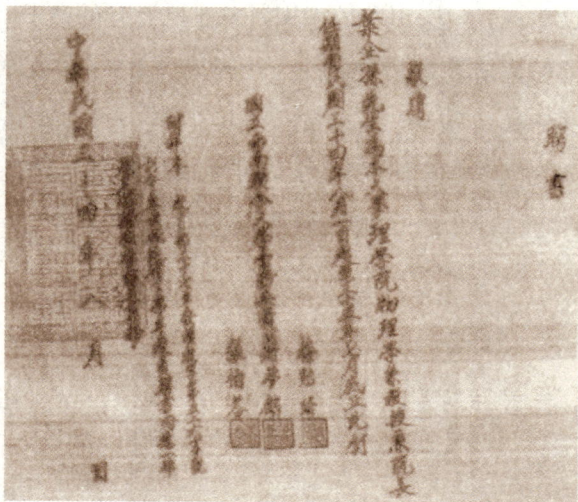

国立西南联合大学
给叶企孙的聘书。

熟悉了科学的最新成就及其方法，而且与这批国际上最优秀的科学家群体结交。回国后一方面继续国外的研究工作，跟上世界科学的潮流，另一方面挑选有天分的青年学生加以培养，派送他们到国外师从顶尖的科学家。就这样造就了一批批优秀的科学家梯队，使1949年后的新中国很快就拥有"两弹一星"等高科技成就。

　　1988年10月24日，北京正负电子对撞机建成时邓小平就曾说："如果60年代以来，中国没有原子弹、氢弹，没有发射卫星，中国就不能叫有重要影响的大国，就没有现在的国际地位。"[1] 从原子弹到氢弹，中国用了两年零八个月，美国用了七年零六个月，苏联用了四年，法国用了八年。这些工作依靠的是哪些人呢？首先就是清华第一届毕业生、被外国报刊誉为"中国的奥本海默"的王淦昌，然后是钱三强、彭桓武、邓稼先、朱光亚、周光召、黄祖洽、于敏、唐孝

----

　　[1] 邓小平：《邓小平文选》（第3卷），人民出版社1993年版，第279页。

威、汪德熙、程开甲、胡仁宇、何泽慧，其中除两人外都是叶企孙的弟子；而除外的两人中，有一人则是他的大弟子王淦昌的学生。中国卫星上天后，被评为功臣的有：赵九章、钱骥、钱学森、王大珩、陈芳允……其中除一人外，又都是叶企孙的弟子。如果把王淦昌称为"中国原子弹之父"的话，那么叶企孙则是中国"两弹一星"真正的鼻祖和奠基人，是根和源，可称为"两弹一星之祖"。

五　上马击贼染祸终身

叶企孙（左3）、熊大缜（左2）
与爱国抗日军人合影。

宋代词人陆游在《太息·宿青山铺作》中道："中原久丧乱，志士泪横臆！切勿轻书生，上马能击贼。"叶企孙属于羸弱书生，但他并不缺少勇气。他本志于以科学、理性的方式创造一个更好的社会，但在外敌入侵之际，他没有退缩，而是挺身而出，用自己的专业和人脉演出一场书生上马击贼的惊险剧。事实证明，叶企孙不仅是位卓越的科学家、教育家，而且是位具有强烈正义感和爱国精神的志士。

国耻纪念碑

叶企孙在他早年的日记中，经常流露诸如"要想洗刷民族耻辱，要祖国强盛，必须加强自身的学识和修养，努力于学习科学知识"的志趣和抱负；他所学习的清华由于有"庚子赔款"这个历史背景，因此清华师生当时都称自己的学校为"国耻纪念碑"。凡此种种都在他心中留下深深的烙印。

1926年3月12日，日军舰驶入中国内河遭中国军队阻击，英、美、日等八国却对中国发出"最后通牒"。北京学生的抗议游行示威遭军警开枪射杀，发生震惊中外的"三一八"惨案。当晚，王淦昌与几名同学到叶企孙家中讲述白天的血案。叶企孙听后神色激动地盯着王淦昌，一字一顿、低沉有力地对他说："谁叫你们去的？！你们明白自己的使命吗？一个国家，一个民族，为什么会挨打？为什么落后？你们明白吗？如果我们的国家有大唐帝国那样的强盛，这个世界上有谁敢欺侮我们？一个国家与一个人一样，弱肉强食是亘古不变的法则，要想我们的国家不遭到外国凌辱，就只有靠科学！科学，只有科学才能拯救我们的民族……"[1]说罢，泪如雨下。叶企孙的爱国激情，对科学救国的远见卓识，对青年学生所寄予的厚望深情，深深地震撼了王淦昌。从此，爱国与科学紧密相关的道理也成为王淦昌生命中最重要的明灯，指引着他一生的道路。

正因为有这样的心理基础，在抗日战争中，叶企孙在进行科学探索和育人的同时，也积极参与一些抗日活动。

1931年"九一八"事变，叶企孙于九天前刚从国外学术休假回国路过沈阳，9月21日他代表清华出席"平津学术团体对日（对抗日本）联合会"会议。

11月17日，鉴于"九一八"事变中，黑龙江省主席马占山孤军抗日，屡挫强敌，国人深为感奋。清华大学教职员公会于是日出"启事"，号召全校教职员工捐款，"犒劳卫国战士"。作为教职员公会会长的叶企孙于18日与同人先垫付千元，汇至黑龙江，并致电马主席及全体战士。

清华教职员公会慰劳马占山并恳请政府增援电文两则如下：

齐齐哈尔马主席并转全体将士勋鉴：

拒敌守土，不屈不挠，神勇精忠，举国同钦。同人等谨捐薪千元，由大陆银行汇至哈尔滨，藉表慰劳微诚。务望奋斗到底，为当世楷模。

清华大学教职员公会叩

---

[1] 王淦昌：《见物理系之筚路蓝缕，思叶老师之春风化雨》，《一代师表叶企孙》，上海科学技术出版社2013年版，第36页。

南京国民政府蒋总司令、北平张副司令钧鉴：

黑龙江马代主席及将士孤军守土、神勇精忠，举国同钦。务望即派军、汇饷，火速援应。万勿使忠义之士以援绝致败，国家幸甚。

清华大学教职员公会叩[1]

12月7日，叶企孙，翁文灏二人将10、11两月薪俸全部捐出，分别捐给水灾地区、教职员公会对日委员会及处于困境中的成府小学。

1932年，刘汝明部在喜峰口抗击日寇后，清华学生分三批到前线慰劳将士。何凤元请叶企孙向学校要求支持交通工具，叶企孙立即和梅校长交涉，学校每次派出三辆大客车。叶企孙还把他自己的车让其司机周师傅开去给慰问团使用。前两次他要和学生一起去被大家劝阻，第三次他还是参加了，一直到河北迁西县境内的撒（洒）河桥前线。

1932年初，大量抗日将士、伤残兵员进入北平，惨不忍睹。叶企孙等人又以清华大学教职员公会对日委员会的名义于1月22日在校内发出募捐启事：

敬启者：辽西战事，我国少数官兵及义勇军，以微弱之力，抗击暴寇，牺牲惨烈，可歌可泣。虽锦州终于沦陷，然撤防命令发自长官；军士奋勇杀贼，其责已尽，其志堪钦。死者已矣，伤者呻吟争命，不有抚慰，将何以劝忠义而振懦怯？本委员会职在对日，救国有愿，却敌无方，只得就力所能及之事，多予提倡。兹经议决，拟向本校教职员同人募集捐款，慰劳来平伤兵。冀收集腋，聊当馈饷。素稔台端恫瘝在抱，情深不忍；义愤填膺，志切同仇。瞻彼伤残，实多矜悯。倘蒙慷慨

[1] 《国立清华大学校刊》1931年第336期。

解囊，踊跃输将，嘉惠宏施，曷深企感！专颂仁安。

国立清华大学教职员公会对日委员会谨启

二十一年一月廿二日[1]

3月1日，清华教职员公会推举叶企孙、陈岱孙、萧叔玉三人计划捐款分配方法。

1933年3月9日，叶企孙与冯友兰、萨本栋、燕树棠、萧蘧（叔玉）等五教授认为就热河失守事件有对政府表示意见之必要，依据清华章程联名提请清华教授会召开临时会议。梅贻琦、叶企孙等30位教授出席会议，经教授提案，推举张奚若、冯友兰等人起草电文，对负全国军事之责的蒋介石和行政院长宋子文疏忽至此，不及早补救，要求"均应予以严重警戒，以整纪纲而明责任。君府诸公，总揽全局，亦应深自引咎，亟图挽回。否则人心一去，前途有更不堪设想者。书生愚直，罔识忌讳，心所谓危不敢不言"[2]。电文字句皆是爱国激情与危机感的迸发。

1935年7月6日，国民政府北平军分会代理委员长何应钦与日军司令梅津美治郎签订卖国的《何梅协定》。华北危急，清华大学拟组长沙分校筹建委员会，由叶企孙主持筹划建校事，以应不测。

1935年11月底，日寇策划汉奸殷汝耕在通县成立自治政府，搞"华北五省自治"（五省指黑龙江、吉林、辽宁、热河、河北），企图控制华北五省。12月2日，叶企孙起草电文，与梅贻琦、胡适、陶孟和等平津、河北教育界名流联名通电全国，声明"华北民众无脱离中共之意"，揭露、痛斥日伪汉奸妄图分裂中国的阴谋。

---

[1] 《国立清华大学校刊》1932年第362期。
[2] 《国立清华大学校刊》1933年第489号。

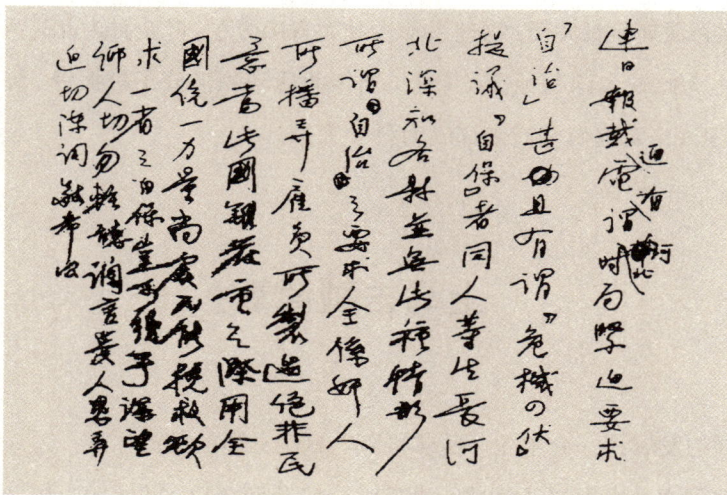

叶企孙通电斥责汉奸的手稿。

在教育界知名学者的影响下，1935年12月9日北平大中学校举行抗日游行——"一二·九"运动爆发。叶企孙当时已主持特种研究所两年有余，参与国民政府筹建抗日空军，深知国民政府已真诚铁心持久抗日，所以，在抗日救亡运动中，他是最积极公开支持学生抗日救国运动并千方百计维护学生安全的教授之一。当时物理系学生钱伟长、戴振铎等六人参加了清华学生抗日救国会组织的自行车南下宣传队去南京请愿。叶企孙得知后即派熊大缜为他们补充行装，出发的早晨，他和梅贻琦都在大礼堂前面送行。不仅如此，他还派体育教师张龄佳沿途打前站，疏通沿途当局放行，暗中做好学生沿途的安全保护工作。谁料，这批学生到达南京后即遭到逮捕。叶企孙又动员中央研究院物理研究所所长丁西林出面交涉，这些学生才以押解至郑州全部释放北返了事。学生们安全返回学校，在此后也未因此而受到政治迫害。

叶企孙对参与各种活动的学生的学业要求绝不放松。在当年的清华，物理系参加学生运动的人数最多，积极性也最高，但绝不允许耽误学业。1936年11

月傅作义百灵庙抗日大捷，物理系学生赴大青山劳军，叶企孙为此高兴不已，并表示学生为此缺欠课程他会给补上。当年的活动积极分子戴振铎、陈芳允、钱伟长、李正武、葛庭燧等后来都成为科学大家。

上马击贼津冀

时局的发展将一介书生一步步推到与日伪交锋的前沿。

1936年冬，清华秘密运送一批图书、仪器到汉口，每批10车皮，每车约40箱。这些设备、图书，成为以后长沙临时大学、西南联合大学非常重要的教学设备，为保证联大正常的教学以及有限的科研发挥了极为重要的作用。

1936年11月左右，宋哲元将军统率的29军为了抗击日寇侵略，在红山口和固安进行军事演习，叶企孙（右2）和吴有训（右3）率清华师生代表去慰问并与29军官兵合影。

此一时期，包括清华在内的许多北平大学校长也多次呼吁宋哲元等地方领导积极抗日。叶企孙和吴有训还率清华师生到红山慰问宋哲元统领的29军官兵。据清华校友李鹤龄回忆，卢沟桥事变前，宋哲元曾邀请北平六所高校校长到"冀察政务委员会"开会，以听取各校长对时局的意见。各校长恳切陈词，敦促29军奋起抗战，并表示战争打响，各校师生誓为后盾。宋哲元在送几位校长出门时说："诸位的高论在原则上是非常好的。"言下之意在现实中是行不通的。

1937年7月7日，卢沟桥事变爆发，当时很少有人立刻意识到，此前大家预想中的中日大战已经开始，不少人认为这还是一次局部冲突。甚至清华准备南迁时，仍有人认为这不过是短暂离开，暑假之后便可回来重看西山秋色。可实际上，此一离开，便是八年之久。

7月29日，北平沦陷。教育部决定清华、北大、南开三校迁至长沙组建临时大学。学校重心南移，但北方仍有许多大小事件需要处理，其中较重要的有滞留北平人员的安排与去留，校产的保管工作等等。为了保管好校产，清华设有一个"校产保管委员会"，下设保管员多人。

南迁长沙，然而铁路完全中断，只能从天津乘海轮南下。此时轮到叶企孙学术休假一年，本可出国考察，但他放弃了机会。清华大学评议会批准了叶企孙在国内休假的研究计划，同时希望他帮学校处理一些事务。当时梅贻琦陪冯·卡门到庐山见蒋介石，待梅贻琦下庐山后即刻北返，但行至南京，由于平津交通中断，无法北上，他除了积极向南京各方探听消息外，只能依靠函电与学校保持联系。此时的清华还是由叶企孙主持召开了紧急校务委员会议。会议后，叶企孙与陈岱孙准备一道南下南京与梅贻琦会面落实迁校具体步骤。

8月14日，叶企孙、陈岱孙、熊大缜等人到天津后才发现当时天津南下的海陆交通几乎完全断绝，只有极少的外国远洋轮船途经大沽口作短暂停泊。于是叶、陈商量，由陈只身先行南下，叶则与其他人暂留天津。

8月底，梅贻琦奔赴长沙，参加筹备临时大学工作。9月初，清华在长沙成立办事处，通过天津、南京、上海、汉口四处清华同学会的协助，办理清华南下师生职员到长沙开学等事宜。教育部指定梅贻琦、蒋梦麟、张伯苓、顾毓琇、朱经农、皮宗石、杨振声等人为国立长沙临时大学筹备委员，三校校长（梅贻琦、蒋梦麟、张伯苓）组成常务委员会，主持校务。1937年10月25日，临时大学开学，11月1日开始上课，到1937年底，南京沦陷，武汉危急，战火逼近长沙，1938年2月临时大学被迫再度迁校至昆明。1938年4月2日，教育部以命令转知：奉行政院命令，并经国防最高会议通过，"国立长沙临时大学"更名为"国立西南联合大学"。校名中去掉"临时"二字，表明国民政府对日本侵华战争的严重性和长期性有了新的认识。这一路的辗转迁移正如西南联大校歌中吟唱的"万里长征，辞却了五朝宫阙。暂驻足衡山湘水，又成离别"。

　　此时留在天津的叶企孙由于长时间的紧张劳累，不幸罹患副伤寒病住进医院，等伤寒好了继而患膀胱炎，不得不滞留天津治病养病，同时受梅贻琦委

1937年8～10月间，叶企孙在天津住院治病。

托在天津清华同学会设立的南迁临时办事处工作。一方面做好清华南下教职工在天津的转站工作，包括发给大家路费和工资、订购船票、护送师生南下等；另一方面是协同在北平的张子高，全面负责留平人员、经费和校产的管理和保管工作，安排留守在京职工保护清华房产，抢运图书、仪器南下等。这其中，叶企孙十分惦记买来做实验的50毫克镭，他让阎裕昌从科学馆偷拿出来交给华敦德，请其连同30万美金的即期支票一起带到南京交给梅贻琦。不幸的是华敦德因途中遭辐射而半身不遂，返美治疗后仍落下终身残疾。冯·卡门在回忆录中说："这是当时清华的全部财产，还有贵重无比的镭放射源，带这两样东西能通过日军的重重检查跑出来，真需要大智大勇。"

　　叶企孙在天津期间，助教熊大缜协助办事处工作。熊大缜，江西南昌人，1913年出生于上海；1931年由北师大附中考入清华大学，1932年秋分入物理系，学业颇佳，深得叶企孙的赏识，更因同操沪语，师生间又平添了几分亲密；从1933年到1936年，每年暑假都和叶企孙去各处游历山水，1935年的毕业论文在

熊大缜送给叶企孙的照片及背后的题字。熊大缜1935年从清华大学毕业后留校任助教，并兼叶企孙的秘书。

1935年熊大缜毕业论文《红外光照相术》的成果：深夜站在清华气象台上拍下北平西山的夜景。在当时普通照相底片都靠进口的条件下，四年级的大学生自力更生研制的红外胶卷拍出如此清晰的夜景照片，可见其水平非同一般。

叶企孙的指导下完成，题为"红外光照相术"，同年秋留校任助教，就住在叶企孙的北院7号；1937年夏，抗日战争爆发后，熊大缜毅然放弃赴德国深造的机会，又推迟自己的终身大事，忘我地配合叶企孙在天津的转站工作。

1937年9月12日，日军强占清华园。保管委员会被迫撤入城内。美丽清幽的清华园完全沦陷，引起国际社会强烈反响，如何处置环境、设备均佳的清华大学，成为各方关注的焦点。11月12日，美国人福开森（J. C. Ferguson）致函北平和平维持会，建议保留清华大学，成立一个由日、美、中组成的委员会来管理，委员会负责向维持会汇报工作。11月14日，路透社对此进行了报道，报道还透露北平和平维持会倾向于接受福开森的建议，并将很快予以回复。日伪为掩人耳目，无论试图"恢复"北平四所大学（结果只成立了伪北京大学），还是维持会对福开森建议的赞成，均是敷衍作秀而已。叶企孙当即于11月17日致电梅贻琦和陈岱孙，并附上路透社的消息以揭露日伪的阴谋。11月19日，叶企孙又托离津经香港赴长沙的张友铭带信给梅贻琦，报告天津的学校事务。

1937年冬，转部的工作结束了，叶企孙、熊大缜等在津的同人本该一同南下投入新校建设和教学工作，然而，一个偶然的因素使他们继续滞留在了平津，熊大缜的前途和命运也因此而改变。

抗日战争开始后，国内形势发生了变化，共产党的一些城市地下党员响应党的号召，回乡参加抗战，他们发动群众，组织抗日武装，开展游击战。张珍（中共党员，1932年辅仁大学毕业）以辅仁大学助教身份在北平开展地下工作，这时也响应党的号召，回到了冀中老家抗日。1937年底，共产党领导的冀中抗日根据地逐步形成，这是共产党的第一块平原根据地。打仗需要医药，还需要自己制造弹药，通讯也需要收发报机。冀中军区党组织便派张珍（此时已是吕正操的重要助手）去城市寻找、动员可靠的知识分子、技术人员到根据地来，并设法运进药品、医疗器械及收发报机的零件。于是张珍带着任务去了北平，他先找到辅仁大学的同学孙鲁。然而孙鲁当时患病住院，不能前往，但他愿意帮助寻找合适人选。接着，张珍又去找了长老会的长老黄浩，黄浩的一个儿子是张珍的学生。黄浩很有正义感和爱国心，此后利用教会活动做掩护，向冀中输送了不少人才和医疗用品。

孙鲁找到的第一个人就是熊大缜。孙鲁原在辅仁大学，后转学到清华，与熊大缜住一个宿舍楼，虽比熊低一级，但两人很熟。这时熊大缜正在协助叶企孙料理天津同学会所负责的一应事务。孙鲁家在天津，1938年春节回去时，在清华同学会与熊大缜相遇，就向熊介绍了冀中抗日的情况，并说有关系送他去冀中，问熊是否愿意。熊大缜并没有马上决定。但几天后，他就作出去的决定！他告诉叶企孙，他要去冀中参加武装抗日，那里需要科技人员的帮助。叶企孙明知他在河北没有相熟的人依靠，又没有什么社会经验，从内心里是不赞成他去的，但国难当头，事关抗日，无法竭力劝阻，于是尊重他的决定。

孙鲁回北平后马上与黄浩联系，在黄浩的安排下，熊大缜安全到达冀中根据地，先是在军区修械所担任工程师，不久即任军区印刷所长。

1938年5月，冀中军区成立供给部，兼管兵工生产。供给部，顾名思义，其职责就是想方设法保证供给抗日根据地和战斗部队所需要的一切物资——武器弹药，通讯设备，医疗器材，印刷货币及报纸所需要的工具、机器及原材料，以及各种生活必需品（衣、被、粮食）等等。由于熊大缜精明能干，又有专业知识，1938年8月，吕正操任命他为军区供给部长，主要工作是奔走各地（包括敌占区）为根据地寻找人才，寻找各类物资，不止是军用物资。不久，八路军缴获了一批军用物资，其中以氯酸钾（炸药的主要原材料）为最多。为解决利用氯酸钾制造高级烈性炸药的问题，熊大缜提出成立技术研究社（这是他的一个创举），报请冀中军区党组织，获得批准。技术研究社除研制氯酸钾混合炸药、雷汞和电雷管外，还要搞短波通讯工具，因为原有的有线电话无法保证通讯的畅通。如此一来便需要购买大量的材料和寻找技术人员，于是熊大缜便找恩师叶企孙从中帮忙。

叶企孙了解到冀中极端缺乏技术人才、迫切需要作战物质的状况后，便不顾环境恶劣，毅然决定留下做熊大缜的后盾、投身秘密抗日活动。此后的一段时间里，他奔波于天津、北平之间，冒着生命危险，为冀中购买军用物资，物色技术人才，动员他们前往冀中抗日。所以，从1937年8月至1939年10月，他一方面负责清华"校产保管委员会""驻津办事处"的工作并和南迁的总部保持联络沟通，一方面又配合熊大缜等革命青年在冀中抗日根据地的工作。

据钱伟长回忆：就在随后这段时间里，叶老师和熊大缜忽然到他家，要求在他家存放一批干电池和电阻电容。熊告诉他，自己已正式在吕正操部下进行抗日工作，这是该区急需的后勤用品。不多日又在家商议如何购买西什

美国外交官陆登（R. P. Ludden）于1944年10月给吕正操拍摄的照片。

美国观察组在延安与八路军重要领导人合影，摄于1945年1月。右5即陆登（R. P. Ludden），他在中国任外交官17年。

库大街一家干电池厂的全部器材问题。后来花了两千多元买下来,偷运到了冀中。其后,叶老师还自己花钱购买了一台手动台式压床。1938年3月,钱伟长也到了天津,在天津见到了化学系研究生同学林风以及何汝辑、祝懿德等人,才知道叶老师用他自己的积蓄和清华大学留在北方支援滞留平津教师南去的经费,通过熊大缜支持冀中区,已有不少清华的同学、教师、职工去了冀中区,在天津的那些同学也都在叶老师支持下做冀中的技术后勤工作。随后钱伟长也加入进去,出入天津大街小巷,暗中采购药品、寻觅枪支弹药的设计图纸;闻悉根据地探求印制边区钞票的技术,还设法弄到钞票印刷机。在日寇占领区,连破铜烂铁都是严禁民间收购的,还得在日军及特务汉奸的眼皮底下将这些物资偷运到根据地,叶企孙、钱伟长等人实际上是冒着生命危险在活动。

1938年端午节前一个月,熊大缜派刘维(北京大学工学院毕业生)来天津找叶企孙,先知其冀中对炸药和无线电收发设备的需求。为此,叶企孙带刘维去找开滦矿务公司副经理王崇植(电机工程师、中国科学社社员)。制造炸药、雷管所需化学原料和铜壳、铂丝、起爆装置及各种零件主要靠王崇植提供。

端午节时熊大缜本人到了天津,叶企孙又和他一起拜访了王崇植,通过王崇植的介绍认识了王绥青。王绥青原是天津电报局局长,天津沦陷后在"党政军联合办事处"任职。在王绥青的帮助下,他们购得装配无线电发报机和电台装置所需的各种零件。王绥青还给他们介绍了两名装配工作人员。

叶企孙先后介绍了阎裕昌、林风、葛庭燧、胡大佛、张瑞清、李广信、祝懿德、张方、何国华、钱伟长等实验技术员、学生及助教为冀中抗日根据地从事炸药、地雷、雷管、无线电收发报机及其他军工器材的制造,集中解决了技术难题。为了这些人的安全,叶企孙便请求美籍教授温德给予帮助,先是请他保管一部分清华财物,后又请他为进入根据地的清华人弄来一些美国护照,在必要时还亲自护送他们出入日军哨卡。

20世纪30年代清华大学的美籍
英语教师温德（1888～1990）。
1925年与叶企孙一道从东南大学
应聘到清华任教，并且同叶企孙是
北院邻居，彼此关系甚好。

　　林风是清华化学系1937届的研究生，七七事变后去到燕京大学继续做实验
以完成毕业论文。燕大的中共地下党员陈絜经常去实验室跟他摆谈些大局形
势。1938年放暑假的时候，陈絜告诉林风自己快要离开燕大了，拟介绍他去见
一个重要人物，嘱他等自己的信，按信上所说时间地点前去。7月初林风到天津
后发现，陈絜介绍他见的人就是叶企孙，师生二人见面很是高兴。叶企孙问林
风接下来有什么打算，林说想去昆明，并请教叶先生意见。叶企孙说："昆明可
以去，但现在那里一片混乱，你去那里同样不能做什么事，不如留下来，可以做
一点有意义的工作。"然后告诉他，熊大缜等几个人已经到冀中参加抗日去了，
根据地需要知识分子和物资，希望他也参加进来一起干。听完叶先生的话，林
风一时难于下决心，就对叶企孙说容自己想一想。随后，林风又见到自己的同
班同学汪德熙，汪告诉他，自己正筹备在天津制造炸药，原料齐了，地方有了，
但他本人想去游击区，希望林风能接替自己的工作。此后，同是清华化学系同
学、时已任中共天津地下党负责人的姚克广（姚依林）在一个夜里找到他，林

风征询姚的意见，姚说自己知道叶先生做的事，并说这事应该干。第二天林风便加入到叶企孙组织的工作中，在天津租界美籍华人杨锦魁开办的宝华油漆厂里制作炸药，并把分批制成的TNT黄色炸药做成肥皂条状，混装在肥皂箱里，由刘维、李琳（李广信）设法秘密运到游击区[1]。

为了购买所需物资，为了给那些去根据地和在津为此工作的人员发放安家费、生活费、工作费，叶企孙用尽自己的积蓄，还以自己的名望在天津暗中募捐，最后不得不动用清华备用公款近两万元。

1938年9月，叶企孙接到梅贻琦来信，通知他前往昆明西南联大任教，另有两项理由已促使他南行。一是他为冀中筹借的资金已用罄，在日军占领下的平津无法再筹集，购买军用物资难以继续进行，他决定去南方后继续为抗日筹款；二是他在天津的活动已受到日本人的注意，随时有被捕的可能。因为他和林风在天津日寇眼皮底下搞的地下抗日工作，在一定程度上说，所冒风险更大。1938年9月，林风就因地下抗日活动的暴露，被租界管理机构工部局拘捕，万幸的是日本人要求引渡未成。不久，日本宪兵队又来突击搜查，因先得了风声作了准备，大家幸而逃过一劫，但天津已待不下去了。几个月后，林风在北平被捕，起因是林风把温德为他办的美国护照借给祝懿德作护身符去天津会晤一中学同学，熟料此人是汉奸，诱祝入圈套而被日本宪兵逮捕，搜出这个美国护照，从而追踪把林风也逮捕了。林风直到抗战胜利才重获自由。而此时的叶企孙也在中外友人的协助下被迫于10月5日离津南下，准备取道香港赴昆明。

在船上时，叶企孙曾作"思念熊大缜"五言一首：

---

[1] 林风：《深切怀念叶企孙先生》，《一代师表叶企孙》，上海科学技术出版社2013年版，第62~63页。

匡庐钟灵秀，望族生豪俊。吾入清华年，君生黄浦滨。孰知廿载后，学园方聚首。

相善已六载，亲密如骨肉。喜君貌英俊，心正言爽直。急公好行义，待人心赤诚。每逢吾有过，君心直言规。有过吾不改，感君不遗弃。至今思吾过，有时啼泪垂。回溯六年事，脑中印象深。初只讲堂逢，继以燕居聚。待君毕业后，同居北院中。春秋休假日，相偕游名胜。暑季更同乐，名山或海滨。君有壮健躯，尤善足网球。才艺佩多能，演剧与摄影。戏台饰丑角，采声时不绝。西山诸远峰，赤外（红外线）照无遗。师生千五百，无人不识君。塘沽协定后，相偕游浙鲁。孰知五年中，国难日日深。卢沟事变起，避难到津沽。吾病医院中，获愈幸有君。同居又半载，国土更日蹙。逃责非丈夫，积忿气难抑。一朝君奋起，从军易水东。壮志规收复，创业万难中。从君有志士，熙维与琳凤（汪德熙、刘维、李琳、林凤四人名字的缩写）。吾弱无能为，津沽勉相助。倏忽已半载，成绩渐显露。本应续助君，聊以慰私衷。但念西南业，诸友亦望殷。遂定暂分道，乘舟向南行。良朋设宴饯，好友江干送。外表虽如常，内心感忡忡。此行迥异者，身行心仍留。舟中虽安适，心乱难言状。时艰戒言语，孤行更寂寥。终日何所思，思在易沧间。[1]

叶企孙到香港后便拜访蔡元培，并为支援冀中抗日根据地事请其转求宋庆龄的帮助。蔡元培在1938年11月《杂记》手稿中记道："叶企孙到香港，谈及平津理科大学生在天津制造炸药，轰炸敌军通过之桥梁，有成效。第一批经费，借用清华大学备用之公款万余元，已用罄，须别筹。拟往访宋庆龄先生，请作函介绍，允之。当即写一致孙夫人函，由企孙携去。"[2] 解放后，宋庆龄办公室确证此事属实。这一点足以证明熊大缜通过老师得到的资助绝不是来自反动派。

[1]《叶企孙文存·思念熊大缜五言一首》，首都师范大学出版社2013年版，第230～231页。
[2] 高平叔：《蔡元培年谱》，中华书局1980年版，第140页。

11月底，叶企孙抵昆明。然而他心中仍惦记着根据地，却对自己在天津不顾生命危险支持根据地的事情讳莫如深，对至亲好友也从不提及。他曾对好友陈岱孙说："要是日本人没发现的话，我还要在天津待下去，我觉得应该做这事情。""这类言谈关系到尚在天津继续工作和来津联系工作的人们的安危，越少人知道越好。"[1]

　　叶企孙虽然有着慎行、冷静、超然于政治之外的品性，但在那民族生死存亡之际，祖国需要忠勇之士的时候，他站出来了！这一行动又一次体现了中国知识分子强烈的民主责任感和与祖国山河生死维系的赤诚！

约1944年，摄于西南联大图书馆（兼作礼堂）内，台上左1为叶企孙，站立讲话者为梅贻琦。

---

［1］ 陈岱孙：《中国科技发展的真正开拓者，真诚的爱国者》，《一代师表叶企孙》，上海科学技术出版社2013年版，第5页。

唐士纵论大势

叶企孙抵达昆明后即以"唐士"笔名撰写题为《河北省内的抗战概况》的文章，发表于钱端升主办的《今日评论》1939年第1卷第1期上。文中以诚挚的爱国热情和战略眼光论河北抗战大势，并动员各种专业人员赴冀中支持抗日第一线。

该期杂志对撰稿作者的介绍如是说："本期撰者钱端升、陈岱孙、张忠绂、冯友兰、叶公超及朱自清诸先生俱是昆明西南联合大学教授……唐士先生是一位纯科学家，对于中国最近十余年科学的进步已有切实的贡献。他是一个沉静的观察者，他的意见也向来是公平的。现在，他根据他所知的河北抗战的普通情形及冀中抗战的成就与困难，撰文以登本刊，以享国人，是本刊同人所十分感谢的。"这一介绍旨在引导读者关注此文，并强调唐士所写内容的真实可信。

从不使用笔名的叶企孙用"唐士"作笔名，显示出他对盛唐的景仰以及对"士"的人格的内心憧憬。他在文中先简要介绍了以阜平为中心的八路军所组织的冀察绥边区敌我拉锯战情况，接着重点介绍平汉路以东、津浦路以西、平津路以南、沧石线以北约25县的冀中区的情况；介绍吕正操没有随大部队撤退，仍带领部下与敌人周旋于冀中平原，几个月后部属从五六百人发展至十万余人，受命为第八路军第三纵队司令官。同时谈到，6月底中央任命的河北省政府主席鹿钟麟带一万余人到冀中，希望吕正操让出艰苦开创的冀中根据地到冀东发展，而吕没有照这个意思做。叶企孙当时认为鹿"是中央任命的省主席，他的意思是应当尊重的；但太不考虑到实际情形的办法，恐怕事实上头难以实行……在全国抗战时期，须得容忍不同的政治思想及组织。凡是确在做抗战工作的人，大家都应鼓励他们，支持他们。"[1]

在介绍了冀中的军事敌我攻守情况，经济上的货币、商品流通、职员薪资、农业生产和生活情况后，他直白地说：

冀中区至今还急需技术人才去参加工作，尤其是能做炸药的化学者，能在内地兴办小工业的化学者及工程师，兵工技师，无线电技师，各种机匠，医生，看护士，能管理银行的专家，及能计划如何统制输入与输出的专家。有志参加这些工作者可无须顾虑到旅途的艰难。据作者所知，到冀中去的旅途上实在没有多大危险。

接下来又简要介绍了冀南、冀东地区复杂的抗日形势，说那里多数抗日部队也属于八路军，在地理上与冀中连片，"应该可以合成一起，不知道为什么没有合起来"，这表明叶企孙对八路军内部的了解还是有限。而七八月份八路军攻入冀东转战十余县，但该地区仍处于混乱状态，"还没有产生能够维持治安的政治组织"。并分析道，"冀东冀西的形势较冀中冀南为重要，所以敌人的计划大约先攻东西两区而后及于中南两区"。在介绍完各种性质复杂的游击队后，他认为："鹿主席的重大任务就是要统一游击队的指挥，要设法避免不需要的自己间的小冲突。但是这个目标不是全靠军事人才所能解决的；鹿主席似应有几位有新式训练、有远大眼光的幕僚。"

在此前后，《京津泰晤士报》（英文版）和美国《亚洲》杂志相继刊载吕正操将军的照片以及冀中平原的抗日战况，建议美国罗斯福总统应直接与共产党联系，协同作战。

---

[1] 与此文相关的引文均见：《河北省内的抗战状况》，《叶企孙文存》，首都师范大学出版社2013年版，第233～236页。

潜祸如影随形

1938年，熊大缜到天津过完端午节后返回冀中前，叶企孙凭着自己对联合抗战的朴素认识对熊大缜说："我认为吕正操应该与鹿钟麟联合起来。"

10月5日叶企孙离津前给熊大缜的信中再次以"李陆两家结婚"为暗语提到希望双方联合抗日。11月中旬，叶企孙在香港收到熊大缜（化名绍雄）以隐语写的信，告知其冀中抗战情况，其中讲"李、陆二家仍未成婚，一因陆家过于固执己见，二因两家杂务忙碌，故好久未能将婚期定好。但二家感情仍极融洽"[1]。

叶企孙到昆明后无力再为冀中做什么事，但还是在给熊大缜的信中一再嘱咐做好"李陆两家结婚事"，这本是出于朴素的情感所提的意见，此后也成为叶企孙政治问题和站错立场的罪证。

1938年时，在中国共产党领导下的各个抗日敌后根据地中，熊大缜创建的技术研究社——由知识分子能工巧匠组成的技术研究单位——是唯一的。其中，汪怀常（汪德熙，中国大学化学系讲师）、李广信（李琳，清华大学地质学毕业生）最先到技术研究社；张方（李度，燕京大学研究生院物理研究生）、军陶瑞（北平协和医院洗器皿的工人）随后调入；门本中（阎裕昌，清华大学实验员）从北平转自天津来；张奎元，是8月由冀中根据地招待所调入；胡大佛（清华大学技师）8月进入根据地先分配在军区修械所，1939年2月冀中组织部调他到了技术研究社；1939年4月又调来有钳工手艺的朱心德。这些技术人员到冀

---

[1] 虞昊、黄延复编：《中国科技的基石》，复旦大学出版社2008年版，第466页。

中后不久就制造出威力远远大于黑火药的氯酸钾混合炸药与电雷管,制成可控的高级炸药包,先后三十多次炸毁在平汉铁路线上奔驰的日寇火车以及从北平到沧州、从北平到石家庄的铁路,切断日寇的大动脉,在冀中抗日根据地发挥了重要作用。晋察冀军区司令员聂荣臻在河北唐县大悲村约见熊大缜,大大表扬了他的工作和技术研究社的成绩,嘱咐他一定要尽力扩大队伍。贺龙带部队进入冀中地区时,看到这里的情况,特地派自己的总供给部长陈希之亲自去熊大缜那里,要求到技术研究社学习和工作。

然而天有不测之风云,1939年春冀中根据地开展锄奸运动,这一运动中知识分子和有专业才能的人常因不被信任而难以幸免。

据葛庭燧回忆:"1938年秋天的一个晚上,阎裕昌忽然来到我的宿舍……说他参加了游击队,叶先生知道这件事,他是奉命而来,要求我利用燕京大学的掩护,为游击队做一些事:1. 搞一些关键器材,如雷管和无线电元件;2. 查阅一些资料,提供一些科技书刊;3介绍科技人员去游击区工作。这些要求我当然义不容辞,于是彼此约定了单线联系的办法。"葛庭燧此后在司徒雷登的帮助下去了冀中,并见了熊大缜,受到他的热烈欢迎。葛庭燧后来也得知军区的政委是王平,司令员是吕正操,政治部主任是孙志远。孙志远是葛庭燧在北平师范大学读预科时的同班同学,曾一起参加过一些进步活动。"据周围的同志们说,熊大缜对工作非常努力、积极负责,得人心",而"吕正操很赏识熊大缜的活泼能干",但"当时我察觉到王政委与熊大缜之间似乎有团结问题,很可能是由于熊大缜太露锋芒"。"团结问题"成为日后"熊大缜案"的祸根源头。

对当时多种史料分析表明,熊大缜去冀中不久就被司令员吕正操提升为军区供给部长,主要是因为他的才干和残酷战争现实的需要,但政委王平和政治部主任孙志远觉得他这么快就被提拔不妥,并怀疑他的来历,便调王文波任供给部政委对他进行监察。而技术研究社的人本身文化程度很高、又常带着秘密物资来去自由，成就突出而树大招风，导致与军区其他人员方方面面的隔阂日益加深。

这种隔阂因熊大缜与"天津党政军联合办事处"的直接联系而授人以柄。后来的调查证明，这是国共合作的一个统战组织。既然这是国共合作联合设立的机构，它在给熊提供物资的时候，提出吕、鹿合作本属正常，这种想法也符合叶企孙和熊大缜这些纯真的人的愿望。就在这个敏感时候，1939年春，国共关系急剧恶化，共产党在各个根据地都成立了锄奸部，发起了一个旨在清洗汉奸特务的锄奸运动。冀中军区锄奸部怀疑军区内部有一个庞大的特务组织，供给部是它的大本营，技研社是它的活动中心，熊大缜无疑是首要分子。他们广撒罗网，抓捕了熊大缜等技研社全部技术人员及从平津来参加抗日的知识分子共计一百多人，包括20世纪20年代入党的冀中军区的重要干部张珍，清华物理系的工人阎裕昌，右手被炸成残废仍坚持留在冀中抗战的张方等等，不管阶级成分，不管政治表现，只要有科技知识又来自平津，一律逮捕关押，当作钻入革命队伍的汉奸特务对待。许多锄奸队队员都是因农村生活艰难而投奔共产党的无产者，连一个大字也不识，根本不知道马克思是什么人，更不用谈什么马克思主义，即使是大生产厂矿里的工人无产者，也只能从自身的感性认识来接受一些上级的指示，共产党内的一些政治野心家就利用这种社会根源而售其奸。因此，在锄奸队队员们看来，这些大城市来的知识分子，放弃好好的生活不享受而到冀中农村来吃苦，都是对无产者抱有企图的特务。所以，他们把平津来的爱国知识分子全部抓起来审讯，欲置之死地。应该说他们的动机也许是真心诚意为了捍卫无产者自身的利益，然而事实上却是好端端的抗日队伍的要害部门被主观上忠于抗日的信奉"左"的人员毁了。"锄奸部"本来是为了防止阶级敌人从堡垒内部搞破坏而设立的，但实际效果却是从堡垒内部做出日寇最想做却又无法实现的破坏，这真是令亲者痛仇者快的大悲剧。

冀中这起对抗日产生极大危害的"特务汉奸案"不久传闻到延安，引起共产党中央的高度重视，立即特派彭真、许建国领导的工作组去冀中复审。工作组复审的结论是：逼供不足为凭，锄奸扩大化应予纠正。结果是除熊大缜作为首犯尚需进一步审查外，其余人员全部释放。事态仿佛柳暗花明、有了转机。然而，更悲惨的还在后面。

1939年夏秋之交，日军对冀中根据地发起了更为疯狂的大扫荡。7月下旬的一天，在军区机关的转移途中，锄奸部的一名战士负责押解犯人，半路上因与熊大缜发生口角，一怒之下，竟擅自决定要将熊大缜处死。面对死亡，面对这天大的奇冤与屈辱，年仅26岁的熊大缜都想到了些什么，我们已经无从推测，但当那战士举枪向他射击时，他却清醒而坚决地喊道："暂停！"作为供给部长、作为技研社和兵工厂的创业人，他深知每一颗子弹的来之不易。不！他不能死在自己亲手制作出来的枪弹下。他诚恳地建议省下一颗子弹去打日本鬼子，自己则宁愿被石头砸死。

于是，那战士放下步枪，真的找到了一块石头……一颗本来可以跟他的同学们、跟"两弹一星"的功臣们一同站在领奖台上接受勋章、鲜花、掌声和国人永远景仰的巨星，就这样倏地一下过早陨落了！

然而，事情并没有就此结束、悲剧还没有落幕。当时，"左"的历史根源和社会根源太深重了，熊大缜死后的几个月他就被公开宣布为国民党CC特务，死有余辜。解放后，在北京市安全局档案室存有的熊大缜档案材料有32卷，仅口供就有81页。他的主要罪名是国民党CC特务，主要罪证是一封密信。密信是1938年8月通过平津保交站从天津给冀中供给部送来的一批"肥皂"（TNT）夹带的，内容是："工作派来的人我们已经见了，你们需要的东西，已送了几批。急需的物质，最好在秋收之前，由河运较方便。"署名为：天津党政军联合办事处。就是这个署名被锄奸部坚持认为是国民党在天津的特务机关，白纸黑字，铁证如山。

1940年1月23日，朱家骅以国民党"中央组织部公函"的形式抄发给叶企孙一份公函。内容言及"据天津市执行委员许惠东电称，近据确报，熊大缜、刘维、张方、李琳、李猛及熊君所介绍留存一百八十青年，均同时被捕。有押于边区政府者，有押送延安受训者。……"该公函还附有"拟转电朱彭两总副司令查明、释放，并切实制止嗣后不得再有此类事情发生，以维法纪"的批语。这一消息让叶企孙的惦念转为悲痛，但当时又无法证实，只能在心中煎熬自己。

1940年7月，叶企孙在昆明见到葛庭燧，问及熊大缜的消息，葛只能将从张端清那里得悉"熊大缜出了问题，被捉了起来"的话告诉他。

1946年，叶企孙在上海特地带着林风去找熊大缜的哥哥熊大绂，希望知道熊大缜是否还活着，但没有得到任何确切的消息。

1947年2月的一天，叶企孙正在物理实验室忙着准备上课的实验仪器，忽然有两个年轻人来找他，来者是阎魁元、阎魁恒兄弟，阎裕昌的两个儿子。两兄弟哭着向叶企孙诉说了他们所知道的父亲的情况。当年，阎裕昌每次从外面回到家里，总是很秘密的，还常常夜里出去，问他什么事，又从不说清楚。1938年7月最后一次回家，交给妻子300元安家费后就和家中断绝了联系。这300元钱是叶企孙给的，他当然知晓。然而，当说到1942年5月8日年仅46岁的阎裕昌在反扫荡中英勇牺牲的消息时，叶企孙感到太突然了，再追问熊大缜的情况时，阎氏兄弟也一无所知。

1947年6月23日，叶企孙在日记里写道："今日是旧历端午节。每逢端午，吾想到大缜。九年前的端午，他从内地回到天津，那是一个surprise。谁知道以后的事多么可悲。近几天在读《白石道人歌曲》，看到他的'五日凄凉心事'句，更增悲痛。"

1948年底清华园刚解放时，叶企孙流着泪对清华军代表说，务请组织复查澄清他的弟子熊大缜冤案。这本身是对组织的信任和期望，不料一位领导干部却说："中央一位重要领导人认为这件案子绝对不会错，这表明叶企孙与党有距离。"[1]这个"距离"后来日益显示出其惊人的可怕。

直到1949年1月天津和平解放，叶企孙才得到熊大缜已死的确信。但他坚信熊大缜是无辜的！

接下来，28年之后的1967年，在史无前例的"文化大革命"中，"熊大缜案"成为用来打倒吕正操的工具。叶企孙作为熊大缜的老师及抗日活动中的坚实后盾，也被诬陷为特务，终致他晚年受到严重的身心摧残。那些当年参与抗日活动的青年学生，在1939年被锄奸团逮捕、审讯、释放后，除阎裕昌在1942年执行任务途中被日军杀害而成为烈士外，余者均未能在"文化大革命"中免于被隔离审查、批斗，甚而被逮捕的厄运。

---

[1] 虞昊、黄延复编：《中国科技的基石》，复旦大学出版社2008年版，493页。

六　被院系调整斩断脊梁

　　叶企孙（后排左4）与清华大学心理学系师生合影，约在1946年摄于生物馆南。

一个人不能同时踏进两条河流，时势的变迁让叶企孙也面临着不同的选择。而当时的河流都在崇山峻岭之中，一般人很难分辨它将流向何方，又将把人带向何处。擅长于自然科学的叶企孙在这方面的能力要弱得多，以至他的晚年在人生长河中搁浅，一代科学大师从此郁郁不得志。

一步千里之选

清华办学长期仰仗美国退还庚款的利息。1946年清华复校，由于长期战乱导致物价不稳，通货膨胀严重，再加上复校搬迁的运费、修缮费、设备添置费等等，使校长梅贻琦一筹莫展，但他特别倚重叶企孙，于1945年底就任命叶企孙为清华大学复校设计委员会委员。与当初南迁时有叶企孙殿后相呼应，北返时则由叶企孙打头阵全权处理复校工作。

叶企孙认为清华复校是最重要的事。当时朱家骅请他代表教育部到东北从敌伪手中接管几所大学，他予以谢绝。然而，清华园长期作为日军医院，被糟踏得面目全非，恢复谈何容易。

1946年7月，清华开始迁运。当时正值酷暑，叶企孙亲自指挥，将联大中属于清华的图书仪器打包装箱待运，然后他先行一步，从昆明取道南京去上海再北上。在上海短暂的停留期间，边等待所运物资，边主持新学期清华招生考试上海考点的工作。1946年10月下旬，叶企孙终于回到阔别八年、魂牵梦绕的清华园。

复员后，清华大学于1946年10月10日开学，11月5日正式上课，包括从昆明复员回来的九百余人，全校教职员工及学生共三千余人，其中学生二千三百余人，是南迁前的两倍，同时增加10个系，形成文、理、法、工、农五个学院共26个系的综合性大学，发展势头前所未有。

原在无线电研究所的任之恭、范绪筠、孟昭英，金属研究所的余瑞璜被聘为清华物理系教授，再加上叶企孙、周培源、王竹溪、霍秉权，1948年又聘来钱三强，物理系的师资力量依然强大。

叶企孙继续任理学院院长，全院学生四百余人，教师一百人左右，除物理学系外，还设有数学、化学、生物学、地学和心理学系，并将原来属于地学系的气象组单独建成气象学系。各系知名教授有：数学系郑之蕃、赵访熊、杨武之、华罗庚、曾远荣、陈省身、段学复、闵嗣鹤、吴文俊、曹锡华等，化学系高崇熙、张子高、黄子卿、萨本铁、张青莲、马祖圣、严仁荫等，生物学系陈桢、李继侗、赵以炳、沈同、崔芝兰等，地学系袁复礼、冯景兰、张印堂、张席禔、杨遵仪、孟宪民、王成组等，心理学系周先庚、孙国华、唐钺、沈履、敦福堂等，气象学系李宪之、赵九章等。经过复员后一段时间的恢复，虽然图书仪器设备极端缺乏，但教学水平基本恢复到战前，部分学科还有提高，到1948年共建有实验室26个，足见叶企孙的复原计划相当可观，落实也非常迅速。

1947年夏，内战形势发生历史性大变化，人民解放军由战略防御转入战略进攻，由劣势转为优势。国民党的政治统治和经济状况都陷入一片混乱，政府滥发货币，致使通货膨胀严重，物价飞涨。大环境的政治氛围也渗入清华园，于是校内有刺刀、鲜血、饥饿、迫害与抗争。1948年1月，行政院公布的薪金调整办法又降低了粮食配量,平津13院校联合请求改善待遇的要求被驳回,教职员工入不敷出。4月5日,清华大学教联会等联合发出关于改善待遇、决定罢教的致校长函,决定自4月6日起罢教罢研罢工三日。同时,清华大学讲师、教员、助教联合会等七组织为争取合理待遇也发出告社会人士书,称罢教三天完全是"势迫如此",希望能得到社会人士和学生家长的同情和支持。有鉴于此,代理校务的叶企孙急电梅贻琦:

急。南京中央研究院萨总干事转梅月涵先生钧鉴:

因生活压迫,校中情况不安,六日起职员工警将罢工三日,讲师助教罢教三日,教授二十余人亦将罢教三日,敬恳钧座向政院及教部力陈,从速决定改善待遇,恢复配给食粮为祷。企孙。[1]

面对这样的形势,校园里的每个人心里都有一杆秤,大家对国民党失去信心,对共产党又缺乏了解,虽有不少人产生了向往和要求美英式资产阶级民主的幻想,但在当下维护自己的独立人格是大多数人的基本态度。叶企孙一生抱定的态度是不参与政治,但他还是非常关注政治形势,他在1945年5月26日日记中道:"晚光旦约至其家吃馄饨,下午芝生(冯友兰)来谈,彼新从重庆回,从他在国民代表大会所经历的事实说,该党改进之希望不大。"但由于对共产党了解太少,又因为熊大缜一事使他自觉不自觉地与共产党保持着一定的距离。他在后来曾经说过:"要是熊大缜不死,我可能也会参加革命了。"[2]

形势瞬息万变,清华何去何从,已不可避免地摆在人们面前。教授会上提出了如何应变的问题。一些思想进步的青年教授如钱伟长、吴晗等与一些比较

[1]　清华大学校史研究室:《清华大学史料选编》(第4卷),清华大学出版社1994年版,第583~586页。
[2]　虞昊、黄延复编:《中国科技的基石》,复旦大学出版社2008年版,第405页。

保守的教授们常有交火，各持己见，争论非常激烈。有人提出清华应再度南迁以避难，遭到钱、吴等人的坚决反对。叶企孙则保持沉默。几次争吵后，叶企孙向梅贻琦建议：与其开会争吵不愉快，还不如尽量少开会。梅贻琦采纳了这个建议。这样做的实际效果，不仅暂时地避开了矛盾，维护了团结，对吴晗、钱伟长等青年教授"坚持不动以等解放"的主张也是一种支持。

1948年下半年，战局进一步变得有利于共产党。挚爱清华的叶企孙为了清华免受兵灾战火，同时维护校内治安，建议在原校务委员会基础上吸收一些偏向共产党的中青年教授组成了扩大的校务委员会，为清华应变时局作了组织上的准备。

1948年底，辽沈、淮海两大战役基本结束，平津战役即将开始，北平解放指日可待。国民政府见华北不保就在北平新开辟一个飞机场，每天都有飞机在机场上起落，专门接送科技人员去台湾。梅贻琦、叶企孙和饶毓泰等人都在名单之内。而清华的共产党组织及师生一面准备迎接解放，一面尽力挽留梅贻琦校长和其他教授。在此关键时刻，梅贻琦与叶企孙这两位可以说爱清华爱得最深而又最专业的人作出了不同的选择。

梅贻琦去意已决，临走前对吴泽霖说："我一定走，我的走是为了保护清华基金，假使我不走，这个基金我就没法子保护起来。"他先在北平城内设立一个校产保管小组，11月28日打发家人搭乘亲戚家的飞机转道广州再赴香港。12月14日，他依依不舍地告别自己倾注了大半生心血的清华园，12月21日，才提着一架打字机、拿着两本书登上了接他南去的专机。

叶企孙则采取了另一种方式爱清华，他没有听从好友朱家骅、胡适的一再劝导而早日南行，没有听信有人用熊大缜事件对他提出的警示，也没有接受梅贻琦的多次邀请而与之同行。按常理，叶企孙孑然一身，去留简便，用不着犹豫，是什么力量使他对数十年师友梅贻琦的劝说也无动于衷呢，解释只有一个——他舍不得清华。当时他的侄子叶铭汉在清华上学，与共产党比较接近，

叶企孙与梅贻琦（中）、沈同（左）合影，约在1947～1948年间。沈同为生物学系第五届毕业生，考取叶企孙主持的清华大学公费留学生第三届名额，1936年出国深造，回国后任清华大学生物学系教授。

他俩交换意见时，侄子认为共产党得民心，顺民意，宜留在清华，不必南行。叶企孙告诉那些与他一样犹豫不定的人们："我相信共产党也是要办学的。"

1948年12月13日晨，清华园已听到隆隆炮声，下午不得不停课。15日，解放军第13兵团进驻海淀，中共清华地下党组织与部队接头，汇报学校情况，送上附近地图。17日，13兵团政治部主任刘道生到清华，与学校秘书长沈履、教授周培源等交谈，校务会议公推冯友兰为校务会议临时主席。

1949年1月10日，北平军管会文化接管委员会代表钱俊瑞来校宣布正式接管清华。清华校政暂由冯友兰署理。1月31日，北平宣布和平解放。

据钱三强回忆，1948年底北平的炮火一停，他就骑车回清华看望叶企孙。叶企孙平静地和他谈了很多，具体到清华物理系，原系主任霍秉权是国民党员，因力主清华再度南迁而跟青年教师关系紧张。叶说霍在恢复、维持、保护清华方面还是起了一定作用的，应予以谅解，但鉴于他和同人的关系，系主任无法再干下去了，希望钱三强能接任。钱三强当时是清华物理系最年轻的教授，他爽快地答应了老师的请求。

在这样一个特殊的历史时期里，叶企孙的留下以及后来主持清华校务，等于为新生共和国政府的科学教育和知识分子政策作了最有说服力的宣传。科学界、教育界许多持怀疑、犹豫、观望态度的知识分子从他身上找到了定盘星，纷纷表示愿意留下来，一道建设新中国。从复员期到解放初这段时间里，为了恢复和发展清华，叶企孙又像初创清华大学理学院时一样，向国内外杰出的人才广发电报、信函和聘书。他们中有的在养病或赋闲，有的在国外进修，有的在犹豫。杨武之、赵忠尧、华罗庚、余瑞璜、钱三强、何泽慧、王大珩、葛庭燧、胡宁、黄昆、朱光亚、李赋宁等人就是这样被叶企孙从四面八方召回清华的。

葛庭燧当年从冀中返回北平后，在燕京大学读完物理系硕士学位，1940年7月应吴有训、叶企孙之邀到了昆明联大，一年后又到美国加州大学、麻省理工学院等处学习和研究。其间与叶企孙常有书信往来，且每信千字或数千字。其中有封信写于抗战胜利在即，详谈了自己在美国参与原子弹的研究和制造，提出希望回国从事教学和研究。但由于战后国际国内政治形势等种种原因，葛庭燧的回国计划长时间未能付诸实施。直到北平解放后，1949年初，叶企孙立即以国立清华大学校务委员会主席名义签发了一份聘书寄往大洋彼岸，写明自1949年8月1日起聘葛庭燧为清华大学物理系教授。1949年2月，葛庭燧和计苏华、丁儆等人在芝加哥成立留美中国科学工作者协会（美中地区），发动留美学生回国参加建设事业。又于5月20日致信钱学森，转发当时在香港大学任心理系教授的中共地下党员曹日昌的信，告知"北方当局"希望钱"早日返国，领导国内建立航空工业"，并借此"影响一切中国留美人士，造成早日返国致力建设之风气"[1]。

---

[1] 虞昊、黄延复编：《中国科技的基石》，复旦大学出版社2008年版，第185页。

　　叶企孙对学成后纷纷回国的弟子们悉心照护,给他们安排专业对口的工作岗位。钱三强1949年4月20日致信葛庭燧道:"知道今夏要回来,高兴得要命,老人家更是高兴。"[1]"老人家"指的就是叶企孙。叶企孙当时的态度及师生关系亲密程度跃然纸上。1949年11月,葛庭燧几经周折终于带着同是物理学家的夫人何怡贞(何泽慧之姐)及一对儿女经香港回国,一到香港就收到曹日昌转交的叶企孙和钱三强发来的欢迎电报。

　　1948年时,华罗庚已受聘为伊利诺伊大学终身教授。他于1949年3月15日收到叶企孙的信,要他早日回国,"继续培养专才,庶几十年之后比今日更有成绩"。华罗庚4月25日回信:"拜诵之余,低徊再三,深感垂青器重之意……晚受清华熏沐及携提枉深,有生之年当以直接或间接服务清华为职志。"[2]1950年1月27日,华罗庚毅然放弃美国优越的生活和工作条件回国,于3月16日再任清华大学教授。

华罗庚(后排左2)乘轮船回国途中。

---

[1]《留学生通讯》1949年第1卷第7期。
[2]虞昊、黄延复编:《中国科技的基石》,复旦大学出版社2008年版,第415~416页。

李赋宁因其父水利专家李仪祉与叶企孙是老朋友，也受叶的邀请回国到清华大学外语系任教。

清华复员后，叶企孙曾向梅贻琦说：倘有短期出国研究物理学或科学史的机会，他可以考虑。后来真的有一美国基金会来信，说为他安排了一个在麻省理工或哈佛研究科学史的研究津贴（fellowship stipend）。叶企孙接到这封信的时候，解放军已接近北京郊区，他决定无论形势如何变化，都要留在清华，所以就没有给那家基金会回信，也没有领那笔款项。

1950年夏，叶企孙收到英国科学家李约瑟的信，说联合国教科文组织考虑聘请叶出任自然科学方面的顾问，如果叶不接受就请叶推荐一个人。叶企孙当时已任清华大学校务委员会主席，而联合国当时不承认新成立的中华人民共和国，叶企孙已无法出任此职，也无意出任，就不了了之。

经历如此巨变，叶企孙不顾个人利害，坚定地选择与清华在一起，为整个清华大学的恢复和发展，殚精竭虑，日夜操劳，使清华大学在新旧更替之际又一次保持了相对的稳定、在头绪纷繁之时维持了基本的教学秩序和相当强大的师资力量，成为当时全国有志青年所向往的求学之地。

改造清华争先

自1949年5月4日至1952年6月，叶企孙任清华大学校务委员会主席。这段时间虽然短暂，但作为一校之长的叶企孙在组织领导全校师生保护清华、迎接解放、维持正常教学秩序等方面都做了极富成效的工作。

1949年1月10日，钱俊瑞在全校教职工大会上宣布接管清华的方针："第一，今后清华应实行新民主主义文化教育，取消过去教育中反人民的东西，改革脱离人民的东西。第二，教育的通盘改革是一个复杂的工作，必须逐步前进，现在的机构与制度，除立即取消国民党反动训练制度，国民党、三青团的反革命活动外，其他一律暂时照旧。……第三，学校经费由军管会供给，教职员均一律原职原薪，工资待遇偏低，按照实际情况酌情提高。学生中要逐步推行助学金制。……"

此后，清华校内的政治活动频率迅速增高。

3月4日，临时主席冯友兰报告，物理系主任兼教务长霍秉权因教务繁忙，系务由该系教授公请叶企孙代理。

1949年5月4日，北平市军管会文化接管委员会给清华大学发来通知，要求清华大学建立由21人组成的校务委员会，其中，教授17人，军管会代表和学生代表各两人。叶企孙被委任为该委员会主席，陈岱孙、张奚若、吴晗、周培源、钱伟长、费孝通，以及讲助、学生代表各一人（张微、吕应中）为常委。该通知附有名单及组织大纲，强调校务委员会为校内最高权力机关，自校务委员会成立之日起，旧有的行政组织即停止活动。同时任命周培源为教务长、陈新民为秘书长、冯友兰为文学院院长、叶企孙为理学院院长、陈岱孙为法学院院长、施嘉炀为工学院院长、汤佩松为农学院院长、潘光旦为图书馆长。

叶企孙获得这一任命，从挚爱清华这一点出发，他竭其所能力争把学校办好，力求在各方面都不落人后。而接下来的一段时间里，叶企孙的主要精力都用在学校的财务和贯彻各种行政指令上，外加一些他的身份所必须参加的社会活动、会议。

7月6日，叶企孙在教授会上报告：华北高等教育委员会决定，辩证唯物论、社会发展史、政治经济学、中国革命史、新民主主义论作为大学生共同必修课。

7月26日，奉华北高等教育委员会令，学校法律系取消。此后，类似的指令接踵而至。如9月15日，接令将清华大学、北京大学、华北人民革命大学之农学院合并，成立农业大学；农学院土地、房屋于10月15日移交马列学院……原清华五院26系奉令缩为四院20系，人类学系与社会学系合并。

从1949年8月起，叶企孙为了跟上瞬息万变的形势，又开始记日记，只是所记的大都是国家大事、世界大势，很少有身边的小事，唯一记下的身边事就是每天的天气和1950年各月清华用电量表。记事的语气与当时的官方媒体一致，说明这段时间他每天都看报或听广播。

9月21日，叶企孙作为中华全国教育工作者代表，与钱俊瑞、汤用彤、竺可桢、叶圣陶、成仿吾等参加中国人民政治协商会议第一届全体会议。

与此同时，校内的人事也发生着快速的变化，如雷海宗辞历史系主任，聘吴晗接任；冯友兰辞哲学系主任，聘金岳霖接任；冯友兰辞文学院院长及校务委员会委员获华北高教会批准，学校推选吴晗、金岳霖为继任人选，华北高教会任命了吴晗。12月15日，吴晗出任北京市副市长，辞去文学院院长，由金岳霖继任。

1949年9月，叶企孙参加全国政协第一届会议同教育界代表合影。（1排左起：汤用彤、江恒源、成仿吾、林砺儒、俞庆棠、竺可桢；2排：叶圣陶、叶企孙、戴伯韬、柳湜、张如心、钱俊瑞、晁哲甫；3排：江隆基、杨石先、陈鹤琴、葛志成）

一九四九年十月参
观清华大学百念
企苏先生惠存
陈毅敬赠

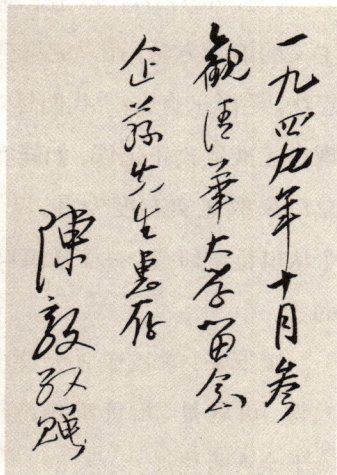

叶企孙与到清华的陈毅等合影。陈毅把合影照片赠叶企孙，并在照片背面题字。摄影地点在大图书馆铜门前的高台阶上，前排左起依次为叶企孙、张奚若、陈毅、吴晗，后排左起为潘光旦、张子高、周培源。

　　10月1日，中华人民共和国宣告成立，清华师生参加在天安门广场举行的开国大典。

　　1949年10月3日，陈毅来到清华园，看望了当时清华大学的负责人叶企孙、张奚若、吴晗、潘光旦、张子高和周培源，并在清华做报告。清华、燕大两校三千余人听讲，叶企孙负责出面接待。事后陈毅将与叶等人的合影题字赠送叶企孙，这样的尊重和关怀，带来了春天的消息。

　　10月5日，华北人民革命大学文工队在清华演出话剧《思想问题》，作为对全校师生员工马列主义理论、改造思想的学习动员。10月7日，又有三位苏联文化、艺术、科学工作者给师生作报告，华大、燕大和清华的师生万余人在清华大操场听讲。

　　这段时间对叶企孙触动较大的或许是10月13日毛泽东复信哲学系教授冯友

兰,针对冯10月5日在改造思想学习动员后所写信中提出五年之内改变过去唯心主义的治学方法,用马克思主义的立场、观点和方法重新写一部中国哲学史的想法。毛泽东直言:"我们是欢迎人们进步的。像你这样的人,过去犯过错误,现在正准备改正错误,如能实现,那是好的,也不必急于求效,可以慢慢地改,总以采取老实态度为宜。"[1]叶企孙内心里明白自己与冯友兰的差别仅是一个从事哲学研究,一个从事自然科学研究,在不少问题上的看法还是比较一致的。

接下来,学校成立大课委员会。10月17日,吴晗讲政治理论学习的第一次大课,讲题是"辩证唯物论与历史唯物论·引论",包括教职工和家属在内的三千余人听讲。

叶企孙与中央领导合影。1949年摄于清华大学图书馆前,前排左起依次为贺龙、钱伟长、叶企孙、陈毅,第2排左2为政治局委员、中央书记处书记任弼时。

---

[1] 清华大学校史研究室:《清华大学一百年》,清华大学出版社2011年版,第179页。

11月15日，校委会议决准叶企孙辞物理系主任，由钱三强继任。从这一年起，叶企孙连续三年当选北京市人民代表会议特邀代表。

1950年的清华迅速发生着变化。1月，校委会常委会议通过周培源等人提出的在校图书馆内建立1916年入清华、且是该校最早共产党员的施滉铜制壁碑的建议；艾思奇三进清华作知识分子思想改造报告；在课程上增加了马列主义课程，在对学生评价上进行思想总结，以巩固政治学习收获。2月，文法学院三百余名师生参加京郊等地的土改。

3月12日，中共清华党总支召开改选大会，学校有13个分支部，党员343名，何东昌任书记。3月21日，叶企孙报告教育部3月17日令，清华校务委员会改组，指定叶企孙、周培源、吴晗、陈新民、费孝通、钱伟长、金岳霖、陈岱孙、施嘉炀以及工会代表九人、学生代表三人，组成一个21人委员会。叶企孙担任校务委员会主任委员，周培源、吴晗为副主任委员，周培源兼教务长。校务委员会改组后于4月25

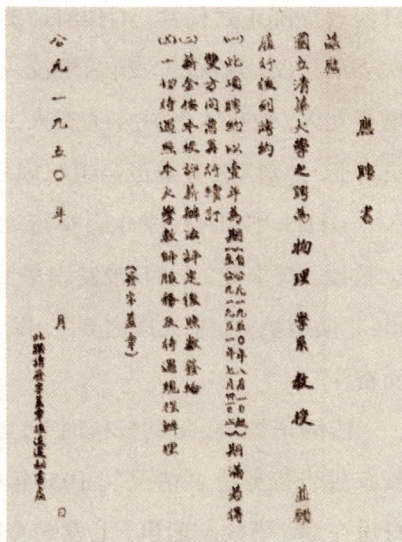

1950年叶企孙任清华大学校务委员会主任委员时颁发的聘书的正面和背面。

日获教育部正式任命。4月28日,教育部派书记兼副部长钱俊瑞参加召开第一次委员会议。这次的改组结果较一年前之校务委员会,其重大变化是工会代表增至九人,教授人数减少为五人,撤销常委的设置,权力集中到两位副主任委员身上,并对《校务委员会组织规程》进行了修改。

4月1日,校工会、学生会举行大会欢迎刚从国外归来的华罗庚、葛庭燧等六位教授。新华社3月11日曾发表华罗庚《致中国全体留美学生的公开信》,信中道:"梁园虽好,非久居之乡",我们应该回去"为我们伟大祖国的建设和发展而奋斗"。

按清华惯例,每到校庆时节,学校"第一把手都要在校刊上撰文向校内外校友报告校务进展情况"。1950年校庆期间,叶企孙以校务委员会主任委员的身份在《清华校友通讯》上发表《改造中之清华》一文,又在《人民清华》上发表《一年来的清华》,都是对清华大学一年来的工作、教学、学生人数、科研任务等事项的铺叙。它们虽带有明显的"例行公事"的成分,但也在一定程度上反映了他这时的思想状况。如前文中提及"全国性的政治课与改造思想有关,至为重要……全校员生从本学年起已整个进入'政治学习'的高潮中……实现教育部所指示的'坚决改造,稳步前进'的原则……清华的改造已在进行,但有待于改造之处尚多,希望各位校友随时贡献意见,使清华成为一个真实的人民大学,使每一个清华人都能做到真实地为人民服务"[1]。后文开篇便强调美国退款办清华是文化侵略,"今日则已完全露出其狰狞的面目了。我们回想到清华的开办情形,更觉得需要时常警惕,不断地加紧学习,努力改造"。然后讲到拥护抗美援朝,学习毛主席《实践论》,再强调"任何行政工作者所易犯的一种毛病是联系群众不够,以致不能了解群众的意见",当前形势"需要各教师加

---

[1] 清华大学校史研究室:《清华大学史料选编》(第5卷上),清华大学出版社2005年版,第21~24页。

强政治学习, 参加各种政治斗争, 来锻炼自己正确的立场与态度"[1]。这些文字显示出与此前不同的另一个叶企孙。

1950年7月27日, 叶企孙在《中国物理学报》中、英文版上同时发表《萨本栋先生事略》一文。萨本栋早年留学回国被叶企孙聘到清华工作十年, 叶企孙深知他非常爱国, 学术水平高, 教学出色, 深受学生爱戴, 不幸于1949年1月31日病逝于美国旧金山加州大学医院。萨本栋生前是厦门大学校长, 去世后有人谣传他是崇洋媚外, 有人说他到美国不是讲学而是逃避、是去投靠国民党。叶企孙挺身而出, 撰文既寄托对萨本栋的思念, 又高度评价这位47岁的物理学家对中国物理学研究与教学的贡献, 给以正面宣传正名, 强调"尤其令人伤心的

　　1950年叶企孙（左3）与梁思成（左2）、丁惠康（右1）在清华举办的少数民族文化史展览会上的合影。

[1] 清华大学校史研究室:《清华大学史料选编》(第5卷上), 清华大学出版社2005年版, 第25～29页。

是他刚刚死在中国逢到大转变的时候。他没有看到新中国的建立，没有参加新中国的建设工作。他的才干，对于自然科学在新中国的新生应该是一个巨大的力量，然而已无从发挥作用了。他已过世了，但是祖国的自然科学界是忘不了他的功绩的"。[1]就在这个月，清华除了连续多次请官员作报告外，应届毕业生还给毛泽东写信，汇报他们的学习和思想改造情况。

9月4日的校务会议通过决议，校徽用毛泽东题写的"清华大学"四个字，原三角形校徽自12月1日启用新校徽之日起一律收回作废。后来，在一次人民代表大会的宴会上，毛泽东特意安排叶企孙与自己同席并坐。毛泽东跟叶企孙说，他最近收到清华一个学生的来信，批评他为清华大学校徽的题字太潦草，不易看清，就此征求叶企孙的意见。叶企孙也心情舒畅，明确表示了自己的看法，认为一个学生敢于给共和国主席提意见，是应该鼓励表扬的。毛泽东当时肯定了叶企孙的看法。

1950年下半年，清华校园内的抗美援朝等各项政治活动更为火热，教育部发文要求学生每周学习时数不得超过50小时。一方面，叶企孙以军事干部学校学生保送委员会主任委员的身份在12月26日的《人民清华》上发表题为《祖国号召你们》的文章，鼓励同学们踊跃参加国防建设；另一方面，叶企孙对事的严谨态度又表现出对当时政治形势的不适应、对新体制的迟钝，时常发表一些不合时宜的言论，比如，说："只看过一本哲学书，自然很容易接受马列主义。"

1951年，除了抗美援朝，学校又在全国开展的各项运动中，派师生参加地方的土改。3月6日，清华大学党委举行成立后的第一次会议，书记何东昌主持。

1951年9月，为组织开展对知识分子的思想改造运动，成立了"京津高等学校教师学习委员会总会"，教育部部长马叙伦担任主任委员，叶企孙以清华负责人的身份担任委员。10月19日，清华成立教师学习委员会，叶企孙任主席，周

---

[1] 叶企孙：《萨本栋先生事略》，载中国物理学报》1950年第7卷第5期，第301～308页。

培源任副主席,学习的程序是听报告、读文件、联系本人思想和学校情况开展批评与自我批评。这次学习运动使叶企孙由原来积极改造清华转向在身边一股力量的裹挟下改造自己。

运动后期将教师分为三类。一是思想进步较快者,清华有刘仙洲、张子高等人;二是进步较慢,但最终还是在自我检讨中缓慢进步者,叶企孙是这类人的代表;三是拒绝思想改造,不愿做自我检讨,最后被"调离教职,离开学校,另作处理"者。

在这次思想改造运动中,叶企孙既是"京津高等学校教师学习委员会总会"的领导成员之一,又是清华大学行政上的最高领导,如果他能够见风使舵,绝对可以有所"作为",但看来他的表现却"令人失望"。据资料记载,直到1951年,他还在倡导"高校教学与科研要自由、民主",从而与"集体主义""阶级斗争""一面倒"等政治口号格格不入,另外他凡事都要"独立思考"一番,在学术上如此,在政治上也如此。例如,对于朝鲜战争,他认为是"美国的一种战略考虑,是针对苏联极权主义阴谋的";他认为"战争永远不会消灭,帝国主义消灭后,共产党内部又要打了,南斯拉夫就是一例";同时表达"共产主义我赞成,最糟的是有很多材料不让人看,例如南斯拉夫的很多理论材料是看不到的";评价"冯友兰的《美国法西斯化》一文写得太过分了"等等。对"思想改造运动"本身,开始时他"对狂风暴雨式的批评方式不大同意",希望"提提改进意见,有所进步就算是能过去了",随着运动的不断深入,说假话、表面化、简单化等现象都是他难以容忍的,因此处处被动也就很自然了。

针对他的这些思想、言论和行为,想轻易过关显然是不可能的。但"物理离社会科学较远,而他是物理学界元老之一,学术水平高,门生多。如果能好好帮助他,还是能起榜样作用的,特别是在一些具有旧道德观点的科学家教授中还有很大影响。此外,他的广博的物理(及一般自然知识)还是能起一定作用的。那么剩下的问题就是该触及他的灵魂,让老师和学生帮助他走向一条新的人生道路"。

接下来叶企孙就开始了不断作检讨的日子。在运动中共作了三次检讨，"一次比一次认真和深刻"。1月16日，校委会召开全校干部动员大会，领导带头，普遍"洗澡"，全校80%以上的教授参加"洗澡"，批判自己的亲美、恐美、崇美等错误思想，划清政治界限。作为清华大学校务委员会主任委员的叶企孙在全校教职员和干部大会上作第一次思想检讨："过去对政治学、经济学一向不感兴趣，解放后在政治学习上时间花得少，因此水平不高，思想领导做得不够"等等，得到的评价是"检讨空洞"，晚上继续开会接受群众批评，开火者甚众。工学院的教师一致批评他"认理压工""全国清华第一、清华理学院第一、理学院物理系第一"，还批评他"不办专修科，妨碍培养工业干部"；一些老教师批评他"对新鲜事物感觉迟钝""对政治不太热情，在旁观"；一些先进一点的挚友也纷纷向他"开火"，说"今天讲兴趣是太无关了，每年毕业生都强调统一分配，而你还讲个人兴趣。以后不应再认为政府是政府，学校是学校，两不相干"，还有人则说"叶企孙应向教育部自请处分"……这次所提的意见，对他震动很大，他把一条条意见都记录下来。会后他说："过去想到自己有缺点，但没想到自己的缺点如此严重。"校党委建议他找些老朋友给自己提意见，进行第二次检讨。叶企孙特地请老朋友陈岱孙等人帮他写检讨。

1月22日，叶企孙在全校师生员工大会上作第二次检讨，陈述自己"九点错误，四点思想根源及三点改正办法"，即"脱离群众，脱离政治""不民主，搞本位主义，在院系调整时觉得清华应保持她的传统的综合大学形式，主观地搞出一套调整清华院系的方案，不考虑这套方案对全国各大学的影响，还影响了一些增设的系的开办（如水利系、水力发电系等）……"会后得到的回应是比上次有进步，但仍不深刻。同时又带出众多批评，其中之一就是"以资产阶级观点办清华"，是"继承梅贻琦的传统"。

1月24日，叶企孙作第三次检讨。他态度诚恳地说："我看清楚了批评与自我批评是改正我的毛病的武器，今后一定要好好地改造自己……站稳人民立场……"大家都热烈鼓掌表示满意，很多教职工表示今后政治思想改造"要向叶先生看齐"。但在组织上看来，叶企孙并没有真正过关，在"关于叶企孙的情况报告"中写道："他现已在清华失去了威信。故拟不再采取群众大会方式对之进行批评，打算找一些人帮他一下，如没有什么变化，就拖着尾巴过关，以后再耐心地在长期中给以教育。"[1]

　　然而思想改造运动并没有就此结束。时任团中央书记蒋南翔多次去清华作政治报告；3月1日至4日，学校举行两次控诉美帝国主义文化侵略、反对资产阶级思想大会，这时统计全校共有中共党员313人，青年团员1189人；4月下旬全体教师停课进行思想收获总结，就连校庆纪念日活动也因"三反"运动的进行而取消；5月23日，全校停课，全体师生员工在大礼堂举行忠诚老实学习动员大会。在这些运动中，叶企孙成为清华的一个灰暗的存在。

　　在全国掀起改造知识分子的"洗澡"过程中，有的学者学会了察言观色，落井下石。疾风知劲草，叶企孙的独立观点和自由思想一直没有被改造掉。后叶企孙在"文革"中被捕入狱，主要是涉嫌CC特务的历史问题，但事实上与思想的不合拍、行动的不得力、身边的人为眼前利益逢迎权势也有关系。

　　叶企孙的日记成为他内心世界的晴雨表。1951年6月之前，他几乎每天记下件把国内外大事，值得注意的是他多次记下同一主题"《武训传》批判"：5月20日，《人民日报》发表社论《共产党员应当参加关于〈武训传〉的批判》；5月21日，上海《文汇报》发表《关于本报报道电影〈武训传〉的检讨》；6月4日，中央教育部指示教育机关讨论批判电影《武训传》和"武训精神"；6月7日，《人民日报》登载郭沫若的《联系着武训批判的自我检讨》及胡绳的《为什么歌颂武训是资产阶级反动思想的表现》。进入1951年7月后，则多日才记下一条，9月29

---

[1] 虞昊、黄延复：《中国科技的基石》，复旦大学出版社2008年版，第422～423页。

叶企孙1950年日记本的一页。

叶企孙1951年日记手迹。从中可见他身为学校一把手对经济的重视。

日他记下：周恩来总理在怀仁堂向京津高等学校教师作大报告，讲以下七个问题：1. 立场问题，2. 态度问题，3. 为谁服务的问题，4. 思想问题，5. 知识问题，6. 自由问题，7. 批评与自我批评。

1952年，叶企孙日记就只记下天气、防疫、卫生或读书笔记，他的需要降到生存的层次。

返身根基全失

1952年3月初，教育部召开清华、北大、燕大三校负责干部会议，成立三校调整建设计划委员会。这是院系调整的一次预演和调试。

6月25日，教育部通知成立京津高等学校院系调整办公室以及各高校院系调整筹备委员会。6月27日，院系调整清华大学筹备委员会举行第一次会议，主任委员刘仙洲、副主任委员钱伟长、陈士骅；下设办公室，主任刘仙洲，副主任钱伟长、陈士骅、何东昌。叶企孙已然成为被调整的对象，就连调整后的各类科研组的正副组长名单里也不见他的名字。调整后的系主任人选要依据政治条件、领导能力、业务条件、群众关系四个方面进行挑选。

这次院系调整，叶企孙无法认同，因为他认为这不符合教育规律。

1952年10月，全国高等院校院系调整后，叶企孙被调往北京大学物理系任教授，搬出清华北院7号，入住北京大学未明湖畔镜春园的一个老四合院。叶企孙在思想改造运动中的表现表明，他在行政工作上已不可能再有作为，以后他至多只能在学术领域中发挥一定的作用了。事实正是这样，而且这也正是他的要求。

11月24日，中央人民政府委员会第19次会议批准任命蒋南翔为清华大学校长、刘仙洲为副校长，11月26日教育部批准此二位为清华大学校务委员会正副主任。

在清华的最后一段时间里，叶企孙的教学达到炉火纯青的地步，处理行政工作也像从事科学工作那样严谨、有条理。他认为过去清华能办好"主要靠两点：一是经费充裕；二是聘请教师宁缺毋滥，学术上不行的绝不能聘为教师。所以在面对清华院系调整时导致师资力量的分散，就十分担心"。面对把"清华五马分尸，肢解掉了"的局面，叶企孙坦率地表示，"感情上很难过"，却又不得不"识大体，顾大局，坚决实施"[1]。

让叶企孙稍感安慰的是，他抢在1952年前还为清华物理系培养出一批高水平人才，为中国核武器事业和物理学作出重大贡献的慈云桂、金建中、冯康、

---

[1] 樊恭杰：《怀念叶企孙先生》，《一代师表叶企孙》，上海科学技术出版社2013年版，第125～126页。

吴全德、李德平、黄祖洽、何祚庥、周光召、唐孝威、胡仁宇、蒲富恪、刘广均、周本濂、黄胜年、管惟炎、叶铭汉、高伯龙、杨士莪、李庆忠、何德全、赵文津、朱高峰、钱绍钧、常印佛等一大批著名科学家就是1946年至1952年这个时期培养出来的，完全是清华人才培养史上的绝唱。

1952年底，叶企孙到北大后，仅任北京大学校务委员会委员、《北京大学学报》编委。这年他54岁，对于做科学工作而言，正当年富力强之际。叶企孙所调入的北大物理系原系主任、理学院院长饶毓泰也被调整，他与叶企孙同为中国现代物理学奠基人，同样是第一届中央研究院院士，同样是在1949年拒绝去台湾，同样是门下高徒辈出——培养了吴大猷、马仕俊、马大猷、郭永怀等一批知名物理学家，与叶企孙有所差别的是他的个性更刚烈，"文化大革命"中惨遭残酷迫害，自尽身亡。

境遇改变了，叶企孙对学生的教育态度和方式没有变，依然是在课堂教学之外与学生在日常生活中保持紧密联系，要求学生既重理论又重实验，严格依据科学精神办事，帮助学生了解自己，了解世界科学前沿，寻找最有利的成长发展方向，让学生感到"一朝受教，终身受益"。这一时期的学生戴道生回忆："叶先生常邀我们到他的住处，多半是晚上，利用这个时间了解我们的学习生活及身体状况，对我们很爱护，同时也随兴介绍一些国外物理发展现状，也要我们多关心磁学学科的发展。"1956年戴道生有机会到莫斯科大学学习，叶企孙在作了多方调研后为他选定了

1953年6月摄于北京大学。

叶企孙（第3排左6）、王竹溪（第3排右8）与北京大学物理系毕业生合影。照片中的学生主要是清华大学1950年招收的学生，因院系调整与两位老师一起转入北京大学。

微波铁氧体作为研究方向[1]。

1953年，叶企孙在北大开光学、大气光学、大气电学、地理专业普通物理、气象专业普通物理几门课程。

在此后的十来年里，每逢国庆庆祝活动，叶企孙都会出现在天安门的观礼台上；在周恩来宴请科学家的时候，他也会出现；1954年9月，当选第一届全国人民代表大会代表；1959年4月，当选第二届全国人民代表大会代表；1964年12月，当选第三届全国人民代表大会代表。在这些光鲜外表的内底，叶企孙却失

---

[1] 戴道生：《回忆叶企孙老师对我的培养》，《一代师表叶企孙》，上海科学技术出版社2013年版，第151～152页。

叶企孙的第一届全国人民代表大会代表证。

叶企孙的第二届全国人民代表大会代表证。

叶企孙的第三届全国人民代表大会代表证。

去了最珍贵的东西，那就是他建立起来并作为实现自己人生使命的根基的清华大学物理系、理学院，以及平等、自由的学术大家庭。清华大学也由原来院系齐全的综合性大学变成多科性工科大学，剩下机、电、水、土与建筑等几个系科。

自从自己被调整后，叶企孙也就很少去拜访别人，经常过从者有北大的陈岱孙、饶毓泰、唐钺、邓以蛰，清华的张子高、钱伟长，以及科学院的吴有训等。

　　由于科技的发展再次显示出对磁学专业人才的需求，1955年北京大学物理系建起金属物理和磁学教研室，年近六旬的中国磁学鼻祖叶企孙被推上主任岗位和教学一线，先后开讲固体物理、铁磁学、固体物理中的几个量子力学问题等课程，并带起中国磁学专业最早的研究生，指导大家开展铁氧体的研究和应用。在1955年至1966年间培养磁学专业毕业生两百余人，其中不少人成为铁磁学和磁性材料方面的专家。这个专业研制的磁芯曾是北大建造高速计算器的重要元件。

　　1956年春，叶企孙参加中国科学技术长远发展规划的讨论和制定工作。主持和编写1956年至1967年科技发展规划第56项（基础科学）物理学部分中的磁学分支科学规划。

　　1958年，北京大学物理系金属物理和磁学教研室一分为二，叶企孙任磁学教研室主任。

　　自1952年院系调整后调入北大，除了"文革"十年在逆境中度过，叶企孙任教又达15年，他继续奉行通才教育、因材施教、重质不重量的教育原则，但这一段的教学业绩则大不如前。

1960年叶企孙摄于北京大学家中。

1963年5月第一次全国磁学会议期间叶企孙与部分学生在太湖边的合影。

回归史海彻悟

　　叶企孙自青少年时即对自然科学史有比较深的钻研，精于天文、算学史。他不仅研究中国科学史，还研究世界科学史。

　　留学归来后，叶企孙的主要精力在物理教学、管理和培养人才上。虽无时间与精力再做物理学实验研究，但他对于科学史的兴趣始终未减，有时间即阅读相关文献，因而精通中国数学史、天文学史、物理学史，还涉猎阿拉伯天文学史和光学史。抗日战争期间，在与李约瑟的交流中使双方沿着研究中国科学史之路向前走，当李约瑟于1965年出版其《中国科学技术史》第四卷第一分册（物理学）时，他在扉页上写道："谨以本卷献给北京大学物理学教授、前中

李约瑟赠给叶企孙的合影照片。1960年左右摄于北京大学地学楼前，第1排左起为叶企孙、汤佩松、李约瑟。照片后有李约瑟的签名。

央研究院总干事，1942年在昆明和重庆黑暗时期最诚挚的朋友叶企孙。（YEH CHI-SUN Professor of Physics in the University of Peking, formerly Secretary-General of Academia Sinica, kindliest of friends in a dark time, Kunming and Chungking 1942）"

　　1949年，中国科学院筹建。竺可桢1949年10月16日的日记道："在未与郭沫若接洽之前，不知院中之大政方针，故亦事事摸不着头脑。正之（吴有训）意为应与曾昭抡、叶企孙、钱树人等一谈。"12月20日又记道："三点半乘车去清华……晤企孙、三强……余询企孙关于气象所将来是否即改为地球物理研究所，渠以为二者分列亦好。"[1]这说明中国科学院的建立即有叶企孙参与谋

---

[1] 虞昊、黄延复编：《中国科技的基石》，复旦大学出版社2008年版，第408页。

划,同时清华大学物理系对中国科学院近代物理研究所和应用物理研究所的建立给予了人力和物力的大力支持,为后来的原子能研究打下基础。

晚年叶企孙的人生际遇受到外力冲击,又进一步引燃他对科学史的激情,尤其对天文学史更是情有独钟,并由此彻悟人生。自1951年下半年起,他读了中外天文学史的许多书,并做了笔记,尤其是搜罗宋代科学家沈括的生平史料,为其作年谱,费力甚多。叶企孙在晚年写下为数不多的科学史文章,它们是治中国科学史的典范之作。

1954年8月,中国科学院成立中国自然科学史研究委员会,以指导全国各学术团体、院校的相关研究,并筹建相应研究机构。竺可桢(中国科学院副院长)任主任委员,叶企孙、侯外庐(中国科学院哲学社会科学部历史研究所所长)任副主任委员。委员尚有:向达、李俨、钱宝琮、丁西林、袁翰青、侯仁之、陈桢、张含英、梁思成、刘敦桢、刘仙洲、李涛、刘庆云和王振铎。

1955年春,中国人民大学校长吴玉章给叶企孙发来聘函,要他指导该校物理教师葛佩琦研究中国古代物理学史。叶企孙接到聘函后要求葛佩琦每星期抽一个下午到自己的家里,指导他从读墨子中有关物理的各节做起,并为他所答疑解惑。

1955年,中国科学院物理学数学化学部成立,叶企孙当选为学部委员及学部常委。这年冬天,紫金山天文台举行一次学术会议,叶企孙看到日程中只有学习和介绍苏联天体演化学的内容,颇有感触道:"这种不结合自己的实际工作,漫无边际地学习别人,流于空谈,没有意思。紫台应该结合自己的条件,多做些观测和研究才是最重要的。"[1]

1956年2月,竺可桢在北京西苑大旅社召开座谈会,讨论制定中国科学史

---

[1] 席泽宗:《叶企孙先生的科学史思想》,《一代师表叶企孙》,上海科学技术出版社2013年版,第133页。

叶企孙被聘为中国科学院学部委员的聘书。

规划，并决定由叶企孙领导制定规划的具体工作。7月9日至12日，叶企孙出席中国自然科学史第一次讨论会，并在闭幕式上作《中国自然科学与技术史研究工作十二年远景规划草案》的报告，主张研究论文要有见解，不能人云亦云、经不起时间检验，对自1950年后流行的简单介绍国外一家之言的通病予以了批评。

然而，当时就连这种批评也常上升到政治高度。1956年9月，叶企孙原定参加于3日至10日在意大利佛罗伦萨召开的国际科学史会议，且办好了一切手续，却在临行前夕被悄然无声地撤销了参会资格。

11月6日，叶企孙参加由副院长吴有训主持的中国科学院第28次院务会议，讨论中国自然科学史研究室筹建方案。叶企孙发言要点为："史"与社会科学有关，将来还要有艺术史；这个研究机构发展为"研究室"之后，还应包括研究世界自然科学史。

1957年1月，中国科学院自然科学史研究室成立，叶企孙任兼职研究员及《科学史集刊》编委，虽然只是一个兼职的工作，但他还是毫不马虎，认真对待。自此以后，叶企孙每周二、五两次从西郊的北大到东城朝阳门内大街九爷府内的自然科学史研究室上班两天，这对一位六十多岁的老人来说显然是困难的,但他风雨无阻,从不间断。

叶企孙为研究室不遗余力地寻觅人才、培养年轻研究人员,培养出席泽宗、薄树人、陈美东等一批卓有成就的科学史工作者。席泽宗是唯一的一名科学史研究领域的中科院院士,还获得国际科学史研究院通讯院士。

研究室没有食堂,每周两天的午、晚两餐叶企孙就在附近的和平餐厅、吉士林、文化餐厅、新侨饭店等处买着吃。因午餐后要休息,就大多在和平餐厅的茶点部简单吃点,晚餐则常约一两个同事一起去吃,吃完后到东安市场的旧书铺看看,选购一些研究中国古代科技史方面的参考书或自己喜欢的碑帖及中国古画的影印本,后来发现这样太耗费时间也就去得少了。

1957年10月,叶企孙著文评介李约瑟《中国科学技术史》第一卷,不仅介绍了该书的结构、内容,肯定了它"将成为中国科学史方面的空前巨著",也指出了书中的一些错误,更重要的是挑明了"李约瑟之问":"在上古与中古的各个时期,中国人对于科学、科学思想和技术的发展贡献了什么? 为什么中国的科学,大致说来,继续停留在经验水平上,理论局限在原始的或中古的类型? 但是在许多重要项目,中国走在古代希腊之先,后来又与阿拉伯并驾齐驱,而在纪元后3世纪与13世纪之间维持了一个西方所不能接近的科学智识水平,这又是如何成功的呢? 在科学理论与系统的几何学上,中国是弱的;但是一直到15世纪中国的技术发明比同时的欧洲先进得多,这是怎么样做到的呢? 中国文化中有哪些因素阻碍了近代科学的兴起? 在另一方面,古代的中国社会中,倘与古代希腊的社会或欧洲中古的社会做一比较,有哪些因素更有利于科学的应用? 最后,科学理论在中国虽是落后的,但是一种有机的自然哲学却是同时在那里生长起来(指朱熹的自然哲学)。这种哲学很像近代科学经过了3世纪的机械唯物论后所被迫采用的,这又应该如何说明? "[1]简言之,中国古人对人类科技

---

[1] 叶企孙:《介绍李约瑟著〈中国科学技术史〉第一卷》,载《科学通报》1957年第10期,第316~317页。

发展作出了很多重要贡献,但为什么科学和工业革命没有在近代中国发生?

　　也许受李约瑟完成巨著的激励,1958年,在举国"大跃进"形势下,叶企孙还是着手组织编写《中国天文学史》。他在第一章中提出促进天文学发展的因素有五个,除了生产外,还有好奇心、星占。1959年9月完稿,却因他坚持这些不失全面客观的历史观点而不能出版,后来书稿随着政治风云不断修改,叶企孙就对它失去兴趣了。

　　1958年12月19日,叶企孙在中国物理学会举办的纪念意大利科学家托里拆利(E. Torricelli)诞辰350周年大会上作《托里拆利的科学工作及其影响》的报告。在介绍托里拆利证明大气是有压力并建立了测量大气压力的基本方法这一划时代的实验时,着重强调他"在加斯特里那里学习了伽利略的科学方法",并经加斯特里介绍受到伽利略的点拨,进而将水柱的重量与大气压柱的重量联系起来,超越了伽利略。试图用托里拆利重大发现的前因后果说明:"伟大的成就的取得并不是偶然的,正是由于托里拆利继承了从哥白尼到伽利

1958年摄于颐和园。左起周同庆、叶企孙、叶铭汉。

略的热爱真理的传统，不迷信偏见，一切问题都用实践来证明它的正确与否，并在实践中按照事物的本来面目去认识自然的规律，从而推翻了所谓'自然憎恶真空'的唯心主义说法。"[1]叶企孙在此文所强调的实验方法、热爱科学、热爱真理、坚持不懈，恰是他内心世界的折射。

1960年6月，叶企孙赴南京参加全国天文工作会议。1961年，叶企孙在自然科学史研究室讲《墨经》《考工记》，并认为中国古代物理只有《墨经》《考工记》《梦溪笔谈》《镜镜詅痴》四本书。

1962年，叶企孙为中学版的《科学大众》撰文《巴斯加尔在科学上的贡献》，介绍巴斯加尔（B. Pascal）（现译帕斯卡）少年时读《几何原本》就好像玩游戏，兴味盎然，16岁时发现并证明一条射影几何的定理，并围绕这个定理推导出约四百条关于圆锥曲线的定理，18岁时设计并实际制作出历史上第一台计算器；又介绍了巴斯加尔的《论液体的平衡》和《论大气的重量》两部著作。以讲故事的方式介绍巴斯加尔在流体力学、宗教、几何、数学等方面的贡献，强

1962年叶企孙参加国务院宴会。

[1] 叶企孙：《托里拆利的科学工作及其影响》，载《科学史集刊》（第2期），科学出版社1959年版，第14～17页。

调实验与勤奋的重要[1]。

1963年，叶企孙准备在自然科学史研究室招一名研究生，有十几个人报考，成绩都不是很好，巧在叶企孙出题时不小心有点差错，只有复旦大学物理系一个学生在卷子上写道："题目少给一个条件，我无法做。"叶企孙判卷时说："好！只有这个学生够条件，能独立思考，可以要！"后经人事部门审查，说此人反对三面红旗不能录取。

1964年，叶企孙写信给周恩来，正式建议开展我国的人造卫星研制和空间物理探索，并亲自筹建了自然科学史研究室天文史组。叶企孙还建议自然科学史研究室（全室原不足20人）招收应届大学毕业生和研究生为实习研究员。8月中，16名新生陆续报到。9月底，全部下乡去搞"四清"运动。叶企孙闻讯后，没有作任何评论，只是临走前将天文、物理新生近十人召集在一起，异常口吃地说："你们下乡，听领导的。业务暂时搁下，以后回来我给你们补上。但是，你们不妨带上一本小词典，外语不要丢了，有空时拣几个单词。"后来，作为当事者的戴念祖回忆说："如今回想老师这番临行嘱咐，真是体会到这个老人为年轻人成才、为学术的忧虑。我当时确实按叶老吩咐，在自己衣箱里塞了一本小词典；无奈从下乡到返京两年间，时势逼人，竟至从来不敢拿出来看一眼。"

1964年5月18日和6月1日，叶企孙在北京石油学院为北京物理学会作题为《中国物理学史若干问题》的报告，分科技史研究的对象、中国古代几个物理成就两部分，阐明了科技史研究的领域，研究者应具备的知识、语言、素养条件，着重强调："古代科技史研究者还应当注意：（一）不要轻易认为古人早已晓得那些实际上是近代方才搞明白的自然规律。事实上，实际应用常常早于理论了解。（二）应当实事求是，不要望文生义，随便提出很难使人信服的说法。

---

[1] 叶企孙：《巴斯加尔在科学上的贡献》，载《科学大众（中学版）》1962年第8期，第228～229页。

（三）不要轻易说，我国某种发明、发现在世界上是最早的。"[1]

"文革"风暴将临之际，年近古稀的叶企孙仍认真负责地带着他的最后一位研究生。由于他对俄文文献不太熟悉，每当学生向他汇报中涉及俄文文献时，他就特别耐心、认真地听、询问。有时即便在路上相遇，也要问一问学生的学习情况。

1965年，施士元看到叶企孙虽然两腿肿胀、行动不便，但他自己却毫不在乎，目光炯炯有神，讲话清楚有力，兴趣完全灌注在线装书中，讲起中国古代一些思想家来津津乐道，并且见解独到。

然而，这对科学家叶企孙来说毕竟是退而求其次的无奈选择，即便这样的选择也很快被"文革"风暴摧残得凋敝下去。1966年春天，叶企孙还在自然科学史研究室开讲世界天文学史，可刚讲完埃及、巴比伦和阿拉伯部分，就被"文革"中断了。

1972年5月，北京大学有关方面对他作出"敌我矛盾按人民内部矛盾处理"的结论，对他的专案撤销。负责去通知他这一决定的干部问他有什么要求需要帮助？他立刻说："请你通知吴有训和周培源两位到我家里来一下，有要事相商。"原来他自感来日不多，所说的要事就是向这两位老朋友征求进行科学史研究的意见。

1973年，经历过牢狱之灾的叶企孙身患严重丹毒症，既不能行走、站立，又不能卧床休息，整日坐在一破旧藤椅上，身边堆满的仍是科学、历史或文化书籍。深秋时节，戴念祖从河南干校回京看望叶企孙。叶企孙要他每周来一两次，边学英语，边讲近代物理学史，以兑现九年前下乡"四清"时"补业务学习"的诺言。

1974年，叶企孙以读历史著作作为生活的重心，并关注起明代海瑞生平等历史事件。

---

[1]《叶企孙关于〈中国物理学史若干问题〉的报告》，载1964年6月25日《科学史研究动态》。

七　困境更显大音希声

叶企孙与儿童们一起游颐和园。

通常传统学人可分为圣、哲、贤、儒、士五个层次，叶企孙在中国近现代科学、教育事业的创建和发展上不止是一位先驱，而且还是少数称得上"哲人"的人。叶企孙的悲剧并不是个案，他和饶毓泰两个中国早期物理学发展的奠基人在"文革"中的命运何其相似。钱临照曾把叶企孙和饶毓泰作比较说："他们两人都很刚强，饶先生高尚可敬如玻璃，宁为玉碎，保持气节；而叶先生高尚得更可敬，顽强不屈如钢。"那段苦难的岁月折射出叶企孙的人格境界修养，他受审的交代材料显示出他的哲人品格。叶企孙的信心、责任感、眼光、肩负大任的勇气、大家胸襟，均显示出其不仅是旷世学术大师，而且是真诚、正直的谦恭君子和贤哲。这些品格、精神、思想在叶企孙人生走进谷底的时候显现得更加清晰。

博爱所及无差等

与叶企孙熟悉的人都说他是一位无比慈祥的学者，其薪水不低，但生活却简单、俭朴，常把薪水散发给有困难、需要帮助的人。

叶企孙1925年离开东南大学去清华工作时，因为自己的两个学生赵忠尧、施汝为都很优秀，为了能把他俩都带去清华任助教（当时清华只有一个助教的岗位），叶企孙就让清华出钱聘赵忠尧，自己出钱聘施汝为。施汝为后来到伊利诺伊大学和耶鲁大学做研究生，1934年获得博士学位，其博士论文《铁钴单晶体的磁性》成为当时世界领先水平的研究成果，1955年成为中国科学院的第一批院士。

　　清华早期校工阎裕昌一家上有老下有小，自己不幸又患上肺结核，在当时穷人得此病无钱医治必死无疑。叶企孙得悉后自己掏钱让他住到北平西山福寿岭平民疗养院疗养，并随时给他牛奶、鸡蛋等营养品，在叶企孙的关心帮助下，他的病半年后竟然痊愈了。在这期间叶企孙还资助阎家六口人的生活，为他的两个儿子交每学期30元大洋的学费，使他们都没有中断学业。后来，阎裕昌的大儿子阎魁元17岁时也得了咯血病，叶企孙就为他们父子两人订牛奶调养。抗战期间，阎裕昌入冀中根据地参加抗日，后壮烈牺牲。叶企孙又于1947年经一再努力安排阎魁元顶替父亲做物理系实验员，同时帮助小儿子阎魁恒考入清华学习，直至毕业后安排工作，以作为对英烈的慰藉。

　　人都是将心换心，叶企孙对职工的关爱也赢得职工的尊重。1930年他要去德国学术休假，物理系六位职工合伙给他定制了一个银杯以作纪念。

　　学生王淦昌放假没钱回家，叶企孙知道后就给他旅费；发现他衣着单薄，又把自己穿的一件呢大衣送给他。

　　1930年秋，叶企孙路过沈阳到东北大学物理系，看到一个实验室门口写着钱临照的名牌，他一进实验室就说知道这个人。钱临照欣喜不已，因为叶企孙是他慕名已久的人，他曾于1929年大学毕业后写过一封信给叶企孙，想不到在一年后的偶然见面中还能记得他的名字。显然是叶企孙心中爱才，才不会忘记。叶企孙给钱临照留下的第一印象是："说话不多，微有口吃，似乎很严肃，然而声调温文，态度和蔼，提问有深度，富启发性，显然是一位有学问的可敬长者。"[1]

---

[1]　钱临照：《纪念物理学界的老前辈叶企孙先生》，《一代师表叶企孙》，上海科学技术出版社2013年版，第28页。

　　钱伟长1931年进清华时因历史和国文都考了满分而被招入文史系，入校后想弃文学理工科，几次找到吴有训表达诉求都碰了钉子。于是他找到物理系原苏州中学同学殷大钧约请物理系的同学赵九章、王竹溪、何凤元一起向叶企孙求援，瞅准的就是叶企孙对这几个学生亲如子女，无所不谈。当叶企孙得悉后，先安慰他不着急，听说他的数学、物理考得不好时，与他讨论了司马迁写《史记》，讨论如何研究司马迁的写史，并认为历史学得好，物理也一定能学得好。告诉他不要辜负文史系教授的厚爱，由他们出面向吴有训说更有作用。钱伟长遵叶企孙所嘱，终获批准以试读一年的名义进了物理系，并规定一年后数、理、化三门课同时都超过70分才能正式升入物理系二年级，不然仍转回文史系。

　　戴振铎1933年从浙大转到清华物理系读二年级，新来乍到朋友少，也很少与老师接触。叶企孙发现这点后，有意在1935年假期邀他到西山附近的松堂度假。叶企孙带了很多科学、文学以及诗词的书，并抽空给他讲科学家传记、中国算学史、诗词典故，向他介绍物理系毕业生的专长和爱好——冯秉铨能跑，赵九章精中医，王竹溪能棋……戴振铎切身感受到叶企孙的仁慈厚爱，获益殊多。

　　1935年"一二·九"运动后，清华学生分成在大礼堂开会的"大礼堂派"（救国会派）和同方部小礼堂开会的"同方部派"。救国会派"选举"了五名"汉奸学生"，这五名学生向北平法院控告了八名救国会委员及钱伟长、葛庭燧。而葛庭燧等人是军警抓捕的对象，报上刊登了法院的开庭日期，葛等人如果不出庭就会缺席审判，如果出庭军警就会等在法庭外对葛等人加以拘捕。十分紧急之际，躲在北平城内医院里的葛庭燧连夜赶到清华园向叶企孙求救。叶企孙说服清华教务长把这件诉讼案压下，既避免了学生被捕，又避免了清华进一步走向分裂。后来他又为葛庭燧在中华教育文化基金会找了一份编译工作，使他能靠稿费维持求学费用。

施嘉炀结婚照，1937年摄于协和医院。新郎施嘉炀（左6），新娘魏文贞（左5），主婚人叶企孙（左9），证婚人胡适（左3），伴郎是电机系教授章名涛（左7）。

　　叶企孙对他人的关爱无处不在。1937年初夏，35岁的土木工程系主任施嘉炀结婚，新娘是协和医院大夫魏文贞，叶企孙被特邀为婚礼主婚人，胡适则为证婚人，留下了历史上珍奇的一张照片。就是这张照片使这对夫妇的一生如履薄冰，1952年批判胡适为"反动学术权威"就使它不能拿出来，"文革"中叶企孙又被打成CC特务，使得施嘉炀的儿子不得不烧掉父母的结婚照以免灭顶之灾。1993年，魏文贞在一次展览中看到这张照片，要求再复制一份，作为新娘的她才重新拥有了自己的结婚照。爱与恨在高压下可能变形，但经历时间的洗刷后终会分明。

　　1937年7月，卢沟桥事变后日军占领北平。任之恭是事先把自己的婚期定在

7月8日，而当时遇到的难题是新郎在城外的清华，新娘则在北平城内，日军占领北平后交通阻塞。一大家都很着急时，叶企孙派自己的司机周师傅开着他的车从清华出发，在刚收割过的庄稼地里行驶，将任之恭送到西直门，才使婚礼如期举行。

1937年，已在弹道所工作的杨镇邦感到自己整天与"An art of killing"打交道，内心充满矛盾。叶企孙得悉后就发电报给他，说协和辐射部需要人，如有兴趣可返校一谈，并带着他去协和见那位美籍教授。1940年，杨镇邦就一个膛内弹道分析的困难致信叶企孙求教，叶企孙立即回信认真诚恳地指出其错误，既体现对弟子的关怀，又显出在真理面前的平等。

叶企孙给杨镇邦的信。

在叶企孙的观念里，没有党派门户之分。1938年，叶企孙在天津和林风散步时问其有没有加入什么党派，当林风回答没有时，他说："那好，不受什么约束，可以独立思考。熊大缜到冀中区去，我对他说了，不要急急忙忙加入这个党那个派，要独立思考。"[1]他的胸怀坦荡，仁爱广博，也不认为在抗战中冒着生命危险帮助共产党有什么不妥。

叶企孙爱才，却也不歧视那些不适宜于做科学研究的人。清华有个学生学物理不理想，叶企孙看他办事能干，就在考试中送他个及格毕业，鼓励他在他擅长的方面努力，此人后来在经营管理上也做出了成绩。

西南联大期间，在昆明为叶企孙做饭的一位工友死后，叶企孙除安顿他的后事，还一直补助他女儿的生活费用，女孩长大后又为她介绍工作。

抗战前，一级教授叶企孙的薪水大约是每月300~400大洋，这在当时相当高，他是清华第一个买汽车的人，也因无子女手头比校长梅贻琦还宽裕。他一直给上海家里寄钱，一段时间曾经是家里经济的主要来源，侄辈们从中学开始就是叔父给学费。叶铭汉上清华叶企孙还给零花钱，常常让他喝牛奶、豆浆补充营养。

抗战期间，昆明物价飞涨，西南联大教授们都挣扎在饥饿线上，生活极端艰难。一个周六讲完气体动力学课后，叶企孙约学生们在圆通公园举行茶话会，等学生差不多都到了的时候，他就跑去买来两大包糖果糕点，一边招呼大家吃一边鼓励大家克服困难，并询问每个人的家庭、学习、生活情况。茶话会后，送走学生他才离开。学生们回忆说看到叶企孙就想到朱自清写的《背影》，感到叶老师把离家远行的学生们都当成自己的儿女。1945年，这些学生中的胡玉和到美国进修，叶企孙专门约他到昆明市内一餐馆为他饯行，对他寄予深切期望。

---

[1] 林风：《深切怀念叶企孙先生》，《一代师表叶企孙》，上海科学技术出版社2013年版，第64页。

抗战胜利后唐立寅找工作无门，叶企孙又介绍他到龚祖同任厂长的秦皇岛耀华玻璃厂做技术员。

1949年后，只要清华的老职工生病了，叶企孙知道消息就会亲自去看望。

1950年，清华大学物理系考进一位少年时就截了一条腿的学生陆载德，他在上海中学的物理老师就是清华物理系第三届毕业生杨逢挺，而杨当年毕业时也是叶企孙荐引他到上海中学任教的。在杨逢挺的引导鼓励下，陆载道不仅没有因为残疾而气馁，而且如愿考上清华大学。1952年院系调整时陆载德随叶企孙一起到了北京大学。世事沧桑，在他入学时，叶企孙是清华校长，待他毕业时，叶企孙已是北大普通教师，但老师对他的关怀教导一直没有中断，陆载德也深刻领会到老师的内在精神，毕业分配时他没有选择留在条件好的城市，而是到内蒙古大草原从事兵工弹道学研究工作，几十年如一日。

叶企孙与友人合影。

叶企孙培养如此之多人才有何诀窍？简言之就是爱才、尽心，他在这方面有常人所不及之处。有一次，自然科学史研究室招考研究生，共三人报考：一个是与他共事有年的年轻人，另一个是曾从事工作有年的外单位考生，还有一个是应届大学毕业生陈美东。陈美东的总分成绩平常，只排在最末位，却有一道答题连叶企孙本人都未曾发现有如此解法，且答案无误。叶企孙阅完考卷，沉思多时，认为唯此人可造就矣，就力排众难坚持只录取第三名。不负叶企孙的慧眼识珠，陈美东日后在解秘古代所有历法的计算方面取得了举世闻名的成就。

　　后来，叶企孙在自然科学研究所时发现一个研究者将其才能及时间全用在科普文章撰写上，以赚取稿费为乐；另一个研究者则全心全意做专题研究。叶企孙赞赏后者，就给他连提三级。从此以后，研究所风气大变。

　　1952年去北大后，因北大的住房较为紧张，叶企孙就主动将自己的房子让给梁宝洪住。北大有位助教被下放劳动，将读中学的弟弟托叶企孙照管。叶企孙除每月拿钱给孩子用，还到中学去看他，并且一直供他到大学毕业。北大的门警们也对叶企孙有不同寻常的敬意，他虽是普通教师，但一直是全国人大代表，人大开完会派小车送他回北大时，他总是让司机在远离大门处就停车，然后步行进大门回去，每次都很有礼貌地与门警打招呼。他的言行举止与蔡元培当北大校长时几乎是一样的，都是继承了中华民族两千多年来文人的好传统，重视严格的自我修身。

　　1960年前后，全国性的三年饥荒进入最严酷的时段，叶企孙还能得到少量特供食品，他就接济困难学生完成学业；将自己一份教授配额牛奶转送因饥饿而出现浮肿病征的助教张之祥、研究生萧国屏等，或暗自约请病者到家中，督促其将牛奶喝下，将面包吃下；将自己买来的白糖、香烟一小包一小包的分给青年教师。

　　他的学生王大珩说："叶先生不仅教我学知识，更重要的、使我终身受益的是，我从这位老师身上学到爱国的、无私的人格。"

　　叶企孙终身未娶，孑然一身。施士元说"与女性有关的一切信息，在他的思维系统中，似乎都自动地当作杂音被排斥掉。儿女情长，悲欢离合，在文艺作品中是主题，而在他的思想体系中，从来激不起任何风波。他心如古井，永远平静"[1]。

　　终其一生，他帮助过许许多多的学生、同事及社会上需要帮助的人。他在自己的教学事业和热爱他人的行动中获得喜悦与满足，尤其是与学生亲厚，其中与熊大缜更情同父子。

　　但谁也没有料到，"熊大缜案"竟左右了叶企孙后半生的命运浮沉，使他在"文革"中成为熊大缜被冤屈处死后又一桩冤案的受害者，遭莫须有的罪名。这打击对叶企孙来说是致命的，这一切都与他两人的政治态度相关。叶企孙早在清华成立科学社的章程中就明确不谈政治，后来评价熊大缜"政治观点有些右倾，但他并不喜欢政治运动"[2]。叶企孙如此判断显然已经受到他经历的思想改造和"反右"运动的影响，而有些"右倾"的熊大缜为了抗日，却投身到"左"得可怕的环境中，注定了他的悲剧。

　　众多与叶企孙相处过的人得出的印象是，叶企孙有很深的儒家思想和传统信念，又叠加了平等博爱和人道主义的人际关系准则，既能对社会底层人尊重、平等相待，又能与王国维、陈寅恪、梁启超、赵元任、金岳霖等大师级人物友好交往，对高官厚禄者只会平视而不会献媚。

---

[1] 施士元：《叶企孙先生二三事》，《一代师表叶企孙》，上海科学技术出版社2013年版，第42页。

[2] 虞昊、黄延复编：《中国科技的基石》，复旦大学出版社2008年版，第23页。

"几点意见" 振聋发聩

经过"思想改造""反右"等运动之后,中国出现"一犬吠影,百犬吠声"的严重的思想缺乏状况。1963年,毛泽东在《自然辩证法研究通讯》复刊第1期上读到从苏联《哲学问题》杂志转译过来的日本物理学家坂田昌一的《基本粒子的新概念》一文,赞赏其中"基本粒子"并不是最后不可分的粒子的观点。1964年8月23日,毛泽东接见了作为日本代表团团长来中国参加北京科学讨论会的坂田昌一,并说自己读过他的文章。当时在场的该《通迅》主持编辑工作的于光远就告诉坂田,毛泽东在1957年莫斯科会议上就说过一分为二是普遍现象。《红旗》杂志于1965年第6期将毛泽东的几次谈话整理发表出来,并组织科学界和哲学界讨论。

在所谓辩证法最高经典即"一分为二"思想权威下,科学哲学界滋生出一种倾向——以唯物和唯心两主义为标准来划分历史上的自然科学家,将科学发展进程简单归结为这两种世界观斗争的结果。在1965年的北京科学会报告会上,曾获英国曼彻斯特大学哲学博士、中科院高能物理研究所第一副所长朱洪元依照"一分为二"的思想框架说普朗克、爱因斯坦等世界第一流的物理学家是"唯心主义""形而上学"。《红旗》杂志1965年第9期发表这一主题的讨论专辑,朱洪元的发言稿成为该期的重要支柱,产生了很大的影响。

与此同时,一些没有科学素养的人试图将"一分为二"当作科学、哲学思想和社会行动的指南,报刊上连篇累牍地发文赞扬这个"光辉思想"。

1965年的《自然辩证法研究通讯》第2期又发表朱洪元的类似文章。也许在那个时代背景下,很多知识分子不得不说违心之言。但是科学家的良知,还是让叶企孙发出自己的声音，他以大无畏精神逆潮流地说出几点意见：

一、对历史上著名的科学家必须具体地分析，给予正确的评价。我有几点不成熟的意见，提出来供大家讨论。

（一）最近朱洪元同志说，普朗克在1900年提出量子假设后，用了15年时间企图消除量子假设同经典理论间的矛盾，阻碍了科学的进展。这个说法可能有问题。普朗克当时采取的一些做法，是为了尽量考验经典理论可能做到什么地步，这是有必要的。而且他在这15年中的成就为经典统计理论过渡到量子统计理论准备了条件，在物理学上也是有贡献的。

（二）朱洪元同志还说，由于形而上学的束缚，从爱因斯坦提出光量子说到德布罗意的物质波理论，时间长达19年之久。这不能单纯归结为受到形而上学的影响以致发展迟了。例如实验条件也需要发展的过程，如果电子衍射的实验早些做出来，粒子的波动性也可能早些被发现。科学史上有不少这类的例子。如阴极射线的最后发现，引导到达发现的开端工作，可从法拉第说起，而从法拉第到汤姆逊，中间经过了约50年。在这50年中，物理学工作者在努力于提高真空度。只有真空度提高了，阴极射线的效应才能被观察到，阴极射线才能为人们所发现。把实验条件尚未具备而未能更早发现的东西都称为是形而上学影响的结果，这未免有些简单化了。

（三）朱洪元同志提到瑞利－金斯企图"掩盖"矛盾，这种说法恐怕有问题。瑞利－金斯同普朗克一样，也是在企图探索经典理论究竟能说明现象到哪种地步。他们所导出的公式直到今天还有其适用的地方，而且它的提出，在考验经典理论的适用性上还是有好处的，便于暴露经典理论同新的实验事实之间的矛盾。

（四）对于爱丁顿的估价问题。爱丁顿一生在天文学方面做出了划时代的贡献，如关于恒星演化的学说，关于光的压力（扩散）与星质的重力（聚缩）之间在恒星演化时所起的矛盾作用的学说。但他确是发表了许多错误的哲学见解，这些见解使他在若干种物理学著作中走了错误的路。例如关于光谱的精细结构的常数，他用错误的理论导出它应该是1/137（分母是一整数）。他的理论虽然是错误的，但也推动了物理学工作者去重新准确测定这个常数和与它有关的几个基本常数。精细结构常数的实验值现在大家公认为是1/137.1…，否定了爱丁顿的理论。

二、科学史上确是有些例子，表明一个有唯心观点的或有形而上学观点的科学家也能做出些重要的科学贡献。为什么是这样？这是一个值得大家讨论的问题。[1]

叶企孙的这几点意见，发表于《自然辩证法研究通讯》1965年4月出版的第4期，文章标题就叫《几点意见》。主持该《通讯》编辑工作的于光远曾是叶企孙在清华大学物理系时的学生，时任中央宣传部科学处处长，先后负责编务的有许良英、龚育之、范代年等，他们都是叶企孙的学生或学生的学生，深知叶文的分量，也明了在这本毛泽东当时每期必看的杂志上发表这几点意见的巨大风险，于是在该文前写有以下"编者按"：

编者按：研究科学史上的经验教训，阐明唯物论、辩证法对自然科学的指导作用，唯心论、形而上学对自然科学发展的阻碍作用，是一件有现实意义的重要的工作。本期发表叶企孙和朱洪元关于这个问题的讨论，很有意义，我们希望有更多的同志发表意见。

叶企孙此文主要针对朱洪元文章而起。朱洪元见叶文后又撰《怎样总结科学史上的经验教训——答叶企孙先生的〈几点意见〉》一文。叶文、朱文同时刊出。尽管当时的不少文章免不了应景而说了套话，但究竟是学有成就的科

---

[1] 叶企孙：《几点意见》，载《自然辩证法研究通讯》1965年第4期，第47～48页。

学家，从科学之事出发，提出了不少正确的科学观点，争论的风气也是好的。朱洪元的这篇文章，语气上对叶企孙是尊重的，对叶企孙的不少意见明确表示赞同，而对叶企孙质疑的问题，则作了很详细的论辩，列举出大量事实，说明普朗克、金斯、爱丁顿等人哲学上的错误。今天看，这些见解也是正确可取的。所以，这样的学术争论是有贡献的，推动了科学史的学术研究。

为了对那些持辩证异议者进行教育，对"异议"进行批驳，让持"异议"者本人作检讨，1965年5月至7月间，《红旗》编辑部哲学组和中国科学院哲学研究所自然辩证法组、全国科协、北京市自然辩证法学会筹委会曾先后联合召开了几次自然辩证法座谈会，一部分科技工作者和哲学工作者应邀参加了座谈，讨论了在科学技术工作中如何自觉地运用唯物辩证法的问题。座谈会上的发言，有选择地先后在《红旗》《光明日报》上发表。叶企孙也应邀参会。会议召集者希望叶企孙在会上作些"让步"或"自我批评"，鉴于不得不发言，叶企孙便作了以下发言：

我认为，这种会参加的人应当多一些。例如做原子核物理实验的人，也不妨争取他们参加。大家谈谈哪些实验可以做，有哪些实验材料现在还解释不了的，可以提出来由理论物理工作者研究。理论物理工作者同实验物理工作者要合作得好。在哥廷根大学，玻恩有一个习惯，他除了主持理论物理讨论会，也一贯参加由弗朗克（Frank）主持的实验物理讨论会，每次都去，了解实验中有哪些要说明的问题，有哪些新想法和新发现。

在物理学史上，一个问题的初次突破，往往不一定在本专门化的小范围中得到，而是可以从别的专门化得到启发。

现在，我想谈谈电子的发现。化学元素周期表在19世纪中叶，就有人想到了。这是人们认识物质结构的一个阶段。

发现电子、质子，是深入到更深的一个阶段。

一般的科学史，都认为电子的发现，主要是英国的J. J. 汤姆逊研究阴极射线的结果。但从原子的阶层到更深一级的阶层，这个突破在思想上还要早一些，是来自多方面的。

第一次突破，大约在19世纪的70年代。在一个纪念法拉第的会上，德国物理学家亥姆霍兹（今译赫姆霍兹）（Helmholtz）指出了法拉第的电解定律的基本重要性，指出从电解常数，从一个克原子量量中的原子个数，可以估计出一个基本的电荷单位。

约在19世纪的80年代，还有一项理论工作，使人相信有比原子更深一个阶层的物质存在。德国的吕凯（Riecke）和特鲁德（Drude）设法说明为什么各种金属中导电率和导热率的比例基本上一致。他们假定金属中有一种小电荷，既导电，又导热，用平均自由路程的概念，可以推出金属导电率和导热率的比例。这个经典理论对电子的发现是第二次突破。

第三次突破，是塞曼（Zeeman）效应。塞曼发现，在强磁场下，一根光谱线分裂为几根。这一实验不到一年就被洛伦兹（Lorentz）解释出来，理论中利用了有一个很小的电荷在运动的假设。虽然当时还没有从实验直接发现电子，但思想上已有了电子的假设。

电解定律、金属导电率和导热率之比、光谱线在磁场下的分裂。这些现象的说明似乎都和发现电子无直接关系，但它们却使人们深信电子的存在，鼓励着人们去发现它。

现在要突破下一个问题，发现更深一层结构的物质，要从物理学的各方面去努力。所以参加科学讨论会的人可以多些，举行科学演讲会时发票宜广泛些。几星期前听某大学教授讲有机晶体的导电问题，他讲的内容与化学、物理学、生物学都有关系，可是来听讲的人方面显得不够多。总之，一个重大问题的突破要多方面的人参加。[1]

---

[1] 《北京自然辩证法座谈会上的一部分发言》，载《自然辩证法研究通讯》1965年第4期，第4页。

叶企孙并未按召集者心愿说话，但也未再"重复"或坚持其在《几点意见》中的观点，他的发言内容与座谈会宗旨似有南辕北辙之嫌，他利用这个机会举出更详尽的历史例证说明科学前进的历程的复杂性。或许由于叶企孙的声望，或许由于当时自然辩证法界的主要行政与学术领导皆是他的学生，自然辩证法界此后未再对他的《几点意见》中之观点进行"批驳"。

叶企孙还认为那些主张唯心论和形而上学阻碍科学发展的人，最好先读一读桑戴克（T. Thorndike）的六卷本《巫术和实验科学的历史》（*A History of Magic and Experimental Science*），将其中所举的例子一一驳倒后才能下结论。他认为将一些杰出的公正的科学家戴上资产阶级代表人物的帽子，或肆意贬低中国古代科学家的成就，厚今薄古，都只能是无知和偏见。而把一个科学家做出成就，说成是不自觉地运用了唯物论和辩证法，又把同一个科学家的失败说成是受了唯心论和形而上学世界观的影响，这种简单的划分不解决任何问题，等于没有研究。

当然，从座谈会至1966年"文化大革命"爆发前，自然辩证法界的议论迅速被下乡蹲点的"最高指示"所铺盖，学界忙着和工农兵一起大搞辩证法，对叶企孙《几点意见》中的观点进行批判就成为"紧急形势"下可以"暂缓"的问题。

身陷囹圄不乱咬

1966年，68岁的叶企孙与全中国人一起遇上了"无产阶级文化大革命"。

1967年6月，国家经委、化工部和中科院的造反派组织揪斗吕正操时翻出档案中的"熊大缜案"，就到北大镜春园76号叶企孙家外调。北大"井冈山兵团"闻讯，立刻在物理系大楼上挂出"打倒CC特务叶企孙"的大标语，诬叶其是陈立夫

CC特务系统的特务。当天其侄孙叶建荣正好来看他，叶企孙对他说"今天我被揪出来了"，还认为自己一生历经坎坷，这点挫折是能经受得住的。

不料，由聂元梓领导的北大红卫兵的另一派"新北大公社"不甘示弱，马上派人来抄叶企孙的家。两大造反派团伙争相批斗这位年届古稀的老学者，冠以"资产阶级反动学术权威""CC大特务"罪名，揪斗、关押、抄家、停薪，把他押入设在原林学院的黑帮劳改队接受改造，作为重点监管对象的他，连报纸都不准看。叶企孙常利用夜晚看管不在的时间悄悄溜到物理系一般教师的"牛棚"借阅报纸。

1967年8月19日，叶企孙在多次被勒令就"熊大缜问题"写书面交代的情况下写出的一份交代，北大革委会当即盖上公章转交化工部造反司令部。接着，12月8日、14日、19日和21日又被迫写了四份交代材料。而当年受"中央训练团"之邀去该团作两次普及科学的演讲时，该团团长蒋介石所签署的聘书此时竟成为叶企孙是CC特务的证据。

1968年1月，"井冈山派"又揪他写交代，分别于1月17日和22日交了两份。2月9日又逼他揭发钱三强，他却写道："我对于钱三强总的印象是：他对工作是努力的，他的思想是比较进步的。"

从1967年6月到1968年1月这半年多的关押迫害，很快就使这位正直敦厚、热爱祖国的老学者不堪承受，一度患上幻听症，总听见"井冈山"电台天天点名批判他，说他是特务，高音喇叭整日整夜喊叫"不投降就叫他灭亡"的口号，还感到有电台在监视他，"一举一动都有反应，他喝一口茶，电台就说他喝茶不对，他走出门，电台就叫他马上回去"。时而听广播喊"打倒CC大特务叶企孙"，时而是"井冈山"和"新北大"两个电台为他的问题辩论，时而又传来"周总理要叶企孙出来主持北大工作"的广播，有一次又听到"吴有训受伤了"……这一切幻听症表现实则是他一度神经错乱了。他的侄子"甚觉悲哀"地对他说："你是学物理的，你知道电波透不过墙，根本没有这种事，是幻觉。"叶企孙说："有，是你耳朵聋，听不见。"就在这段患病期间，红卫兵还强迫他在3月25日、4月15日、19日和27日写出四份交代材料。

1968年春节，清华老校工贾连亨和张瑞清去向叶企孙拜年，一进北大就看到屋顶上挂着"打倒国民党CC特务头子叶企孙"的大标语，感到莫明其妙！

1968年6月28日，终因"吕正操案"牵连，70岁的叶企孙被中央军委办公厅逮捕，关进北京卫戍区监狱，其间所受的屈辱与折磨永远是个谜。关押、受审、受尽人格凌辱，并勒令写交代材料说清国民党CC特务与熊大缜、吕正操以及天津抗日青年和其他党派人士的"勾结反共内幕""联络关系"等。

叶企孙在被关押期间，留下"笔供"的材料表明至少受过八次正式连续提审，还有一份叶企孙手写的11页的材料，每页均有他的手印，上盖有一枚"1968年8月8日"的长章。八次提审记录显示9月4日那天从早上8∶40连续逼供到晚上10∶10，一个70岁老人被连续逼供达14小时，尊严和人格受到极大的侮辱。有一次，提审人就一个他记不清的问题要他写书面保证，他说："我不写保证和任何文字上的东西，我只能说我（记）不清。"提审人要他态度老实，他说："我是老实的，我是科学家，我……我是老实的。"在狱中，他虽然有时也被迫"交代"了一些"罪行"，但总的来说仍保持了一位伟大学人及科学家实事求是的庄严气概。

叶企孙对待自己这段厄运的态度显示出他的超人品格。在那些史无前例的万马齐喑的时日里，怀抱科学救国志向的叶企孙和他的弟子们遇到的最大困难不是物质上的，而是愚昧的权势。在各种威逼、胁迫手段无所不用其极的情况下，中国的读书人中，且不说要求他们遵从知仁、知耻、知勇；不移、不屈、不淫等古训，即使做到实事求是、不说假话违心话的又有几人？但是叶企孙做到了，他没有像那个时期众多人那样为求解脱而胡说一气，在被"专政"期间，包括"隔离审查""监管监禁"以及后来释放后"监督居住"，被迫做过的交代、检查、口供……归结起来他只说了一句话：我是科学家，我是老实的，我不说假话。

在这些材料中发现一个有意忽略之处，在写到1930年他在哥廷根大学进修的一段时道："那时，在哥廷根大学的中国学生很少；据吾回忆，只有一个叫曾省（曾炯之），是学算学的。吾不知道他现在在哪里。"[1] 而事实上，他的得意门生王淦昌当时就在哥廷根大学深造，而且叶企孙所听很多讲座与课程就是王淦昌所上的课。王淦昌的儿子王德基后来提供的叶、王、曾三人合影的照片也显示当时两人的交往非同一般的密切。而此时正在从事秘密核武工作的王淦昌如果在叶的交代材料中出现，不只王淦昌将遭灭顶之灾，中国的核弹事业发展也会受到一定影响。面对愚昧的权势，一颗坦荡、智慧且博爱的心灵突显无遗。

叶企孙（中）、王淦昌（右）、曾炯之（左）三人在哥廷根大学的合影。

[1] 虞昊、黄延复编：《中国科技的基石》，复旦大学出版社2008年版，第17页。

1969年11月，因查不到任何证据，"吕正操专案组"持周恩来批件来监狱要人，12月，被莫名关押一年半的叶企孙获释并回到北大。但当时被军宣队和工宣队控制的北大以不清楚怎么办为由不肯收留，清华也以事不关己的态度不敢收留，以致在那个特别冷的1969年的冬天，北京中关村一带街头，叶企孙裹一身旧棉袄，拖一双大棉鞋，腰间系一根草绳，蓬头垢面，躬着背，弯着腰，拢着双手，或在北风中蹒跚，或干脆仰天孤卧……过着悲戚的乞讨生活。有时在水果摊上停下，买两个小苹果，往身上一揩，边走边啃。有时碰到认识的学生，就伸手向他们要一点钱。吴有训闻讯不顾自身处境险恶，偕夫人专门在海淀街上寻找、等候，终于有一天遇上了，上前紧握老友的手，抹去眼泪塞给叶企孙一些钱，表示要设法营救。

北大有人实在看不过去，就安排叶企孙住在校外家属楼里一个套三公寓中的一间。北大的红卫兵组织继续对他实行"隔离审查"，继续对他进行批斗，以致年届花甲的贾连亨看了也不禁哭了。

这位为中国培养了诸多顶尖人才的大师，在精神和肉体均受到严重摧残的日子里，无论受多大委屈，都从不向别人倾诉，而是默默忍受。除了被逮捕和部分隔离审查时间外，家住中关村的叶铭汉每周都会去看望他，但两人从不谈遭遇。叶铭汉说："叔父没有向任何人表示过他一生很悲惨，他的看法好像是世界上和历史上冤枉的事情很多，没有必要感叹自己的人生，他对自己的遭遇淡然处之。"当时，他的学生探望他所看到的是，"叶老师住在北大的一间斗室里，腰已经弯到了90度，处境非常悲惨"。在关押期间，由于他身患严重丹毒症，前列腺肥大、小便失禁，被褥终日潮湿，衣服少有更换。为减轻痛苦，他整日整夜坐着，致使两腿肿胀，皮肤发黑变硬。这时的他丹毒症日愈加重，步履艰难，也只能日夜坐在一张旧藤椅上，读点古典诗词或历史书打发时光。

从1970年1月起，叶企孙每月可拿到50元生活费，这对一向高收入而此时又患病的叶企孙来说实在是太少了。

1971年，叶企孙的学生、已在北大当教师的张之翔从江西鲤鱼洲回京，向工宣队请示后获准去看叶企孙，但叶企孙已经不怎么认识他了，只是坐在藤椅上，把两个肿得很厉害的腿给他看，并告诉他是红卫兵打的，走不了路了。叶企孙没有牢骚，很平静，只是人已经没有个人形了。

1971年，叶企孙又被发配到十三陵水库劳改，结果十三陵水库有关部门发现他年老体弱多病，实在干不了什么事，一年后又被送回北大。

叶企孙自己处于人生的谷底，但依然不忘设身处地地为他人考虑。有一次，钱三强在中关村的马路上碰到他，立马跑上去打招呼表示关怀，叶企孙马上就说："你赶快离开我，赶快躲开，以后你见到我，再也不要理我了，躲我远远的。"因为钱三强当时是二机部的副部长，负责原子弹工程，叶企孙知道这么重要的工作最忌讳同政治上有问题的人来往，他生怕钱三强因此受连累。

1972年6月，北京大学宣布叶企孙"CC特务"问题查无实据，"敌我矛盾按人民内部矛盾处理"，恢复了叶企孙每月150元的教授工资待遇，在北大中关村园给他分配了一套一室一厅的住房，周师傅又能来陪着他，但仍是被监视居住。王淦昌在此期间趁出差北京的机会冒着极大风险与龚祖同到北大探望他，当时他的伤病已有好转，虽两腿仍肿大，但能慢慢走路，对两名亲密的弟子来看望感到非常高兴，但丝毫不露内心痛苦，绝口不提自己所受的冤屈，以免给当时正在从事绝密国防工作并曾遭过批斗和凌辱的王淦昌留下别人可抓的把柄。

1972年7月7日，任之恭率美籍中国学者访华代表团抵京，周恩来隆重接待。团员大多是叶企孙弟子，代表团总干事戴振铎几次提出要拜谒叶先生，都得到他不得要领的答复，铸就他一生最大的遗憾。同样，从前的友人赵元任及学生林家翘、杨振宁等先后回国访问时都提出去探望叶企孙的要求，均遭有关方面拒绝。

1974年夏，曾于1928年至1932年就读清华时因其兄郭殿邦之托得到叶企孙照料、此时又带着兄长叮嘱的郭会邦到北大看望叶企孙，当他在校园里向一位年轻人问叶企孙的住处时，该人竟然查问他与叶是什么关系，还反问"你不知道他是国家罪人？"后自顾离去。郭会邦探寻半天，才找到叶企孙的住处，看到的是"独卧床上，面容憔悴，已是十分衰弱贫困"的叶企孙，衣履陈旧、室内空荡。待告知以郭殿邦（1920级清华学生）、郭济邦（1931级）的名字，叶企孙回忆与郭殿邦在清华与哈佛两度前后同学的旧情，面有喜色，很吃力地起床，摇摇摆摆，两腿不能支撑，发音迟钝、断断续续地讲起："1930年时，曾致电报给美国的殿邦，请他回国主持清华工学院事，殿邦回电报给了一个'NO'字。后来我也理解他的心意，学必须用其所长，他自然热心他专业本行。"郭会邦告以其兄在美国设计各项大桥，如著名的Greater New Orleans Bridge，他是总设计师，叶企孙听了很高兴。怕引起伤感，郭会邦没有问他为何受到如此遭遇，叶企孙自己却主动说道："我犯了罪，红卫兵将我敲打，当时没有死下来，因为周培源说既然犯了罪，应将我送交公安局看管，保护了我，所以活到今天。我所以犯罪，因为我和鹿钟麟都是反共分子，斥骂我死了也有余辜。但是，我反共不反共也说不出事实来，我和鹿钟麟并无交往，我想冯玉祥是坚决抗日的将军，人人皆知，鹿钟麟是冯玉祥的嫡系，又是亲信的部下，必然也是抗日的，我不过寄予希望和同情，素不相识，我也确实不晓得他也是反共人物。"当郭会邦安慰他说清华学生还把您当好人时，叶企孙摇头叹息道："你们兄弟还是几十年前的清华学生吧！"[1]这或许是叶企孙生前最坦白的真心话。

　　在此期间极少有人敢写信给叶企孙，这里选摘两封，可见其弟子爱师之心及在精神上给予的支持作用。第一封是戴振铎1972年来访受阻，临回美国前留下的短笺，几经辗转才到达老师之手的：

[1]　郭济邦：《读〈叶企孙先生与熊大缜案〉之感》，《一代师表叶企孙》，上海科学技术出版社2013年版，第44～45页。

企师：听说您身体不好，很挂念。

　　我回国参观、探亲，对祖国各方面的进步无限钦佩，因为团体行动，一切节目均有安排，没有机会来探访您，心中非常不安，只能在临走之前，写此信向吾师致敬并祝健康！！

振铎敬上
七月十六日

第二封是物理系第二级学生冯秉铨一获得自由就给叶企孙写的信：

企孙师：

　　1951年在北大一面，20年来未通音信，这不是说您的学生忘记了您，相反，他们是常常惦记着您的。数十年来，每逢我见到了清华的旧同学，可以说没有一次我们不想到您，谈到您。……上星期见到了竹溪，他来广州开会，我们谈了一个晚上，通过他我才了解到前几年以及最近有关您的情况，我想再不写信就太不应该了。……想等到1968年再写，因为那是您七十寿辰的那一年。事情竟是如此不巧，1968年正是我处境和您相同的一年，所以又未能如愿。这次竹溪来，引起我下了决定，这次一定把这封信写完。

　　……在中国物理学界里您的贡献已经写入了历史，这是任何人所否认不了的，更是您的学生们不会忘记的。听说毛主席对杨振宁评价颇高。杨振宁的早期是受过竹溪他们的影响的，而竹溪他们无疑是受您的影响的。现在，您年事已高，回顾这几十年来，没有白费心血，是可以无愧于国家，无愧于人民的……

生　秉铨
1974年12月28日

叶企孙收读此信时，不禁叹息道："秉铨啊秉铨，你哪来这么大的勇气！"

1975年夏，叶企孙被宣布解除隔离，他让戴念祖去探访钱伟长、王竹溪，告知他的情况。

1976年春节，陈岱孙、吴有训、王竹溪、钱伟长、钱临照等特去给叶企孙贺年，叶企孙仍然纵论科学与科学教育，只字不谈狱中情况及其感受。

内查外调贤哲身

1976年7月28日，唐山大地震。叶企孙不得已搬入临时搭建的防震棚，由于棚子既不挡风，又不遮雨，病情急剧恶化。

在这段时间里，钱临照常去探望他，看到他还是不断买新书，订购外文期刊，他的左右仍放满书籍，坐在藤椅上以读书为乐，所谈多涉及物理学、科学史和古诗词，不涉及受迫害屈辱之事。仅有一次，叶企孙取出《宋书》，要钱临照看范晔写的《狱中与诸甥侄书》中的一段："吾狂衅覆灭，岂复可言，汝等皆当以罪人弃之。然平生行已在怀，犹应可寻。至于能不，意中所解，汝等或不悉知。"

范晔是南朝宋史学家，官至尚书吏部郎、左卫将军，掌管禁旅（即皇宫卫队），参与机要。元嘉二十二年（公元445年）涉嫌参与谋立新主案，被禁锢处决。叶企孙引此文表达自己此时心境，显示其人格、品质和哲人风范达到了他人难以企及的境界。

1973年，叶企孙的前列腺肥大症更加严重，肾脏随时可能坏死。侄孙叶建荣以一个医学工作者的身份劝他动手术，叶铭汉也多次劝叔父住院治疗，但叶企孙坚决不同意，说："你们以为我还能再活五年呵！"叶建荣在1975年夏对他谈到历史上曾有过不少长寿的名人，叶企孙说："其实，人无须活得太老，活得太老，最后几年就像熊冬眠一样，什么事也做不成，如果主政，还可能做错事。我一生想做的事，已经做完毕，还有的事，只好留待你铭汉叔父去做了。"有一回，叶铭汉提出要为叔父冤案鸣不平，叶企孙摇摇头说："那很不容易，历史上有许多人物，他们逝世的时候并没有什么结论，不仅是诗人、政治家、文学家，外国有许多科学家，在世时也很不得意，还会受教会迫害。"[1]这些对人生、政事、得失的洞见，非哲人不会有，自知已不可能再作稍有贡献的人，宁死不屈，显现出一个学者严正处世为人的精神态度。

1977年1月10日，陈岱孙和叶铭汉去探望叶企孙，发现他说话不对头，又出现幻听症。当晚，叶铭汉到北大校医家里取了一点药，给叔父吃。第二天，叶铭汉发现叶企孙已陷入昏迷状态，急忙送其入北大医院，因病情危急随即又转到北医三院，却不准住院，不得已托熟人走后门才得住进院，但为时已晚。

1977年1月13日21时30分，久病之后的叶企孙走完79年的人生历程，在昏睡中离世。

北大有关领导告知叶铭汉等家属，逝世消息不见报，叶企孙问题仍是"敌我矛盾按人民内部矛盾处理，开追悼会，骨灰放在八宝山"。

1月19日，叶企孙追悼会在八宝山革命公墓草草举行，约两百人受邀到会。北大副校长周培源不以副校长而以生前好友的身份主持追悼会，物理系党支部书记平秉权致悼词。但悼词事先未经家属过目和同意，对叶企孙1949年前的五十多年和冤案只字未提，在学术贡献上只说他做过有益工作。好友陈岱孙泪流满面，吴有训因悼词评价和追悼会的规格过低而悲愤交集，中途退场，以示抗议。

---

[1] 虞昊、黄延复：《中国科技的基石》，复旦大学出版社2008年版，第485页。

　　追悼会悼念仪式照片。右边戴黑纱者为叶铭汉，第1排右2为陈岱孙，右3为吴有训，右4为赵忠尧，右5为周培源。

　　叶企孙追悼会现场照片。

追悼会后，周培源竟茫然地追问同样被关押审查和劳动改造、当年参加冀中抗日的林风："叶先生到底是怎么一回事啊？"困惑中流露出万般无奈的感情。

后来，叶企孙的侄子叶铭汉，学生钱伟长、王竹溪、沈克琦等等不断为叶企孙冤假错案向中央及有关部门申述。吴有训说："我认为叶企孙不会是特务，他从来不是国民党党员。一定要写信上告。"一次次上访、报告、写信，真相总被一扇扇门关住，追求她的道路何其漫漫。

事实上，在叶企孙被关押的1968年6月28日到1969年11月期间，"组织上"已对包括翁文灏、冯友兰、赵访熊、戴世光、何成钧、周仁、周庆同、吴泽霖……以及原清华秘书长沈履、原清华庶务科长毕正宣等许多人进行调查取证，除个别人信口开河、胡言乱语外，绝大多数人都表现出诚实、坦荡，间或还含有某些别种意味。戴世光甚至用自己参加过的"中国统计学会"来揶揄国民党"中统组织"，并称叶肯定没参加，"也没听说过叶企孙参加国民党。我一直认为叶企孙是无党派的教授"[1]。

1980年5月，北大党委接到中共中央组织部对吕正操的平反决定通知书后，于6月作出结论："1968年4月，中央军委办公厅逮捕叶企孙是错误的，强加给他的一切诬陷不实之词应全部推倒，彻底平反，恢复名誉。"但是却没有实质性的措施，仅是一纸空文而已。因为叶企孙冤案的最终解决缠着一个"死结"，那就是已拖了四十多年的"熊大缜案"。

1986年8月，中共河北省委作出《关于熊大缜问题的平反决定》，其中说："定熊大缜同志为国民党CC特务而处决，是无证据的，纯属冤案。因此，省委决定为熊大缜同志平反昭雪，恢复名誉，按因公牺牲对待。"其中关于叶企孙部分道："叶企孙是无党派人士，爱国的进步学者，抗战期间对冀中抗战作

---

[1] 虞昊、黄延复：《中国科技的基石》，复旦大学出版社2008年版，第481～482页。

出过贡献……叶企孙CC特务的问题，是不存在的。"至此，熊大缜与叶企孙的"CC特务"以及"策反八路军吕正操部队的历史问题"的沉冤方得以洗雪。

47年前人为造就的一桩奇辱冤案至此才真相大白。1987年2月26日，北大副校长沈克琦等教授撰写的《深切怀念叶企孙教授》一文最终在《人民日报》得以刊载，以示恢复叶企孙名誉。

1992年4月，清华举行"叶企孙奖第一届授奖会"，并纪念他逝世15周年，对他的生平业绩作了较公正的评价。会后，陈岱孙、赵忠尧、钱临照、孟昭英、王淦昌、任之恭、林家翘、杨振宁、吴健雄等127位海内外学者联名呼吁在清华校园里建立叶企孙铜像。1995年清华大学举行了隆重的铜像落成仪式，以志永久纪念。

叶企孙铜像。

行文至此，我们将他众多学生和生前好友对他回忆中所用词语的频率统计后发现，较高频率的词是：光明正大、正直坦白、群而不党、襟怀坦荡、虚怀若谷、思想豁达、高风亮节、正人君子、大公无私、公正廉洁、志节高尚、理想远大、理性务实、缜密严谨、一丝不苟、真诚博爱、不愠不火、宽厚和蔼、谦虚诚恳、知人善用、礼贤下士、平易近人、慷慨简朴、学问渊博、造诣高深、思想深邃、远见卓识、内向儒雅、文质彬彬……简而言之，既是一代宗师，又是旷世贤哲。

　　半生沉浮，叶企孙一以贯之地坦白温和，不求理解、不加责问、毫无敌意，因为他真正的敌人是愚昧和强权。叶企孙的一生似乎都在以一种惯有的平缓语气告诉人们他早年日记中的话："向前直进，毋灰心，毋间断。"

后　记

　　为叶企孙先生写传是我心怀已久的夙愿。

　　这种夙愿源于整个社会对叶企孙处于"未发现"状态，未发现他超人的智力、贤哲的人格、脱俗与纯真的品性、对人类社会发展所做出的巨大贡献以及复杂的人生经历，甚至包括由他的经历所折射出的社会病态。

　　所以这本书写起来很难，写之前用三年时间大量搜集了各种资料，阅读、分析、鉴别、比较，最后选取了紧贴事实的最为拙朴的方式写作，以求写出与其精神本质尽可能一致的叶企孙，力求把这一旷世学人和谦恭君子的品格、精神、思想、业绩原原本本地向读者作接近原貌及全貌的介绍。正因为此，本书或许仅能提供素材和线索，为读者更多地了解乃至研究叶企孙先生抛砖引玉。

　　本人深知自己在功力和造诣两方面都有限，因此不当之处在所难免。

　　在写作过程中，叶企孙先生的学生戴念祖先生、清华大学校史研究室金富军主任、北京邮电大学刘克选先生、首都师范大学白欣老师给予了及时帮助；吾妻胡翠红女士做了大量资料查找、梳理、录入的工作。在此一并致谢。

储朝晖

2015年12月于北京

把教育办得更好
（代跋）

储朝晖

　　提倡教育家办学是提升中国教育品质的必由路径，令人遗憾的是，近三十年对教育的实地调查使我深感无论是在教育业内还是整个社会，对教育家的认识都是极度模糊的。

　　在我心存为解决这一问题做点什么的愿望时，四川教育出版社前任社长安庆国先生说他一直想出版一套《20世纪中国教育家画传》丛书而未能如愿。于是，我们决定合力将这件事做好，以期对传承、传播教育家的办学理念，促进教育家办学有所裨益。这便是这套丛书编写和出版的缘起。

　　在丛书编写和与各卷作者交流的过程中我体会到，一个时代是否有教育家是与两个方面相关的：一是这个时代是否需要教育家；二是这个时代是否具有产生教育家的环境。可以说任何时代都有具有教育家潜能和品质的人，但只有独立思考，并能依据其独立思考自主实行教育教学的人，才能成为教育家。因此，凡是学人能够自主的时代，出现教育家的概率就高；而在学人不能自主的时代，就不会出现教育家。如果真的期望教育家出现，就要创造教师能够自主教学，学生能够自主学习，校长能够自主办学的社会与制度环境，否则就不可能出现真正的教育家，也不可能培养出杰出人才。

　　教育家的认定最可靠的方式是社会认同，获得较高社会认同的教育从业者,能被社会高度认同为教育家的人就是教育家。当今尚不存在哪个专家或某个机构具有确认教育家的资质。限于条件,这套丛书还不能对所选传主通过全民投票的方式来确定,但所选的十位传主确是经过教育史专业的学者海选而产生的,他们选出了王国维、蔡元培、陶行知、张伯苓、胡适、梅贻琦、黄炎培、徐特立、陈鹤琴、晏阳初,在20世纪中国教育史上,他们发挥的教育家作用是毋庸置疑的。令我们感到惊诧的是,他们在那个年代就已经相互认识,大都有过直接交往,其中一些人还是挚友,这应是志同道合使然。

除了外部认同,教育家必备的内部品质有三种:一是博爱之心,执著地爱学生、爱教育工作、爱人类未来的发展;二是独立思考和不懈求新,教育已经是数千年的专业工作,不能独立思考和创新的人是难以成为教育家的;三是有从事教育工作的专业潜质,能敏锐地发现教育问题,并以独特的思考和行为解决问题。有了这三种品质,在外部条件许可的情况下就会产生诸如教育思想、办学业绩、论著等结果。

是否称得上教育家,最根本的是看他是否教人做人,能否依据学生不同的潜能、个性和志向培养出值得他自己崇拜的人。一个人的学业成绩仅仅是他成长发展的一个方面,学业成绩高并不一定就发展得好,教出考试成绩高的学生也不是教师成为教育家的垫脚石。近三十年来有不少学生得了各类国际奥林匹克奖,却未能成长为相关领域真正的专家。陶行知主张办知情意合一的教育,有一段很有针对性的话:"知情意三者并非从割裂的训练中可以获取。书本教育也许可以使儿童迅速获得许多知识,神经质的教师也许可以使儿童迅速地获得丰富的感情,专制的训练也许可以使一个人获得独断的意志,但我们何所取于这样的知识,何所取于这样的感情,何所取于这样的意志?知情意的教育是整个的,统一的。知的教育不是灌输儿童死的知识,而是同时引起儿童的社会兴趣与行动的意志。感情教育不是培养儿童脆弱的感情,而是调节并启发儿童应有的感情,主要的是追求真理的感情;在感情之调节与启发中使儿童了解其意义与方法，便同时是知的教育；使养成追求真理的感情并能努力与奉行，便同时是意志教育。意志教育不是发扬个人盲目的意志，而是培养合于社会及历史发展的意志。合理的意志之培养和正确的知识教育不能分开，坚强的意志之获得和一定情况下的情绪激发与冷淡无从割裂。现在我们要求在统一的教育中培养儿童的知情意，启发其自觉，使其人格获得完备的发展。"[1]坦率地说，现在不少学校的学生成绩就是以割裂的方式获取的，这样的学校教育就不能说是真正在教育人，也不可能造就出教育家。如果不能走出这个误区，教育家的出现就永远只能是梦想，教育家办学就只会蹈空。

中外历史上所有教育家的人生旅程都是历经波折、艰难求索的过程，他们虽未自称是教育家，却都在青年时期就有高远的志向，如孔子"十有五而志于学"、陶行知"要让每个中国人都受到教育"，都是普通而又高远的追求。为了实现人生目标，他们不畏权势、不为名利，"捧着一颗心来，不带半根草去"，贫贱不移、富贵不淫、威武不屈、美人不动。教育家的出现首先需要有尊道抑势、以人类发展进步为己任的大胸怀，需要终生不辍的求索和行动。

教育家群体的出现需要有适宜的制度与社会环境，要让有教育家天赋的人敢想、敢干，能想、能干，这种社会条件往往不是一个人、一个机构、一个政策所能创造的。从现实状况看，教师的自主性和创造性未能得到充分发挥确是现有教育管理体制的缺陷，而改变现有体制使更多的人能遵循教育内在规律更高效地工作，就是应该尽快解决的实际问题。

这套丛书突出传主的教育思想、办学理念、办学实践，尤其凸显传主的教育家精神，希望真正激励一批有志教育的人成为教育家，切实有效地推动中国的教育家办学进程。

---

[1]陶行知：《育才学校教育纲要草案》，《陶行知全集》（第4卷），四川教育出版社2009年版，第382～383页。

　　这一想法的实施是一项艰巨的任务。黄延复先生因与我都有弘扬大学精神的共同心愿而成为忘年之交，在《梅贻琦画传》的写作过程中，我俩仅打过几次电话，彼此的想法就灵犀相通。在他的指导下，青年学者钟秀斌领悟得很到位，花一年多时间完成了《梅贻琦画传》书稿。年近八旬的戴永增先生，二十多年如一日地进行徐特立研究，我俩因此而成为无话不说的老朋友。说起徐特立，他就像做专题报道，滔滔不绝、如数家珍。为了《徐特立画传》的编写，他亲自找到北京理工大学郭大成书记，要求将这一工作列为该校的一个科研项目；同时他再三鼓励、全力帮助以靳贵珍老师为主的青年学者写作，提携后辈不遗余力。当书稿完成后他在电话中明确坚定地告诉我自己不署名。著名青年传记作家窦忠如在时间很紧的情况下承担了《王国维画传》的写作任务，显现出对大师的诚敬和对弘扬教育家精神的担当。华东师范大学中国史学研究所房鑫亮教授和他的博士生徐旭晟对《王国维画传》的写作也给予了支持，这本身就是本套丛书所追求的精神境界之一。

　　对本套丛书给予直接帮助的个人和团体还有：中国人民大学教授程方平，中国教育研究院徐卫红、夏辉映，北京师范大学教授顾明远、孙邦华，北京理工大学教育研究院，在此一并致谢。此外，由于本套丛书参考的文献浩繁，标注的引文及参考文献或属挂一漏万，对于这种情况，我们在此一并致歉！

　　在本套丛书即将出版之际，真诚感谢对各位传主研究有素的专家乐意担任各分册作者。在这个作者队伍当中，既有与我交往数十年的老朋友，也有为完成这次任务而结识的新朋友。在编写和出版这套丛书的基本理念上，我们在认识上高度一致，在情感上高度愉悦，遇到各种困难能够设法克服，较好地保证了这套丛书的内容深度和质量。在此，尤其要感谢前辈学者黄延复、宋恩荣、梁吉生、戴永增、金林祥诸位先生，他们有人和我交谈时说这次的写作是绝笔之作，更令我肃然起敬且感到难以担当，但愿我们的真诚能有助于读者更好地领会各位教育家的精神真谛，碰撞出当今社会更多的真诚，把教育办得更好。

　　尽管本人及各位作者在写作时尽了最大努力，但丛书的缺点和不足在所难免，恳请方家和读者批评指正，所提意见可直接发到我的邮箱：chu.zhaohui@163.com，在此先致谢忱。

2012年3月28日